今井昭夫・岩井美佐紀共編著『現代ベトナムを知るための60章【第2版】』(明石書店、2012年) 14〜15ページをもとに一部修正して作成

ベトナム
「新経済村」の
誕生

岩井美佐紀
大野美紀子
大田省一
著

神田外語大学出版局

はしがき

　本書は，南北統一以降，国策によりカンボジアとの国境に人工的に造成された「新経済村」に着目し，その成り立ちとそこで暮らす人々の日常生活をフィールドワークによって描いたものである。具体的には，ドンタップムオイとよばれる広大なフロンティアに出現した国家（の最末端）に集った「新経済民」とよばれる開拓入植者たちと，その少し前に同地に自由入植していた「地元民」とよばれる先住者たちの適応過程と相互作用についての調査研究である。言い換えれば，ヨソモノばかりの寄せ集め人工的空間がどのようにして血の通ったコミュニティに作りかえられていったのかを論じている。
　私たちが明らかにしたかったのは，これまでのベトナム村落を扱ったモノグラフでは描かれなかった，もう1つのベトナム村落である。北部紅河デルタの伝統村落でもなく，南部メコンデルタの定住村落でもない。全く新しいタイプの第3のベトナム村落である。なぜならば，新経済村は，ベトナム社会主義共和国の誕生以降に誕生した，ベトナム史上最も新しい開拓村だからである。住民の大半は移民第1世代で，村同様，家族の歴史もここから始まる。

　　　＊

　私たちが新経済村の1つ，カインフン村を初めて訪れたのは1997年8月半ばであるから，すでに18年の歳月が流れている。本格的に調査を開始したのは2004年からで，当初私たちは，現地調査に先立ち世帯調査票サンプルを事前に提出して検閲を受けなければならず，国境地帯の警備上の関係で，調査が許される集落も限定されていた。これは外国人研究者の調査への対応としては当然の措置である。しかしながら，このような制約も毎年通ううちに，どんどんなし崩しになっていった。世帯調査票サンプルの事前検閲はいつの間にか必要なくなり，調査対象集落の制限も解除され，私たちは村内を自由に立ち回ることができるようになった。もし，村の全集落を調査できなかったら，おそらく本書は大きな欠落部分を抱え，同村のモノグラフを書くことは不可能であっただろう。

現地の事情を全く知らない外国人の私たちは，地元民の草分けや南北の新経済民の各家庭を回り，入植当時の苦労話や日常生活をひたすら聞き書きした．それは，あたかも師匠と弟子のような関係とでも呼べるものであった．新経済村のことを知りたければ，その村人に聞くのが一番である．おそらく，村の幹部をはじめ多くの住民たちは「毎年懲りずにやって来るこの酔狂な外国人たちが何か知りたがっているから，教えてやろう」と調査協力のお墨付きを与えてくれた．特に，村の古老たちは，数度に渡るライフヒストリーの聞き取りに積極的に応じてくれた．このようなインタビューを可能にした臨機応変な村政権の調査環境の提供は大変ありがたかった．

　実際，フィールドワークの醍醐味は，現場のただ中に身を置き，五感を駆使して情報を収集することである．ほんの1，2年来て，複数のベトナム人調査員を雇って一斉に調査票に沿って膨大なデータを集めて分析しただけでは，「新経済村」を丸ごと理解することは不可能であろう．

　「あなたはなぜ開拓移住しようと思ったのですか？」
　「なぜここに来たのですか？」
　「ここでの生活はどうですか？」

などと，紋切り型に質問し，選択肢に沿って回答してもらっても意味がない．質問票は，いわばコミュニケーションのウォーミングアップであって，そこから本題に入っていくのである．私たちは複数の人物に何度もインタビューを行っている．それは，数値では表せない人々の感情や認識に関わってくる問題なので，何度か聞いているうちに，だんだん形がはっきりしてくるからである．一問一答形式ではなく，とにかく彼らが話したいことを自由に話してもらい，こちらはじっくり聞く．彼らの記憶を辿りながらリアリティを引き出し重ねていくような作業であった．一方で，私たちは調査期間中に催される様々な社会団体や住民組織の集会やパーティに積極的に出席したり，何度も訪問して親しくなった家庭で家族とともに家庭料理を囲んだりして，できるだけ参与観察することに努めた．彼らが普段何を食べ，飲料水をどのように確保し，仲間同士や家族間でどのような会話をし，最近何に関心があるのか，家の調度はどうなっているのか，今季の作柄はどうなのか，子どもの学校での成績はどうか，家族の健康状態はどうなのか，など，カインフン村の人々の生活や心の機微に触れられるよう心掛けた．

　　＊

本調査研究の実施にあたり，多くの方々の協力と支援をいただいた。ここに列挙して，謝辞を述べたい。
　まず，本研究のカウンターパートであるベトナム社会科学アカデミー・南部社会科学研究所（旧南部持続発展研究所）は，1995年から開始されたロンアン省カインハウ村調査研究に関わる手続きや同行研究者の手配まで，常に快く引き受けてくれた。1997年以降は，カンボジア国境地域への外国人研究者の立ち入り許可申請を粘り強く続けるなど，格別のご配慮をいただいた。2000年代に入り本格的な長期滞在型のフィールドワークに移行した後も，国防省への許可を得るのに困難を伴ったものの，私たちの研究の意義に対して変わらぬ理解を示し，協力を惜しまなかった。この20年余りの信頼関係は私たち日本人研究者にとって何物にも代えがたい宝となっている。
　本書を執筆するにあたり，私たちは通算3回の国際ワークショップを南部社会科学研究所と共催し，調査結果を報告してきた。歴代3人の研究所所長は，現地の研究者と知見を共有し，議論したいという私たちの提案を快諾してくれ，そこに集まったベトナム人研究者との議論は極めて有益であった。ここに記して，改めて謝意を表したい。

①グエン・テー・ギア院長
「南部村落の研究（Nghiên cứu làng xã Nam bộ）」
（タンアン市，ロンアン省博物館，2004年12月24日）
②ブイ・テー・クオン院長
「現代化，工業化時代におけるベトナムの人口移動（Di dân ở Việt Nam trong thời kỳ hiện đại hóa, công nghiệp hóa）」
（ホーチミン市，南部社会科学研究所，2008年8月22日，神田外語大学との共催）
③ヴォー・コン・グエン院長
「国際統合時代のベトナムと東南アジアの村落（Làng Xã Việt Nam và Đông Nam Á trong Thời Kỳ Hội Nhập）」
（ホーチミン市，南部社会科学研究所，2014年8月25日，京都大学東南アジア研究所との共催）

　また，ロンアン省人民委員会をはじめ，外事局，農業・農村開発局，文化・

芸術・スポーツ局，建設局，ロンアン省博物館，そして図書館のスタッフの方々，ヴィンフン県人民委員会の方々も常に私たちの調査研究に興味をもち，研究経緯報告を聞いていただいた。特に，ロンアン省博物館には，毎回経験豊かな中堅幹部クラスのスタッフを派遣していただいたおかげで，私たちのフィールドワークは極めてスムーズに進んだ。地元の強みもあってか，彼らは各地の史跡などにも詳しく，現地でのインタビューの際も地理情報や地名に関する知見を提供するなど，重要な研究補助の役割を果たしてくださった。一方で，私たちの調査研究の進捗状況を詳細にヴィンフン県やカインフン村の幹部に説明するなど，相互理解のために奔走していただいた。

カインフン村でも，実に多くの方々のご協力をいただいた。村の幹部のみならず，インタビューを快諾してくださった多くの住民の皆さんに心から感謝したい。2014年8月末に数年ぶりにカインフン村を訪れ，これまでの調査を振り返って簡単な研究報告を行い，私たちが撮りためた画像を用いて村の発展史を辿る写真展を行った。村の会議室には30名ほどの住民が集まり，プロジェクターからスクリーンに映し出される当時の画像を見ながら，昔話に大いに花が咲いた。村の歴史は私たちの調査とともにあることを実感した。

*

本書の研究成果は，日本国内でも複数回の研究会や東南アジア学会などで発表してきた。その都度，多くの方々から貴重なコメントをいただき，再考する機会を得た。京都大学名誉教授の加藤剛先生には，2014年のワークショップ参加だけでなく，カインフン村まで足を運んでいただき，本研究のアドバイスをいただいた。また，東京大学名誉教授の古田元夫先生は，激務の中，草稿段階の未完成原稿を丹念に読み，貴重なコメントをしてくださった。ここに記し，改めて深い感謝の意を表したい。

もちろん，本書の間違いは全て私たちの責任に帰されるのはいうまでもない。

本書が遅ればせながらも一応の完成をみたのは，神田外語大学出版局の米山順一氏と，今は別の部署に移られた中村司氏の叱咤激励のおかげである。ずいぶん長い年月が経ってしまったが，諦めずに辛抱強く原稿の仕上がりを待ち，手厚いサポートをしていただいた。また，東京大学経済学部資料室の矢野正隆氏も，本職で多忙な中，本書の図表作成を担当していただいた。心より感謝いたします。

本書の調査研究および執筆のための財政支援は，主に文部科学省科学研究費補助金（基盤研究B，平成 15 〜 18 年度），および神田外語大学研究助成（平成 19 〜 21 年度）によって実現したことも明記しておきたい。

　最後に，東南アジア地域研究の碩学であり神田外語大学の学長でもあった故石井米雄先生，ならびにベトナム村落研究の草分けであり地域学の確立を目前に仆れられた故桜井由躬雄先生につつしんで本書をささげたい。お二人の恩師がいなかったら，私たちがベトナム地域研究に邁進することもなかったと確信している。

　　　　　＊

　本書がベトナム地域研究者の範囲を超えて多くの人々に読まれ，いささかなりとも議論を深める素材にしていただければ幸いである。読者からの率直なご意見・ご批判が寄せられることを期待したい。

2016 年 3 月 15 日

著者を代表して
岩井美佐紀

目　　次

はしがき ………………………………………………………………… iii
執筆分担・初出一覧 …………………………………………………… xiv

序章　「新経済村」の誕生 ……………………………………………… 3
　〈1〉問題の所在と本書の課題 ………………………………………… 4
　　1-1　南北村落社会論を超えて　5
　　1-2　国家と社会の関係　9
　〈2〉開拓移民政策と新経済村建設に関する先行研究 ……………… 11
　　2-1　開拓移民政策の展開　11
　　2-2　メコンデルタの新経済村建設　14
　〈3〉調査方法とフィールドワークの期間 …………………………… 16
　〈4〉本書の構成 ………………………………………………………… 18

第Ⅰ部　辺境における「国家」と社会

第1章　開拓移民政策とドンタップムオイ地域開発 ………………… 23
　〈1〉開拓移民政策の概観 ……………………………………………… 24
　　1-1　開拓移民政策と地域区分　24
　　1-2　地域別の移住動向　27
　　1-3　挙家移住と公的支援　29
　〈2〉地方レベルの開拓移民政策の展開 ……………………………… 31
　　2-1　ロンアン省における開拓移民政策の展開　31
　　2-2　ハイフン省における開拓移民政策の展開　37
　　2-3　「姉妹」省間の提携関係　40
　〈3〉ドンタップムオイ地域開発と新経済村の建設 ………………… 42
　　3-1　ドンタップムオイ地域の概要　42
　　3-2　ロンアン省のイニシアティブ　43
　　3-3　南北統一からドイモイへ　49

第2章　新経済村カインフンの成立と発展 ………………………………… 59
　〈1〉新経済村カインフン村の成立 ………………………………………… 60
　〈2〉村落行政 ……………………………………………………………… 62
　　　2-1　カインフン村落権力構造　62
　　　2-2　5つの集落　67
　〈3〉住民組織 ……………………………………………………………… 73
　　　3-1　各種社会団体　73
　　　3-2　その他の住民組織　76
　〈4〉居住区建設と公共インフラ ………………………………………… 78
　　　4-1　集住区建設計画と実際　78
　　　4-2　村の中心ゴーチャウマイ集落　78
　　　4-3　ムラの暮らし　83

第3章　社会生活 ……………………………………………………………… 87
　〈1〉人口構成と教育レベル ……………………………………………… 88
　　　1-1　人口構成　88
　　　1-2　高学歴化の傾向　93
　〈2〉世帯類型と出身地別通婚圏 ………………………………………… 98
　　　2-1　世帯類型と世帯構成　98
　　　2-2　出身別通婚圏　103
　〈3〉社会インフラ・情報 ………………………………………………… 107
　　　3-1　学校教育　107
　　　3-2　保健・医療・家族計画　109
　　　3-3　情報・生活圏　112

第4章　経済生活 ……………………………………………………………… 117
　〈1〉村の経済 ……………………………………………………………… 118
　　　1-1　農林水産業　118
　　　1-2　商工業　122
　　　1-3　公務員　124
　〈2〉農家経営 ……………………………………………………………… 124
　　　2-1　農家経営規模　125
　　　2-2　農業経営費　126

        2-3　稲作農家の経営形態　129
        2-4　農作業受託　133
        2-5　稲作収支　135
    〈3〉生業の多角化 ………………………………………………………… 138
        3-1　公職との兼業　139
        3-2　自営業　141
        3-3　多角経営　142
    〈4〉家族の経済戦略としての移住 ……………………………………… 142
        4-1　移住前後における経済状況の変化　144
        4-2　農地取得手段　146
        4-3　離村・新規参入・人員交替　147
        4-4　動産――定住の指標　149

第Ⅱ部　辺境に移り住む人々

第5章　定耕すれども定住せず――2つの故郷を循環する入植者たち ‥ 155
    〈1〉南部政策移住民の短距離移動と適応過程 ………………………… 156
        1-1　カインハウ村出身者の短距離移動　156
        1-2　カインハウ村出身者の現在　157
    〈2〉2つの故郷を循環する入植者たち ………………………………… 163
        2-1　循環移動による出稼ぎ入植　163
        2-2　「水の季節」の過ごし方　165
        2-3　曖昧な共同体　166
    〈3〉「世帯分け」における家族戦略 …………………………………… 170
        3-1　D一家の場合　170
        3-2　「親父さん」の入植と息子たちの「世帯分け」　175
    〈4〉故郷に戻る人々 ……………………………………………………… 177
        4-1　P一家のそれぞれの決断　177
        4-2　もう1つの決断　183
    〈5〉新しい世代の登場 …………………………………………………… 184
        5-1　トゥイの再定住　184
        5-2　ヴィエットの家族戦略　186
    まとめ：新しい故郷を選択したのは？ ………………………………… 189

第 6 章　長距離移動と文化的適応 …………………………………………… 191
　〈1〉北部政策移住民の長距離移動と適応過程 ………………………………… 192
　　　1-1　北部政策入植者の長距離移動と国家の庇護　192
　　　1-2　移住理由　195
　　　1-3　ハイフン省出身世帯の適応過程　197
　〈2〉ハイフン省出身移住民の生活世界 ……………………………………… 199
　　　2-1　ハイフン省出身世帯の分布状況　199
　　　2-2　世代による婚姻関係の広がり　203
　　　2-3　コアグループの世界：第 1 世代の長距離移動と適応の経験 … 206
　〈3〉サイザン集落に形成される新たな社会関係 …………………………… 212
　　　3-1　集落長の世代交代　212
　　　3-2　世代交代：女性が変える地域社会　215
　〈4〉社会関係資本の形成 ……………………………………………………… 221
　　　4-1　女性連合会支部の相互扶助　221
　　　4-2　新しい慣習法の制定　225
　　　4-3　協同生産組織の設立と消滅　227
　まとめ ……………………………………………………………………………… 233

第 7 章　「地元民」が生まれるとき —— 開拓居住地から行政集落へ …… 237
　はじめに —— 「地元民」の世界へ ……………………………………… 238
　〈1〉ベトナム南部に係るフロンティア社会・南部村落論言説の再考 … 239
　〈2〉「地元民」も入植者である ……………………………………………… 243
　　　2-1　「地元民」集落の概要　243
　　　2-2　「地元民」集落の急速な変化　245
　〈3〉はじめに人ありき —— 開拓居住地の形成 ………………………… 249
　　　3-1　開拓居住地の形成　249
　　　3-2　草分けの語り　250
　　　3-3　国家の出現　254
　〈4〉80 年代 —— 再出発と定着の時代へ ………………………………… 258
　　　4-1　転換期の 1980 年代　258
　　　4-2　新経済村と「地元民」　260
　まとめ：南部村落におけるウチ vs. ソトの境界 ………………………… 265

終章　結　論 …………………………………………………… 267
　⟨1⟩ 開拓移民政策と「新経済村」の建設 ………………………… 268
　⟨2⟩ 移住民の適応プロセスとコミュニティ形成 ………………… 269
　⟨3⟩ 南北村落論 ―― 南部の「開放性」vs. 北部の「閉鎖性」の
　　　二元論を超えて ………………………………………… 273
　⟨4⟩ 国家と社会：不均質な国民統合 …………………………… 276
　⟨5⟩ 新経済村とは何か ……………………………………… 279

参考文献 ………………………………………………………… 281
索引 ……………………………………………………………… 291

【執筆分担】

［序章］岩井
［第1章］
〈1〉岩井，〈2-1〉大野，〈2-2，2-3〉岩井，〈3-1，3-2〉大野，〈3-3〉岩井
［第2章］
〈1〉大野，〈2〉岩井・大野，〈3〉岩井，〈4〉大田
［第3章］岩井
［第4章］
〈1〉大野，〈2-1，2-2，2-3，2-4〉大野，〈2-5〉岩井，〈3〉大野，〈4〉大野
［第5章］大野
［第6章］岩井
［第7章］大野
［終　章］岩井

【初出一覧】
　本書には，既発表の論文をもとに執筆した箇所がある。以下に列挙しておきたい。
［第1章］〈1〉
　岩井美佐紀：「ベトナムにおける農村間人口移動にみる国家と社会の関係――1980年代の新経済区への開拓移民政策を中心に」寺本実編著『ベトナムにおける「国家と社会」』，明石書店，2011年。
［第2章］〈4〉
　Ota, Shoichi："Nhà ở nông thôn tại xã Khánh Hậu va Khánh Hưng", Khoa học xã hội số 7 (83): 66-71, 2005.
［第6章］〈1-1〉〈1-3〉〈4-2〉〈4-3〉
　岩井美佐紀：「原野が『新しい故郷』に変わるとき――メコンデルタ開拓村への北部農民の集団移住・定着プロセス」岩井美佐紀編著『ベトナムにおける南北デルタ農村の人口移動に関する社会学的考察』（平成15～18年度科学研究費補助金研究成果報告書），神田外語大学，2007年。
［第6章］〈2-1〉〈2-2〉〈3-1〉〈3-2〉
　Iwai, Misaki："Vietnamese Families beyond Culture: The Process for Establishing a New Homeland in the Mekong Delta". In Yoko Hayami, Junko Koizumi, Chalidaporn Songsamphan, and Ratana Tosakul (eds.) *The Families in Flex in Southeast Asia Institution, Ideology, Practice*. Kyoto University Press: Silkworm, 2012.

ベトナム「新経済村」の誕生

序章
「新経済村」の誕生

カンボジアとの国境を示す標識

〈1〉問題の所在と本書の課題

　本書の目的は，カンボジア国境のフロンティアに，国策によって形成された「新経済村」（xã kinh tế mới）の成立と発展のプロセスを明らかにすることである。すなわち，本書が考察の対象とするのは国家の末端単位である行政村（xã）である。従来のベトナム村落研究は，主に自然村（làng）と呼ばれるコミュニティを対象としてきたが，これから明らかにするように，新経済村には自然村がない。存在するのは，手つかずの広大な原野と国策によってベトナム全土から移住してきた開拓農民たちだけである。このようにコミュニティなき行政村として新経済村は出現する。

　本書で主に扱う時期は，農業集団化が解体した1980年代から「新経済村」が安定し発展期に向かう2000年代までである。この時期を，主に①開拓移民政策による集団移住プロセス，そして②「新経済村」における適応プロセスに区分し，ベトナムで最も新しい行政村の誕生と発展を考察する。

　そして，本書の主要なアクターは，「新経済村」に開拓移住した「新経済民」と呼ばれる南北地方出身の農民たちと，同村成立に先行して現地に居住していた「地元民」と呼ばれる先住民である。いわば，移動と接触という2つの変数を加えることで，異なる文化的バックグラウンドをもつ3つのアクターたち（①南部「新経済民」，②北部「新経済民」，③南部「地元民」）がどのようなコミュニティを形成するのか，そしてどのような社会関係を築くのか，という問題を設定してみたい。そうすることによって，北部の紅河デルタ村落でもなく，南部・メコンデルタ村落でもない，もう1つのベトナム村落社会が立ち現われてくる態様を明らかにできるのではないかと考える。

　上記した本書の目的を明らかにするために，2つのより細かい問題設定をしておきたい。1つは，南北ベトナム村落論を相対化する視点であり，もう1つは，国家と社会の関係についての新しい視点である。すなわち，ベトナム村落共同体論は，これまで1つのモノグラフを描くことで，どちらかといえば静態的に語られることが一般的であったが，移動と文化接触という2つの変数を加えることで，これまでとは全く異なるダイナミズムを議論することが可能となる。しかも，新開地において出会う複数の出自の農民たちによる文化接触が引き起こす相互作用を議論することは，極めて有意義であると

考える。また，それぞれのアクターがどのように国家と関係を取り結ぶのか，そしてその関係性の相違がそれぞれのアクターにどのような作用を及ぼすのかという視点も，従来のベトナム村落研究では決して見えてこない地平を明らかにできると考える。

したがって，以上大きく2つの問題設定に対する答えを明らかにすることによって，最終的には「新経済村」とは何か，という大きな問いへの答えに接近していくことにしたい。

1-1 南北村落社会論を超えて
1-1-1 二分法の垣根を超える

ベトナム村落研究は，古くはフランス植民地期のグルーからミュス，シェノー，ウッドサイドなど，主にベトナム村落の自律性や結束力に着目し，民族解放戦争に動員されていった農民組織の強さを論じるものが圧倒的に多かった。それらの議論の焦点となっていたのは，自然村あるいは集落（làng）レベルのコミュニティであった。

一方で，アメリカの文化人類学者ヒッキー（Hickey）の著作 *Village in Vietnam*（Hickey 1964）は，ベトナム戦時中の困難な時代に南部ベトナムの農村で臨地調査をした研究成果であり，モノグラフとして極めて価値の高いものであるが，その一方で，ベトナム村落の地域性や歴史性をほとんど視野に入れずに普遍化，一般化されたベトナム村落像を提示している。

植民地独立以降，ベトナムが南北に分断されていたこともあり，これまで南北デルタの村落社会に関しては，それぞれの社会構造の差異を際立たせる形で語られることが多かった。例えば，ランボー（Rambo 1973）は東アジア世界の影響を強く受けた北部紅河デルタ村落を3者以上から構成される複数の関係で成り立つ（polyadic）「閉鎖的な」社会システムと捉え，一方東南アジア世界に属する南部メコンデルタ村落を2者から構成される関係で成り立つ（dyadic）「開放的」な社会システムと捉えた[1]。ランボーの南北村

---

1) ランボーの解釈には，タイ社会を「ルースな社会構造」と捉え，「タイトな社会構造」をもつ日本社会と比較したアメリカの文化人類学者エンブリーの論考の強い影響がみえる（Embree 1950）。エンブリーは，タイ社会では，個人の意思が優先し，義務や責任に対する社会的圧力が弱いのに対し，日本社会では，集落の社会的境界が明確で，メンバーシップ（義務と権利）が明確であると論じている。

落社会類型の指標は，①土地の所有形態，②階層の有無，③メンバーシップと共同規範，④集落の境界の有無，⑤商品作物の栽培・新技術導入の有無による。この時点でまだベトナムでの現地調査をする機会に恵まれていなかったため，その議論は多少観念的かつ類型的で荒削りなところが散見されるものの，当時ベトナム村落社会の地域的特徴をふまえ比較検討を加えようとした点で画期的である[2]。

　ランボーが類型化した南北デルタ農村の社会システムの特徴は，その後，ドイモイによる開放政策で，外国人研究者がフィールドワークを現地で行うことが許されて以降でも，概ね踏襲されてきたといえよう。

　北部村落の「閉鎖性」や境界の明確さについては，古くはグルーをはじめ，歴史研究の分野や文化人類学研究の分野においても実証され（桜井 1988；末成 1997；Luong Van Hy 1992；Kleinen 1999），ランボーの類型論の枠組みを大きく超える議論は見当たらない。また，1994 年からベトナムの北部紅河デルタ農村にて開始された学際的な共同調査それぞれの「地域の個性を総合的に理解する」という村落認識は，桜井らによる地域研究的アプローチによって，方法論的にも精緻化されてきた（桜井 2006）。そこでは，紅河デルタの生態的多様性と村落（集落，làng）の社会的適応という観点から，より多様な地域文化を総合的に解明する方向性が打ち出されてきた。私たちも加わったナムディン省のバックコック村（làng Bách Cốc）共同研究で明らかになったことは，ランボーが観念的に描く「閉鎖的」な北部村落社会のより詳細な生活実態であった。

　ベトナム村落のこの対立構造は，家族システムの差異に相当する。北部村落では，父方親族「内戚」（họ nội）が母方親族「外戚」（họ ngoại）に優越し，始祖から数える「縦型家族システム」を構成する。ゾンホ（dòng họ）と呼ばれる父系親族集団の構造を明らかにしてきた文化人類学的業績として末成（1997），宮沢（1999），Luong（1989）などがあげられる。また，家族社会学の領域においても，紅河デルタ村落の社会構造が家父長的な家族システム

---

2) ベトナム戦争終結後，ランボーが実際に北部紅河デルタ農村にて実地調査を行ったのは 1990 年代であった。彼が選んだ調査地は，紅河デルタでも最も人口稠密とされるタイビン省であった（Rambo 1993）。しかしながら，彼はこの現地調査を踏まえた南北村落類型論の検証を行うことはなかった。

によって支えられ，それが社会主義体制の下でも世代間をつなぐ組織原理であり続けたことが明らかにされている（Pham Van Bich 1998）。人口学的見地からも，農業経営における世代間の協力がより高い人口密度の実現を可能にし，家族の規律によって労働におけるより大きな強度が得られ，様々な人的投資を可能にすると指摘されている（トッド 2008：494-496）。

それに対し，歴史的に新しく，人口希薄でクメール人が先住する南部社会は，規範的には内戚・外戚の区別はあるものの，実生活ではバーコン（bà con）とよばれる緩やかな双系的親族関係にみられるような，「非縦型」で常に自分を中心として放射状に広がる2者関係の累積的親族圏であると論じられてきた（Hickey 1964；中西 1998；渋谷 2000）。すなわち，ウチとソトを分ける親族関係の原理が，集団や組織の境界の明確さ/あいまいさを測る指標として捉えられてきたといえる。

このような議論に関連して想起されるのは，東南アジア農村社会，特にベトナムを焦点に議論された，1970年代後半のスコットとポプキンの「モラル・エコノミー」論争である。農民間の社会関係に生存倫理というモラルが反映し，「貧困の共有」が村落の共同性を強め経済格差を弱める方向に作用するとされるスコットが描く農村社会は，ランボーの議論でいえば，高密度で結合力の強い関係が緊密に結びつく紅河デルタ村落に適用しやすい。一方，農民間の社会関係が常に個別の利害関係によって変化し，個人の利益を最大限にするなど，非同調的な行動を抑える社会的圧力が弱いとされるポプキンの描く農村社会は，地主―小作関係などを異にする2者間の関係が大土地所有制の下で発達したメコンデルタ村落に整合的に当てはまりやすい。

このように，従来のベトナム村落研究は，「閉鎖的」で境界が明確な北部社会システムと，「開放的」で境界があいまいな南部社会システムを想定した文化決定論的な構図がアプリオリに内面化され，その枠組みの中で「地域の個性」を探し求めようとする傾向が強かった。すなわち，これまでの多くの村落研究は，定点調査という方法論であるがゆえ，結果的にランボーが描いた社会システムの類型に収まるものばかりに目を奪われてきたと言っても過言ではない。

しかしながら，この北部の「閉鎖性」と南部の「開放性」は果たして不変なものであろうか。

1990年代後半から顕在化してきたのは，ベトナムの農民，特にこれまで「村

の垣根」に守られてきたはずの紅河デルタの農民が今日の市場経済化の波に極めて主体的に，そして個別的に対応しようとするダイナミックな動きである。この流動性は，彼らを取り巻く外界，つまり労働市場や都市との経済格差こそが彼らをつき動かすエネルギーであること，そのためにいとも簡単に「村落の垣根」を越えてしまうモビリティの高さなどによって証明されている。より具体的に言えば，「閉じた」コミュニティにとどまらず，移住を決意した人々は，どのような人たちで，なぜ彼らは村を離れたのか，という問いに，従来の紅河デルタ村落論はほとんど答えてくれないのである。

　本書の問題関心の1つは，先ほども指摘したように，移動と文化接触の変数を加えることで，これまで静態的に捉えられてきた南北社会類型論の二分法の「垣根」を超えることにある。本書の主要な対象は，移動する農民たちである。彼らが移住先でどのように適応し，新しい社会関係を構築していったのかを明らかにすることは，これまで全く試みられてこなかったアプローチ方法である。本書のもっとも目新しい点は，移住を通してこれまで接触する機会のなかった南北デルタ出身農民たちの文化接触にある。いわば，「新経済村」とは，国家がとりもつ南北デルタ農民たちの「縁」形成の場なのである。この場の形成，そこで展開される新しい社会関係の構築について，これまで研究されたものはない。とりわけ，ベトナムでは，上述のように二項対立的な南北村落論が議論の前提となり，そのものを疑問視し，議論の出発点とすることはほとんどなかったといってよい。

1-1-2　南部社会の「開放性」を相対化する

　南北社会システムの二分法に関連して，もう1つの重要な論点は，「閉鎖性」または「開放性」を規定してきた特性の濃淡について，従来の先行研究ではほとんど扱われてこなかったという点である。

　これまで「開放的」あるいは「不確実」「不安定」「あいまい」と形容されてきた南部村落の特性について，メコンデルタのどの地域でも同じであると理解してよいのであろうか。「南部性」に対するステレオタイプ的な見方は，むしろベトナム人研究者の間で長らく共有され，再生産されてきたものである。

　2008年に行われたあるワークショップのセッションで，我々の報告に対し，あるベトナム人研究者コメンテーターは激しく反発した。概要は以下の

とおりである。

　私たちが「南部農民は必ずしもポプキンが唱えたような，進取に富み，営農に長けた『合理的農民』とは限らず，外部の情報や社会的交流や交渉を頑なに拒む非合理的な面も持ち合わせている。それは，他者との接触で新たに覚醒したエスニシティのようなものかもしれない」と論じたのに対し，その研究者は「南部農民は一様に開放的で，すぐ打ち解ける。彼らが他者に対してエスニシティのようなアイデンティティを発露するような事態は起こらない」と断じた[3]。

　アイデンティティは決して不変で固定的ではなく，他者との文化接触により絶えず変化していくものであるという本書で描こうとする地域社会のダイナミズムは，残念ながら，まだ共有されるのが難しいということを痛感する出来事であった。

　とりわけ本書では，「南部政策移住者」グループと「地元民」グループという同じメコンデルタ地域の2つのアクター間の文化接触と相互作用についても議論する。この論点は，南部社会の「開放性」を相対化する上で極めて重要であると考える。仮に，先のベトナム人研究者が論じるように，どちらのアクターも南部的な「開放性」をもっているのであれば，すぐに相互に打ち解け合い，区別がつかなくなるであろう。はたして，実際にはどうなのであろうか。本書は，このように，これまで比較検討されてこなかった南部社会の地域的特質の相対化を念頭に，議論を展開していきたい。

1-2　国家と社会の関係

　本書は，開拓移民政策と地域開発に焦点を当てて，特に1980年代以降の「新経済村」建設の展開を中心に実証していくわけであるが，その過程はまさしく国家が突然辺境のフロンティアに出現することを意味する。すなわち，複数の自然村をまとめ上げる形で行政村が編成されていくのではなく，国家が率先して新しい社会を形成しようと試みる。このような国家と社会の関係は，

---

[3]　2008年8月にホーチミン市の南部持続発展研究所において開催されたワークショップ「現代化，工業化時代におけるベトナムの人口移動」（Population Movements in the Period of Modernization and Industrialization in Vietnam）での議論。その報告は，Iwai; Bùi Thế Cường (2011) にまとめられている。

これまでの先行研究では見当たらない。

　国家と社会の関係を考察した主な先行研究としては，ドイモイと農業集団化の解体の関係に焦点をあてた論考がある（古田 1988；Kerkvliet 2003）。古田とカークフリートの論点は必ずしも一致するものではないが，両者の論点の共通点を関連させて分類すると，以下のような3つの時期区分で両者の関係を理解することが可能である。

　まず，①ドイモイ以前の国家は「支配的国家」を目指したものの，結局は社会を包摂できなかった時期である。「支配的国家」とは，党・国家が中央から村落・職場の末端レベルまでのあらゆる社会組織を専制的に一元支配するというものである。次に②ドイモイ初期は，古田によれば，国家が社会に浸潤された時期で，カークフリートの解釈では，社会（個人，集団）が非公式のチャネルを通じて国家のあらゆる組織とそれぞれ交渉しながら相互作用を及ぼしあう「対話」の時期である（Kerkvliet 2003: 31）。最後に，③ドイモイ発展期で，古田によれば，社会に追随する国家ではなく，社会の活力を有効に組織しうる「強い国家」の形成,すなわち「動員型コーポラティズム」が期待される時期である[4]。

　本書で取り上げる時期は，上記の時期区分でいえば，主に③の農業集団化解体以降のドイモイの本格的発展期にあたり，国家と社会の関係が全面的な転換を迎えた極めて重要な時期である。このドイモイ発展期における国家と社会の関係を，開拓移住と「新経済村」建設をテーマに検証してみるのも，先行研究がないだけに，どのような知見が得られるかが期待される課題である。とりわけ，移動と文化接触という変数が及ぼすであろう複雑で多方向の影響を考察する上でも，「新経済村」の役割に着目することは有益である。なぜならば，新たなハコモノに集った多様な出自をもつ移住民たちにとって，国家は必ずしも一枚岩では認識されないからである。人工的な空間でバラバラにみえる移住民集団がどのように国家と関わり，そして現地社会に適応する中で相互交流し，地域づくりへと統合されていくのかを実証していく。すなわち,国家という枠組み（フレーム）が先に成立し,複数の社会がそこに「入居」していくのである。このような新経済村の成立と発展を通して国家と社

4）　このコーポラティズムとは，国家と社会の間に公式チャネルが形成され，両者間に双方向的な「協同」関係が結ばれるというものである。

会の関係を論じることが，もう1つの狙いである。

　ベトナムの行政村に焦点を当てて考察する論考は，あまり多くはない。その主な理由のひとつは，コミュニティとしてのまとまり感がある自然村（làng）に比べ，寄せ集め的で何度も改編されてきた行政村は，単なる利害調整のための末端の国家として捉えられることが多かったためである。そのため，その機能や実体に関心が向けられることはほとんどなかった。しかし，最近のパットナムの研究（Putnam 2002）をはじめ，社会関係資本を論じる先行研究では，地方政府が社会関係資本の形成に大きく影響を与えていると指摘するものも少なくない（佐藤 2003；金 2005）。このように，行政村が関わる社会関係資本の生成に着目して国家と社会の関係を議論することは，まさに③ドイモイ発展期の「動員型コーポラティズム」のあり様を検証する有益な事例研究になりうるのである。

〈2〉 開拓移民政策と新経済村建設に関する先行研究

2-1　開拓移民政策の展開

　東南アジア諸国では，インドネシアのトランスミグラシ（transmigrasi）に代表されるような政府主導の開拓移民政策が実行されてきた。国内移民政策が実施される目的には，国内人口分散と人口希薄地における未利用資源の開発，そして移民政策の対象である入植者の大半が貧困農民階層出身であることから，貧困救済という社会政策的側面を兼ね備えている。政府は入植者支援によって小作人や農業労働者など経済的最下層農民を移住先で自営させることによって，富の偏在への不公平感，ひいては社会不安を取り除くことを意図していた。開拓移民政策は，ときに領土保全や民族統合政策に利用される。すなわち，国境や辺境地域など帰属が不安定な地域への入植や，少数民族を国民国家の名の下に統合していくプロセスを通して国家としての実体（いわゆる geobody）を内実化していくのである。

　東南アジア諸国の人口移動パターンは，1980年代になると農村から都市への労働力移動にシフトし，かつての開拓移民政策は環境保護に絡めた少数民族対象の地域振興策へと転換している。ベトナムもまた近年同様の動きを辿っており，中部高原や北部山地における少数民族再定住と森林保護を目的とした種々の施策が中央政府主導で進められている。本書では，少数民族の

再定住政策および自発的な農村間移動については議論の対象としない。

　ここで1975年以前の南北分断期における開拓移民政策について概観しておきたい。植民地期を含め，南北分断期を経て，統一後ドイモイ期までの長期的スパンでベトナムにおける開拓移民政策による農村間の人口移動を扱った先行研究として挙げられるのはハーディの著作 (Hardy 2003) である。ハーディは人口稠密な紅河デルタを起点として北部丘陵・中部高原など，人口希薄地への開拓入植に向かった農民たちについて比較的まとまった議論を提供している。

　ハーディの主な問題意識は，「故郷」への愛着があるはずの紅河デルタ農村の農民たちが，なぜ「新経済村」へ移住していったのかという点にあり，本書の問題関心とも重なる。ハーディが導き出した結論は，農民大衆の「愛国的な理想主義に燃えた」ボランティア精神，すなわち政治的使命感こそが開拓移民政策 (1954年～89年) を遂行する原動力となったという (Hardy 2003: 216-217)。このボランティア精神とは，「自力更生」を指す (岩井 2011: 73-75)。「自力更生」は，国家に頼らず，農民が自主管理する原則を意味しており，要するに「頑張り」の精神である。当時は農業集団化も進められていたため，農民が独立して個別にというよりも，むしろ農業生産合作社（以下，合作社）の結束力に委ねられていたといってもよい。

　したがって，ハーディによれば，①ベトナム民主共和国成立以降，紅河デルタの伝統的村落の「垣根」はもはや存在せず，党や中央政府に忠実な新しい「国民」意識が醸成されたこと，②デルタとは全く異なる辺境の「新しい故郷」の建設こそが祖国防衛に寄与する革命運動の核心となったこと，などによって多くの農民が動員されていったという (Hardy 2003: 151-180)。

　しかしながら，辺境への開拓移住を決意した人々の全てが政治的動機によって突き動かされていたわけではない。本書では，ハーディとは異なるアプローチで開拓移住民の意思を明らかにしたい。それは，ハーディが移動する個々人に関心を向けたのに対し，本書では移住した人々が築いた社会関係に着目し，コミュニティの形成過程に関心を向けて検証するという姿勢である。

　一方，南部の開拓移民政策の代表的なものに，ゴ・ディン・ジエム政権のカイサンプロジェクトと営田事業がある。後ろ盾となったアメリカの莫大な援助金で実施されたこれら一連の農村開発プログラムは，広大なメコンデル

タの地域開発を通して「新しい国づくり」(nation-building) を図ることが期待されていた。ミラーの著作 (Miller 2013) など先行研究で明らかにされているのは，①当時のジエム政権は南ベトナムの人口稠密状態が極めて深刻であるという認識があった，②入植政策で苦労したのは地元民の既得権益との折り合いであったということである。①について，同政権は，人口過剰な地域の農民をラオス・カンボジア国境付近のフロンティアに移住させることによって「人間の壁」を築き国防を固める一方で，ホアハオ教徒やカオダイ教徒による反乱地域や共産ゲリラの拠点に営田区を建設することで，内政的な安定も図った (Miller 2013: 160-165, 171-172)。②について，北部からの難民（その多くがカトリック教徒）を受け入れ入植させる際，一見荒蕪地にみえた地域での土地分配は先住民たちの既得権益の主張によって困難を極め，難民と先住民の間の鋭い対立を招いた (Miller 2013: 165-170)。ここから浮かび上がるメコンデルタのイメージは，これまで言われてきたような開放的で受容的な社会とは異なる，むしろ排他的で非協力的な特性である。

それに続くアグロビル計画や戦略村は，一転してメコンデルタを人口希少な地域と捉え，人工的に「集住区」(Khu trù mật) を再現させ，周りを竹やりの「垣根」で人工的に包囲することで解放戦線と対抗する方策に転換した。ここで極めて興味深いのは，ジエムは一貫して「共同体としてのまとまり意識」の醸成をこれら移民政策に込めていた点である (Miller 2013: 164, 170, 181, 234)。新開地で移住民たちに相互扶助や「共同的自足」(communal self-sufficiency) を求め，運河掘削や道路建設などの公共事業に無償参加を強制した。ミラーによれば，ジエム政権は決してアメリカの傀儡政権ではなく，農村開発をめぐり鋭く対立した。経済的効率を高め，農民個々人が安心して経済活動に専心できる基盤づくりを求めるアメリカに対し，ジエムは農民が個人の利益追求だけに邁進するのではなく，共同体的エトスに基づく道徳的規範を身につけることを求めた。この両者の立場の違いは，前述のスコットの議論「モラル・エコノミー」とポプキンの「合理的農民」の議論を彷彿とさせる。

このように比較してみると，南北分断期の北ベトナム政府と南ベトナム政府には，明らかに以下2つの点で共通点がみられる。まず1つは，南ベトナム政権の農村開発プロジェクトは，敵対する北ベトナム政権の農村開発政策と酷似しているということである。北部ベトナムの開拓移民政策にみられる

合作社の「自力更生」スキームは,ジエムがこだわった共同体的規範を共有する「自足」精神と極めて共通している。もう1つは,両政権が開拓移民政策の推進により「国づくり」を成し遂げようとしたという点である。したがって,1960年前後にゲリラ対策のために立案された「集住区」建設が,ドイモイ後の2000年以降ドンタップムオイなど氾濫原の洪水対策用集住区建設プロジェクトに引き継がれていったという経緯は,当時の政権のイデオロギーを超えて,理解可能ではないだろうか。

2-2 メコンデルタの新経済村建設

メコンデルタの広大な氾濫原ドンタップムオイに建設された新経済区の地域開発についてはグエン・クオイとファン・ヴァン・ゾップ（Nguyễn Quới; Phan Văn Dốp 1999）が詳しい。同書では,主に1975年以前の南ベトナム政権時代の当初の開拓移民政策が1954年のジュネーブ協定後に北部から移住してきた人々の受け入れに限定され,1958年までにドンタップムオイで受け入れた移住民は23,144人に上り,建設された家屋は4,481軒を数える。開拓された面積は3,730haで,メコンデルタ全体の約12％を占めた。当時の国際状況を反映して,ゴ・ディン・ジエム政権を支援するアメリカは,この北部移住者の入植・再定住だけで1億5,100万米ドルの財政援助をした（Nguyễn Quới; Phan Văn Dốp 1999: 154-157）。引き続いて,1963年（ゴ・ディン・ジエム暗殺）までに人口希薄なフロンティアに営田プログラムが実施され,広大なドンタップムオイに建設された192か所の営田（dinh điền）には,南部各省から289,790人が入植した[5]。その後グエン・ヴァン・ティエウ政権期に「開墾・集落建設プログラム」が実施されるものの,同地域が南ベトナム解放戦線の解放区となったため,政策はほとんど現地レベルで拡大することは困難であった。

同書が注目されるもう1つの理由は,1975年以降のドンタップムオイ地域開発と新経済村建設において本書の舞台であるカインフン村の成立（1991年）直後の数年間の状況を取り上げている点である[6]。本書の第I部でも,

---

[5] 営田民は,サイゴン政権より最小3haの土地を支給された。自発的移住民の場合,家屋,寝具,農具,貯水カメ,小舟など必要最低限の生活用具を支給された（Nguyễn Quới; Phan Văn Dốp 1999: 158）。

カインフン村の成立について取り上げているので，ここでは，その先行研究として同書がカインフン村をどのように描いているのかに焦点を当てて検討してみたい。

カインフン村では，共著者のグエン・クオイとファン・ヴァン・ゾップを含む南部社会科学院の研究員が1998年に102世帯を対象にアンケート調査を行っている[7]。そこで示されるのは，教育レベルや医療施設，公設市場など，1991年の村成立から調査時点である1997-1998年当時までの社会インフラ整備の拡充の様子である。ベトナム人研究者の実地調査を通して見えてくるフロンティアの新経済村の移住民の暮らしは，氾濫原という厳しい自然環境下で稲作栽培が思うに任せぬゆえに生活レベルは総じて貧困ではあるが，移住民同士が互いに助け合って互酬的関係を築いていたというものである（Nguyễn Quới; Phan Văn Dốp 1999: 243-281）。その上で，彼らはドンタップムオイの新経済村の特徴を「曖昧な共同体」としている。その意味は，定住せずに循環移動を繰り返すために季節ごとに人口が増減する住民コミュニティであり，このような季節移動を可能にしている要因は，家族の一部が母村に残り後方支援している「両居家族」形態にあるという（Nguyễn Quới; Phan Văn Dốp 1999: 307）。しかしながら，同書では，具体的な事例が提示されず，その論拠が乏しいため，説得力に欠ける。さらに言えば，母村との循環移動（出稼ぎ型）とコミュニティの「曖昧さ」がどのようにつながっているのかも，明確に関連づけられているわけではない。

以上のように，Nguyễn Quới; Phan Văn Dốp の著書は，ドンタップムオイにおける地域開発と新経済村建設直後の社会経済状況をマクロレベルで概観するには極めて有益である。しかしながら，カインフン村を「曖昧な共同体」と一括してしまっては，先の南部村落社会の「開放性」をめぐる議論と同様，検証するのが困難となる。新経済村に移住してきた農民たちがどのように適応し，新しい社会関係を構築していったのかというミクロレベルの視点で実証してはじめてその地域社会の実像が描けるのではないか。

---

6) 我々がカインフン村を調査地に選んだのは，同書とは関係なく，「はしがき」にも述べたように，先行してフィールド調査した同じロンアン省内のカインハウ村在住者の中に，「ドンタップムオイに営農に行っている」農民がかなりいることを知ったからである。
7) その他，別の県にある2か村でも，同様の社会経済調査を行っており，調査対象世帯の総数は302世帯である。

〈3〉 調査方法とフィールドワークの期間

　本書は，主に「ベトナムにおける南北デルタ農村の人口移動に関する社会学的考察」（平成15年度〜18年度文部科学省科学研究費補助金基盤研究 (B) 研究代表者：岩井美佐紀）の4年間の本調査とその後2012年までの断続的な短期間の補足調査で得られた知見に基づいている。この研究成果は，ロンアン省ヴィンフン県カインフン村において科研調査メンバー3名のベトナム研究者が行った共同調査によって得られた（岩井 2007）。

　私たちの研究アプローチの独自性は，次の2点に集約できる。1つは，「新経済村」の特性である2つの変数，すなわち，移動と文化接触というこれまでのベトナム農村研究では扱われてこなかった要因の因果関係を明らかにするために，「新経済村」を主な舞台としながらも，南北「新経済民」の出身村にも足を運び，フィールドワークをしたことである。第2に，それぞれフィールドを異にしてきた3人の研究者が結集したということである。具体的には，北部村落を専門とする研究者と，南部村落を専門とする研究者が現地で共に調査したということである。私たちは，この間，多くの知見を得て，情報交換や様々な事例について議論を交わすことによって，新しい解釈を生み出そうと努めてきた。その作業は，「新経済村」で初めて出会った3つのアクターたちが経験したであろう出会いと文化接触にも大いに重なる部分もあり，相互補完的で極めて知的刺激に満ちていた。すなわち，本書のもう1つの有意義な点は，この調査研究が南北ベトナム農村研究者同士の「文化接触」の場にもなったということである。

　調査実施のいきさつは次の通りである。この調査プロジェクトに先行して，我々はドイモイ期における南部メコンデルタ村落を理解するために，前述の文化人類学者ヒッキーが1950年代後半に研究したロンアン省カインハウ村にて1995年より社会経済調査を開始した[8]。その際，同村からドンタップムオイ「新経済区」に延べ300世帯もの政策入植者たちが営農のために移住していることを知った。そこで，私たちは1997年夏に初めてカインフン村

8）文部省科研費補助金「メコンデルタ農業開拓の史的研究」（研究代表者：高田洋子 1995-2000年度）の一環として行われた。

を訪問したのである。当時は，県都ヴィンフンからエンジン付き小型ボートで小一時間かけてカインフン村に向かい，ほんの 30 分程度同地での聞き取りを許された。そこで初めて同地に遠く北部紅河デルタからも政策入植している人々がいることを知った。

その後，私たちは 2000 年にも再訪し，人民委員会にて聞き取りを行うとともに，予備調査のための基本情報を収集した。それを元に世帯調査票を作成し，翌年，カウンターパートの南部社会科学研究所の協力を得て，2 つの集落にて社会経済世帯調査を行った。

その後，科研調査研究の採択を受け，2003 年度より共同調査プロジェクトをカインフン村にて本格的に開始した。集中的に調査した 2004 年から 2007 年までは，主に 3 つの調査チームに分かれ，調査票に基づく世帯社会経済調査，カインフン村人民委員会や学校，診療所でのスタッフへのインタビューを行った。主に，カインハウ村からの政策移住者グループと「地元民」グループへの聞き取りは大野美紀子が担当し，北部出身の政策移住者グループを中心とする聞き取りは岩井美佐紀が担当した。また，複数の集落における住宅および居住様式に関する聞き取りは大田省一が担当した。1997 年から足掛け 18 年余りの時間を共に過ごし，カインフン村社会だけでなく，近隣の辺境社会の移り変わりを間近に見てきた私たち 3 人は現地において，また日本においても調査結果の報告会を催し，情報交換や議論を交わした。

その他，本書では北部移住民たちの出身村の一部であるハイズオン省ニンザン県ドンスエン村とギアアン村を，2005 年，2006 年，2008 年と訪問し，移住者の親族や，行政幹部などにインタビューを行った。

以上のように，調査地としてカンボジア国境のカインフン村が取り上げられたのは，1990 年代後半以降のカインハウ村における共同調査の経験と研究実績の蓄積によるところが大きい[9]。メコンデルタでも比較的早期に開拓され，ベトナム村落の「規範性」を備えている同村がヒッキーによる調査以降 40 年を経てどのような変貌を遂げたのか[10]，ということが当時の大きな問題関心であった。それ以降，私たちの関心は開拓移住した農民たちに導か

---

9) その研究業績は，『東南アジア研究』特集号 39 巻 1 号（2001）にまとめられるとともに，ベトナム社会科学院による国際ワークショップでも報告され，『社会科学』雑誌で特集が組まれた（Khóa Học Xã Hội số 7 2005）。

れる形でカインフン村へと広がり，ベトナム村落論の全く新たな地平を切り開く動機づけともなったのである。

〈4〉 本書の構成

本書の構成は次のようになっている。

まず，第Ⅰ部と第Ⅱ部に分けられる。第Ⅰ部は4章構成で，主に「国家」編である。ベトナムにおいて「新経済村」がなぜ建設される必要があったのか，そしてどのようなプロセスで「新経済村」が建設されたのか，「新経済村」の全貌を明らかにする。そして第Ⅱ部は3章構成で，主に「社会」編である。主要な3つのアクターの移住および適応プロセスを明らかにする。3つのアクターとは，南部政策入植グループ，北部政策入植グループ，そして新村成立前から先住する「地元民」グループである。

第1章では，ベトナム戦争終結後，南北統一を果たしてから全国規模で実施された開拓移民政策の経緯とメコンデルタ最大のフロンティア，ドンタップムオイ地域開発における「新経済村」建設の概要を論じる。

第2章では，「新経済村」の成り立ちと，行政組織や住民組織，5つの集落の態様を論じる。「南部政策入植」グループは，主に2つの集落に，北部政策入植グループは1つの集落に，そして「地元民」グループは主に2つの集落に居住している。

第3章では，3つのアクターが集住する代表的な3つの集落に焦点を当て，住民の人口構成，教育レベル，家族類型，通婚圏を比較検討し，それぞれの集落の特性を明らかにする。

第4章では，主に2つの集落（南部政策入植グループと地元民グループ）において実施した世帯調査のデータを基に，稲作および農外就労状況など，洪水対策集住区に居住する住民と微高地に居住する住民の経済生活を概観する。

第5章では，ロンアン省内南方から政策移住したカインハウ村出身者の適応パターンとプロセスを詳述する。

---

10) ヒッキーは著書で，伝統的な村落構造が解体していく過程としてカインハウ村の境界のあいまいさを理解しようとした（Hickey 1964）。

第 6 章では，北部の紅河デルタにある人口稠密地域，ハイフン省から政策移住した人々の移住および適応プロセスを詳述する。
　第 7 章では，1975 年前後から 1979 年のカンボジア紛争の間に避難しながらドンタップムオイ地域を国境を越えて移動し定住した，先住の「地元民」集落の形成過程と，「新経済民」への対応を詳述する。
　最後に，結論として，「新経済村」とは何か，どのように形成され，発展してきたのかをまとめる。

第Ⅰ部
辺境における「国家」と社会

第1章
開拓移民政策とドンタップムオイ地域開発

運河沿いに建つ新経済民の住居

〈1〉 開拓移民政策の概観 [1]

　ベトナムの政策入植は，南北分断期において北部ベトナム民主共和国時代では 1960 年代初頭から開始され，2000 年までに約 600 万人が移住した。国家による政策入植は，主に食糧問題，人口の再配置と軍事的な安全保障上の目的による。特に人口稠密な紅河デルタの余剰労働力を人口希少な北部山岳地域へと移すことは，人口・労働問題の解決のために極めて重要かつ緊急な課題であった。1975 年までの政策入植による移住規模は北部全体で約 100 万人に上り，紅河デルタから山岳丘陵地域へは 38 万 4000 人，そのうち合作社単位での集団入植は 16 万 4000 人であった（岩井 2006：95）[2]。

　本章では，開拓移民政策がベトナム全土に及ぶようになった南北統一以降の状況を中心に「新経済区」建設の過程を概観していく。本書が扱うメコンデルタの「新経済村」の建設は 1980 年代後半から 90 年代初めにかけてであるため，主に 1980 年代の移民政策を焦点にしながら，その位置づけを明らかにしておきたい。

1-1　開拓移民政策と地域区分

　まず，ベトナムにおいて開拓移民政策がどのような規模で推移していった

1）　1975 年以前の北部ベトナムにおける開拓移民政策の実施概況については，［村野 1979］に詳しい。農業集団化が土地の共有・労働の共同に基づく農民間の食糧の平均的分配を意味するならば，開拓移民政策は「農村人口の平均的再分布」であった。農業集団化はベトナム北部で開始後ほんの数年という異例の速さで実現したにもかかわらず，開拓移民政策は 1961 年～65 年の 5 か年計画期では移住計画を大きく下回り，当初計画の目標値の 100 万人に到達するまでにベトナム戦争終結年の 1975 年までの 15 年間を要した。
2）　南北統一前の北部ベトナムでは，政策に応じて開拓移住する場合「合作社（社会）の自助努力」に依拠しなければならず，自己資金をもたない合作社およびその成員である社員世帯に対して国家から開拓・生産資金，入植直後の食糧購入代そして日常的な生活物資にいたるまで「貸付」制度が適用された。また不慣れな原野への入植であるため，幼子や老人など主要労働力とならない家族成員の同行を制限した。このような政策の下で，実際の開拓移住人口は国家の計画目標を大きく下回り，先に見たように 1970 年代後半の政策移住の大半が国営農場への青年の強制「労働徴用」（điều động lao động）であり，大量の帰郷者が発生した。

のかを簡単に概観しておこう。表1-1は，開拓移民政策が施行される1961年からほぼ終息する1997年までの総移住人口，約600万人の内訳を示している。それによれば，同政策のクライマックスは370万人（全体の62％強）が移住した同時期，すなわち1976年から80年代末までの15年間であったといえよう。特に南北統一を果たした1970年代後半は，年平均30万人が移住している。しかし，この数値だけでは，人口移動の具体的な動向は見えてこない。

「新経済区」という概念が初めて登場するのは，1977年6月22日から7月4日に開催された第4期第2回党中央委員会総会においてである。同総会では，戦時中に北部ベトナムで形成された農業の計画経済モデルを南部にも適用するとともに，「社会主義的」大規模農業生産の促進が謳われた。100万haの開拓地の拡大にともなう400万人の労働配分が立案された。おそらく「新経済区」建設という構想は，国家の領域が格段に拡大し，新たな段階に入った農業生産条件を地域区分に関連させて労働人口の配分を行うという初めての計画であったと思われる。この構想では，全国7つの経済地域（vùng）に区分している。(1) 紅河デルタ地域，(2) 北部丘陵・山岳地域，(3) 北中部地域，(4) 中部沿海地域，(5) 中部高原地域，(6) 東南部地域，(7) メコンデルタ地域，である[3]。この地域区分が土台となって各地域における経済・社会的な任務が定められ，それに沿って計画が立案され，実施された。

このような地域区分に従い，開拓移民政策は移動距離に応じて以下のような3つの移動パターンが策定された。①短距離移動：人口密度の高い農村間で循環的に繰り返される省内（trong tỉnh）移住を指す，②中距離移動：北部または南部の域内（trong miền）移住を指す，③長距離移動：南北間の域

表1-1　新経済区への人口移動の推移（1961～97年）単位：1,000人

時期	人数	年平均
1961-75年	1,000	66.7
1976-80年	1,500	300.0
1981-90年	2,200	220.0
1991-97年	1,200	171.4
1961-97年	5,900	159.5

出所：Cục định canh định cư và vùng kinh tế mới, 1999: 6

外(ngoại miền)移住を指す。基本的に、ベトナムの地理空間を表す際、領域(miền)と地域(vùng)が挙げられる。地域は上記のように、7つに分類され、領域は北部(miền Bắc)と南部(miền Nam)のみである。中部(miền Trung)は「新経済区」のカテゴリーに入っていない。北部は(1)紅河デルタ地域、(2)北部丘陵・山岳地域、(3)北中部地域を含み[4]、南部は(4)中部沿海地域、(5)中部高原地域、(6)東南部地域、(7)メコンデルタ地域を含む。

　大別して、①短距離移動の場合、移動先の大部分は近隣の河川敷に新しく形成された中洲や海岸沿いの干拓地、あるいは土地改良したフロンティアなどである。農民自身の居住村落内の新たな可耕地付近に移り住む最も近距離の移動から数十キロメートル程度の移動までを含み、同村内、同県内、同省内の地域住民が最も優先され、余裕があれば他村、他県の住民も受け入れる。②中距離移動を指す省内移住は、省内よりは遠いが、例えば北部の場合、中国やラオスとの国境付近にある山岳・丘陵地域の各省、南部の場合、中部高原やメコンデルタ流域の氾濫原をもつ各省への100km程度の移動を行う。そして③長距離移動を指す域外移住は、主に北部から南部への縦断的な長距離移動(di dân Bắc Nam)を意味する。この移動は送り出し側と受け入れ側の省レベルの交渉・組織運営が必要とされ、いわゆる国家の補助金対象の主要な部分を担う。

---

3)　地域区分は以下の通り(Bộ nông nghiệp và phát triển nông thôn 1999: 108-113)。北部山岳・丘陵区域はハートゥエン、カオバン、ランソン、ソンラー、ライチャウ、ホアンリエンソン、バックターイ、クアンニン、ヴィンフー、ハーバックの10省。紅河デルタ地域はハノイ、ハイフォン、ハーソンビン、ハイフン、タイビン、ハーナムニンの6都省。北中部地域はタインホア、ゲティン、ビンチティエンの3省。中部沿海地域はクアンナム=ダナン、ギアビン、フーカイン、トゥアンハイの4省。中部高原地域はザライ=コントゥム、ダックラック、ラムドンの3省。東南部地域はドンナイ、ソンベー、タイニン、ホーチミン市、バリア=ブンタウの5都省。メコンデルタ地域はロンアン、ティエンザン、ベンチェ、ドンタップ、ハウザン、クーロン、アンザン、キエンザン、ミンハイの9省。
4)　南北分断期においては、北緯17度線以北のゲアン、ハティン、タインホア各省が北部ベトナム領、そして以南のクアンビン、クアンチ、トゥアティエンフエ各省が南部ベトナム領に分かれていた。

1-2 地域別の移住動向

それでは，地域別の移住動向の全体を概観しておこう。図 1-1 は，南北統一から 1993 年までに「新経済区」に開拓移住した人口規模を示している。それによれば，この間，全国レベルで合計約 440 万人もの人々が「新経済区」建設に向かった (Trung tâm nghiên cứu dân số và người lao động 1998; Phạm Đỗ Nhật Tân 1988) [5]。

1976 年から 90 年までの移住人口 440 万人のうち，地域内移住が 7 割を占めており，全体を通して「新経済区」への開拓移住は短・中距離移動，すなわち地域内移住（省内移住も含む）が主流であったことがわかる。その中で最も多く，目を引くのは，メコンデルタ地域内移住で，82 万人に上る。つづいて東南部地域内の 62 万人，北中部地域内の 49 万人の順となっている。反対に，地域内移住人口が最も少ないのが紅河デルタ地域内の 15 万人，次に中部高原地域内の 26 万人である。メコンデルタと紅河デルタで比較すると，その差は約 5.5 倍にも達し，ベトナムの 2 大デルタの農村人口移動の特徴をよく表している。その状況は，図 1-1 地域内移住の内訳をみると，よくわかる。ただし，これをもって，メコンデルタでは地域内（短・中距離の）

図 1-1　地域別の地域内移住人口（1976〜1993 年）単位：1,000 人

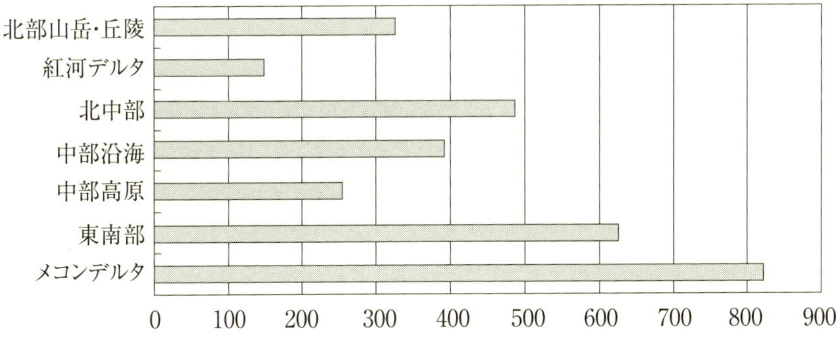

地域	人口
北部山岳・丘陵	約 320
紅河デルタ	約 150
北中部	約 490
中部沿海	約 380
中部高原	約 260
東南部	約 620
メコンデルタ	約 820

出所：Trung tâm nghiên cứu dân số và người lao động 1998, 49 を基に作成

---

[5] 開拓移民事業を管轄する地方レベルの移民局で集計されるデータは，省内と省外で分類されることが多く，省外の場合，域内なのか域外なのか判別しない。さらに，省は時代によって統合・分裂を繰り返すため，通時的な統計データの把握は難しい。一方，地域は地理・生態的空間で区分されており，現在に至ってもほとんど変わらない。

移住が活発で，紅河デルタでは移動が少なく故郷から出たがらないと即断してしまっては，状況を見誤ってしまう。

メコンデルタ地域内の「新経済区」への開拓移住，つまり短・中距離移動が大勢を占めているということの理由として考えられるのは，従来人口希少で人口密度が低いと考えられていたメコンデルタにおいて，すでにかなりの人口的な偏在がみられ，北部や中部でみられたような人口稠密な集落形成が始まっていることである。統一以降開始された集団化は10年を待たず解体し，1980年代末には土地なし・零細農の問題が大きな社会問題となっていた。それゆえ，本稿で扱うドンタップムオイとよばれる広大なフロンティア（後述する）への開拓移民政策は，まず同地域をカバーするロンアン省とドンタップ省内における比較的人口稠密な農村からの短距離移動が最優先され，次に地域内の中距離移動が続いている。

2番目に地域内移住人口の多い東南部の場合，後に見るように，その大半は都市から農村への移動である。1970年代後半に大都市のホーチミン市（旧サイゴン）に戦火を逃れて滞留した移住者で膨れ上がった都市人口を「新経済区」に送り込むという強制移住が主な内容であった。

次に，紅河デルタ域内の開拓移住が少ない理由についてであるが，当然のことながら，古くから開拓が進み，すでに余剰地はないことにより，その移動人口は限られるということが主要な要因であるが，その他の理由としては，農民が故郷を離れたくないからという従来の説明では十分ではないことが，以下のグラフで明らかである。図1-2は地域外の移住人口（移入と移出）の

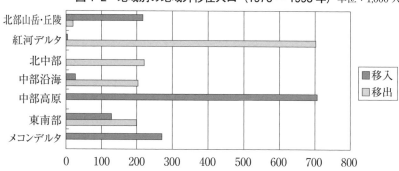

図1-2　地域別の地域外移住人口（1976～1993年）単位：1,000人

出所：Trung tâm nghiên cứu dân số và người lao động 1998, 49 を基に作成

状況を示している。

図1-2の地域外移住動向によれば，紅河デルタから地域外に送り出される移住人口規模はこの15年間で約70万人と際立っており，一方で中部高原の移入人口も70万人を超えていることから，紅河デルタから中部高原への南北間長距離移動が多数を占めていることがわかる。もちろん，中部高原への移入は全て紅河デルタからではない。紅河デルタ総移住人口は85万に上るが，その大半は地域外である。また，紅河デルタからの地域外移住先の大半は中部高原が占めるが（35万5,000人），その他，北部山岳・丘陵地域への入植も統一前から継続的に進んでいるようである（15万人）。すなわち，紅河デルタからの移出の3分の2は南部諸地域への長距離移動であり，残りの3分の1は北部山岳・丘陵への中距離移動であったといえよう。

次に，70万人もの地域外移住人口を受け入れた中部高原の移入元内訳をみてみると，紅河デルタからは35万人強と約半数を占め，残りを北中部と中部沿海が占めている。また，メコンデルタについてみると，地域外への人口移動はなく，もっぱら移住者を地域外から受け入れている点で，中部高原と共通している。しかし，先に見たように，メコンデルタの場合，まずは地域内の短・中距離の移住者を受け入れた後に，大都市ホーチミン市を含む東南部から19万人を受け入れ，その後，北部からの長距離移住者を受け入れている点で，中部高原とは大きく異なっている。

以上，地域別の移住状況をまとめると，短・中距離移動の特徴は，メコンデルタを起点とする移動が主流を占めており，次に東南部が続くことから，その人口移動の中心は南部において展開されていたということである。一方，長距離移動となると，紅河デルタを起点とする移動が飛びぬけて多くなり，その大半が南部の中部高原とメコンデルタに向かっていたことがわかる。

1-3 挙家移住と公的支援

1975年にベトナム戦争が終結し，南北統一が果たされると開拓移民事業はより大規模に展開した。これまでみたように，新経済区への南北間長距離移動が本格的に展開したのは1980年代に入ってからである。その転機となったのが1980年に施行された「政府評議会CP95号決定」である。

「CP95号決定」は開拓移民事業の方針を大きく転換させ，国家の関与をより前面に打ち出した。開拓・生産投資の補助の他，入植家族用の宅地の造

成・家屋の建設，6か月の食糧支給，そして学校や診療所などの社会福祉施設の建設が推進された。すなわち開拓移民政策の転換は一組の夫婦と未婚の子女を基本的構成要素とする小家族の移住を促進させることを目的としたもので，従来の生産重視から生活重視へと転換したことを意味していたのである[6]。以下，「CP95号決定」が開拓移住のインセンティブとなった重要な変更点を4点挙げておく。

まず第1に，開拓移民事業が公的資金によって推進されることになった点である。それまでは，現地での化学肥料の購入や食糧不足が生じた場合の籾米の購入費用は個々の合作社の自己調達に委ねられており，それが不可能な場合は，中央政府が「貸付」や「前貸し」という形で合作社に融資してきた。「CP95号決定」は，生産投資資金を「補助」し，その他の開拓関連経費を「公費で賄う」または「手当を支給する」と規定している。公費支援の使途は，開墾から整地，土地改良など生産投資の他に，託児所や幼稚園，学校または学級，診療所を建設するための社会福祉分野にも拡充されている。このことから，移住民の社会生活の条件改善が新たに重視されたことがわかる。特に，教育・医療面に配慮されたことは，国家が初めて「家族」を社会の基層単位と位置づけたことを意味する。それ故，新しい政策では，これまで同行を許されなかった老人や幼児の受け入れ体制が国家によってバックアップされるようになったのである（Công Báo 1980/3/31: 126-127）。

第2に，開拓移住を決意した家族に対して，移動に関わる規定が具体的に提示されたことである。「CP95号決定」は，出発前と到着後に何を受け取ることができるのかを具体的に詳しく規定している。これは南部解放以降，北部農民の移動が南北統一鉄道などの長距離の交通手段を必要とするようになり，移動期間も数日かかるようになったことも大きく関係していると思われる。「CP95号決定」によれば，移住民家族は出発前に人数分の交通費と荷物の輸送費を補助された。持ち込める荷物の重量は世帯当たり500〜800kgで，また1人当たり1日分1ドンと決められた道中の食事代も期間中支給さ

[6) 長距離移動の場合，世帯当たりの総額の内訳について，中央政府が6割，省が3割，県が1割と割り振られている。その主な使途として，中央政府の場合，家屋の建設や生活インフラ整備が含まれ，省や県レベルの地方政権の場合，交通費，バスや汽車の運賃が支給された。その他，行政村や送り出し合作社は，適宜必要な補助を行う。

れた。さらに 1 人当たり 2 個の生産器具も支給され，新合作社設立準備のために幹部が先発する場合も，本人に支給される生活用品の購入資金などが細かく規定された。到着後，彼らは 1 世帯あたり 20m^2 から 30m^2 の家屋の建設資材の費用や井戸の掘削や貯水道具を揃える費用などを支給された。さらに，入植直後の 1 年間は，国家による食糧補助が保障された。1 か月の補助額は，主要労働力 1 人あたり 18kg，補助労働力同 16kg，その他扶養家族同平均 9kg と定められた。

　第 3 に，この「CP95 号決定」のもう 1 つのインセンティブは，現地での家族副業経営を奨励している点である。移住した家族には，個別に 1,500m^2 が分配され，宅地に付属する菜園での栽培や家畜飼育など，家族が自由な裁量権を得られるようになった。それ以前では，家族に割り当てられた自留地は 2 ～ 3 サオ（北部で 720 ～ 1,080m^2）にすぎなかったので，「CP95 号決定」によって移住民家族はそれまでの約 2 倍もの農地占有を許されたことになる。副業用経営地の拡大というインセンティブは，生活水準の向上を希求する中核農民を引きつけ，彼らを開拓移住に駆り立てる決定的な要因となったと考えられる[7]。

⟨2⟩ 地方レベルの開拓移民政策の展開[8]

2-1　ロンアン省における開拓移民政策の展開
2-1-1　ドイモイ以降の状況

　1980 年代は中央政府に代わってロンアン省が広大なドンタップムオイへの政策入植を受け入れる開拓移民政策と地域開発を主導していった時期と言えよう。特に，ロンアン省としては，省内移住を促す緊迫した課題，とりわけ頻発する土地争いの解決を図ることが緊急とされた。

　1986 年 12 月中央においてドイモイ路線が採択されると，すでに臨界点に

---

7)　さらに，生産物請負制施行後，編入による個人の開拓移民の促進策（税制面の優遇）を打ち出した「政府評議会第 254 号決定（1981/6/16）」が公布されるなど，より広範な農民を開拓事業に結集させるための弾力的な政策が実施された。

8)　通常ベトナムの地方政府は，(1) 省・中央直轄市，(2) 県・都市部の区，(3) 行政村・市鎮（小都市）・都市街区の 3 級である。各級レベルに人民委員会と人民評議会が置かれている。

達していた南部農村地域では集団農業システムの崩壊が顕著となっていった。その情勢を受けて，ロンアン省では解決策としてドンタップムオイ地域開発と同地域への移民政策が最優先課題となった。88年に決定された「第10号決議」に対して，南部の農民は同決議の中で承認された農家請負制導入と土地委託期間の延長を個人による農業経営の容認とみなし，集団農業制下に調整・収用された旧所有地の返還要求や実力行使による取り戻しを行った（木村 1996: 213-214）。土地紛争の動きはドイモイ路線採択直後に顕在化しており，87年後半には南部全域において土地紛争が生じていた。「10号決議」以降一気に拡大して南部各省が数千件の紛争を抱えるまでに至った。中央政府は一連の指示や政治局員の派遣により土地紛争解決を図ったが，対応が後手にまわりがちで土地紛争はなかなか沈静化しなかった（村野 1989: 233）。

　ロンアン省は87年末にドンタップムオイ地域への移住を奨励する方針をあらためて決定し（BLA No.682 1987/11/27），続く88年に「ドンタップムオイ地域に定住耕作へ行く世帯と労働者に対する援助制度政策に関わる臨時決定」を定めた（BLA 1988/3/23 No.710: 7）[9]。その内容は，A：各工事建設投資について，B：農地について，C：定住耕作世帯と発展・援助の各政策，D：その他各政策の4部に分かれている。特色として，A項では，水利・交通工事の中で大中規模は省と中央政府の資本，農村内の水利・交通工事は入植者の出身地と到着地の2県の資本によるとし，建設のために庸役労働を使用する工事経費負担先を明確にした。これによって，80年代はじめの開拓移民政策で行われていた生産集団が負っていた入植経費負担を取り除き，入植者の労働負担を軽減させた。B項では，入植者の母村における請負地配分を保証し，移住を理由に請負地を返却しなくても良いこと，もし合作社・生産集団に返却する場合，補償金を移住資金として受け取ることと定め，移住者が移住先に赴きやすいようにした。これは，請負地の返却を迫られている土地なし農民にとっては有利な条件といえた。C項では，入植先での土地分配規定を明確にし，入植時の援助政策を定めた。D項では，入植者受入のために入植地における耕作地や地域の堤防建設，仮小屋建設を移住先の庸役労働を使用して準備することを定めた。この決議によって，それ以前の開拓移

9）「第408号決議」（1988/3/23）による。

民政策と比較するとより具体的な各施策を定めた。

　一方，中央政府もまた当時の緊迫した情勢を受けて，以前に比してドンタップムオイ地域への計画的な地域開発事業と集団入植政策を積極的に打ち出していた。87年7月に中央政府は「ドンタップムオイ地域の大きな潜在力を開拓し，革命拠点に相応しい豊かで文化的進歩的な農－工－漁業地域を建設し，全国の他地域を建設する事業に役立つ新しいモデルを建設する事業のために適正な投資と指導がなされねばならない」という決定を出した。ついで88年3月にドンタップムオイ地域を視察した副首相ヴォー・ヴァン・キエットは，90年までの同地域開発政策の中で「労働人口の再分配をし，ドンタップムオイ地域を建設するために各々の人口稠密地域から10万人を送り出す」との目標を打ち出し，併せて医療・教育環境の投資を行うことを発表した（BLA No.704 1988/3/2: 3）。

　以下に紹介するのは，県とその直轄行政村における開拓移民政策の実施プロセスである。タンアン市とその直轄であるカインハウ行政村を事例として挙げている。

　省都であるタンアン市は戦後の人口圧に悩み，1975年以降継続的にドンタップムオイ地域への入植奨励策を行っていた[10]。タンアン市では75年以前から土地なし農民を多く含んでいた上に，ベトナム戦争中から戦争直後にかけて戦火を避けた避難民が同市に押し寄せた。同市域の人口推移を見ると，1965年〜1970年の5年間に市内人口が52,987人から84,829人と大幅に増加している。そのため，ロンアン省の中でもタンアン市は75年の統一直後から都市労働者・旧サイゴン政権関連者を積極的に新経済区へ送り出したが，前述したとおりほとんど定着しなかった。ロンアン省およびタンアン市は「ドンタップムオイ総合潜在力開発プログラム」を展開し生産集団を単位としたドンタップムオイ地域への開拓移民政策を継続し，わずかながらも省内よりドンタップムオイ地域へ継続して開拓移民団を送り続けた[11]。

　87年になると，ロンアン省内でもっとも激しい土地紛争がタンアン市で

10）　戦争を原因とした流入人口増を実数として把握できないが，タンアン市は戦中・戦後の流入人口を多く抱えていた。たとえば，「解放後の数年間タンアン市は省の援助を得て数千人の人々 ―― 旧政権側あるいは商業従事者 ―― を旧故郷にも戻したり各新経済区へ行かせ自立させたりした（BLA No.677 1987/11/10: 6）」がほとんど定着しなかった。

展開された[12]。その沈静化のために開拓移民政策に極めて積極的にならざるをえなかった。

　1987〜88年にかけてタンアン市は，市轄各行政村から幹部を招いてドンタップムオイ地域視察団を組織して入植予定地を視察し，その一方で「ドンタップ経済建設団」(doàn xây dựng kinh tế Đồng Tháp) と呼ばれる人民軍労働部隊と入植者受入条件を協議し，具体的な入植プログラムを策定した。ドンタップムオイ地域の視察ではタンタイン県，モックホア県ビンホアタイ村，トゥートゥア県ボボ運河沿いなどドンタップムオイ地域の開発予定地を視察した。

　当時激しい土地紛争の渦中にあったカインハウ行政村もまたタンアン市の入植計画に応じた。タンアン市が組織したドンタップムオイ地域視察団には同村内の各生産集団幹部のほとんどが参加し，その視察の結果，幾つかの候補地の中からカインハウ村はヴィンフン県フンディエンA村への入植を決定した。入植先の決定理由について視察に参加した生産集団長F氏は，(1) 土地条件が良い，(2) 第1ドンタップ経済建設団の提出条件が良い，(3) ロンアン省が同地域への移住を奨励していたからと述べている。これを補足すると，(1) 入植候補地にはモックホア県ビンホアタイ村もあがっていたが，フンディエンA村の方が開発が新しくより広い土地が支給されることが見込めた。ビンホアタイ村はモックホア県都に近くすでにタンアン市から入植が行われていた (BLA No.664 1987/9/25)，(2) フンディエンA村は88年時点で中央政府が1級運河28号の拡幅工事を済ませており，第1ドンタップ経済建設団が2級運河T7・T9の試掘を開始していたことから水路工事の進展が早いと見込まれた，(3) 入植地選定は省の指導が優先し行政村側や個

---

11)　12年以上前からタンアン市は各地方と固く結び付き，400人近くの労働者をドンタップムオイ地域の第2拠点建設に赴かせ，2,400ha以上の土地を耕作し14生産集団を形成した (BLA No.677 1987/11/10 No.677: 6)。

12)　省人民委員会の9号指示が出る以前にカインハウ村はもつれた麻糸のように混乱していた。村内の100％近くの農民がこぞって土地陳情書を作成し，水田の返還を願う人・水田をそのまま維持することを願う人に対して，村当局には村において解決するための国家の法規決定がまったく欠けていた。省人民委員会の9号指示が出るとすぐにカィンハウ村は併合したり寸断したりした各事例を最終的に解決し，88年夏秋作以降村の土地状況は安定した (BLA No.771 1988/10/26: 6)。

人の自由選択する余地が少なかったことなどがあげられる。

このように，移民政策の実施現場では，入植に際しての事前情報・入植先の事前視察を所轄行政担当者が入植者に替わって行った。タンアン市は各行政村と入植者数・割り当て面積の調整が済むと第1ドンタップ経済建設団とあらためて協議してその協力を確認した。

2-1-2　行政村レベルにおける開拓移民政策の展開
【移住元】

行政村では移民政策を「第2拠点建設運動(phong trào xây dựng cơ sở 2)」と呼び，村内の各合作社・生産集団で生産団長が中心となって団員への勧誘を行った。また，党書記等人民委員会幹部が，人民委員会が組織する各集会や党大会に留まらず各生産集団の会合の場において積極的に呼びかけた。入植希望者は人民委員会役所で入植申請書に登録するだけであり，実際には誰でも望めば入植可能だった。ロンアン省は過去の新経済区建設事業が遅滞した反省から，最初に家族の中の1～2名が移住し，後に他の家族を呼び寄せるという方針を採用しており[13]，入植者の大半は単身あるいは家族内成人男子1～2名で入植した。入植地への移動に際しては，当初は県が交通手段（バス・船）を準備し，村当局主催の歓送会が開かれた後に出発する集団入植式が開かれた。このような華やかな全村を挙げての集団入植形態は初回から3回ほどで終わりを告げ，入植者の予想を超える過酷な入植地における生活状況からその後すぐに離農者が出るようになると，入植奨励運動そのものがすっかり影を潜めた。

例えばカインハウ村の集団入植では約180人，第1次：88年2～3月：100人弱，第2次：89年2～3月：約60～70人，第3次：89年6月：約30人が村当局主催の歓送会開催後に準備されたバスに乗って出発し，ヴィンフン県カインフン行政村の集落に入植したが（第2部第5章で詳述する），1989年末に離農者が発生すると集団入植が行われなくなり，開拓移民政策

---

13) 以前，省が新経済区建設に送ったすべての家庭は多くの困難と障害にあった。今回省が唱道する改革案は以下の通りである。すなわち，まず家庭毎に選ばれた1人から2人だけが先行し宅地や土地を受け取り，新たな収穫が結果を得てはじめて家族を移住先に迎えることを組織することである。この新しい方法によりはじめて生活が安定化するとして，人々に支持された（BLA No.682 1987/11/27: 1）。

外の入植（＝自由入植）に転換した。

【移住先】
　一方，移住先におけるインフラはすでにドンタップ経済建設団が準備している。入植者は到着した当初はあらかじめ用意されていた共同宿舎に仮住まいした。その後，入植者名簿に登録し，各自に宅地と耕作地が割り充てられる。規定によると，宅地は 0.2〜0.3ha，水路あるいは道路沿いに支給されることとなっていた。耕作地は労働人口1人につき 1ha が支給されることとなっており，もし余剰生産能力がある場合は他の土地を借りて耕作できることとされた（BLA No.710 1988/3/23: 7）。入植者は，最初割り当てられた宅地に入植者同士の交換労働によって家族単位の仮小屋を建設し家屋とした。建材としてチャム材木・ニッパ葉が支給されたが，往々にして不足したため数家族の親族が共住することも多かった。

　入植者には幹線水路からの割り当て耕作地への導水路開削が義務として課せられており，水路・畦建設作業は入植者が各自で行う[14]。したがって，入植の際に単身入植が奨励されたものの，水路・畦作業は厳しい労働であり複数名で入植した世帯が有利であった。多くは入植者自身か同時に入植した血縁者が共同作業をしたが，中には人を雇って水路開削を行わせる者もいた。耕作地の割り当ては移民局があらかじめプランニングしていたが，実際にはそのプランに沿った土地割り当て規定は遵守されなかった。入植者間で水利条件つまり水路からの遠近を考慮して平等に分配されるようくじ引きを行い，これについて移民局が干渉する余地はなかった。例えば，割り当て地が1戸あたり 1.5ha とすると，水路近くに 0.5ha と水路遠くに 1.0ha というように入植者間において平等分配が図られる。しかし，とくに，運河開削工事が予定より遅延すると，生産可能な耕作地と宅地が不足するため往々にして入植者に十分に分配されず，とくに，宅地は入植時期が遅くなると割り当てをもらえないことが多くなり，路傍に直接仮小屋を建設して居住することとなる場合も多かった。また，分配された農地がその後の水利計画や公共建設計画のため収用され代替え地を支給されることもあった。

---

14) 入植当初支払われることになっていた入植者支援金は，91年になってようやく水路開削労賃という形で第2拠点移民調整支局から各戸に35万ドン（労働点数2人分相当）が支給された。

入植地は当初現地の行政機構の中に組み込まれず，ロンアン省内の出身県に帰属した。このため，あらかじめ入植地における行政機構として各出身村において入植者の中から指導者が人民委員会を指名し，第2拠点調整委員会（以下，調整委員会と略）がそれぞれ組織されていた。調整委員会の委員に指名されたのはおおむね出身地の生産集団集団長や合作社幹部であり，同委員会の役割は（1）水路開削の際の労働調整，（2）土地分配の調整，（3）生産活動の組織を行うことであった。具体的には調整委員会が入植者のために各種生産手段を調達し，現地の行政機構との仲介と保証機能を代行した。

　一方で，生産面について調整委員会は一括代理契約を結ぶことで個々の入植者の便宜を図った。具体的には，耕運機など生産手段の調達は民間人やドンタップ経済建設団と契約をかわし，種籾の調達はホーチミン市種苗会社と契約（籾返済）した。また，肥料の調達はロンアン省食糧会社（9％利子付き現金返済）やドンタップ経済建設団（籾返済）と契約をかわした。入植者は収穫後に借り賃を籾あるいは現金で調整委員会を通じてそれぞれの契約先に支払った。入植者が返済不能に陥った場合には，調整委員会が返済猶予の交渉をする保証人の役割を果たした。

　調整委員会は入植先において新しく行政村が成立すると自動的に解散した。したがって，後になると営農用借金契約は入植者が個別に各機関と行うようになった。カインハウ村の場合，集団農業制期にホーチミン市種苗会社・ロンアン省食糧会社と村内の合作社・生産集団が契約を結んで種籾の供給・収穫物の売却が行われていた経緯があり，入植地においても当初はこれにならってこれらの会社と契約を結んでいる。

　新規開拓に際しては，初年度から最初の5年間は免税措置がとられる。以前に開墾されその後放棄された耕地を再び開墾した場合の免税期間は3年である。また，1期作から2期作へ転換した場合，生産が安定するまで2年間免税措置がとられる。その後長期土地使用権証書交付に際して農業税徴収のための土地等級が定められ，農業税と水利費の徴収が始まる。

2-2　ハイフン省における開拓移民政策の展開
2-2-1　長距離移動の流れ

　一方，南北間長距離移動によってドンタップムオイに開拓移住民を送り出した北部のハイフン省の状況を概観してみよう。ハイフン省とロンアン省は

ベトナム戦争中より姉妹提携関係（後に詳述）を結び，互いの人的交流を図ってきた。ベトナム戦争終結後は，主に「幹部増強」などの理由で，多くのハイフン出身者がロンアン省の行政部門を担っていく。その様子は，省都タンアンにおける「同郷会」活動などにもみられる（BLA 2000/4/28）。

いわゆる北部・紅河デルタの人口稠密な農業専業省として，もっぱら開拓移住民の送り出し元となってきたハイフン省にとって，南北統一後の南部フロンティアは極めて魅力的な土地であった。ここでは，ハイフン省の送り出し側からみた開拓移民政策とその実施過程について概観することによって，本稿で扱うドンタップムオイへの開拓移住の位置づけをしておきたい。

先に見たように，1980年代初頭に中央政府は開拓移民政策を転換し，挙家移住を奨励するために様々な支援体制を整えた。その中で，中央と地方の支援分担も明確にされ，家族で長距離移動する移住民の支援策も極めて具体的になった。

中央レベルの開拓移民政策は全体の人口再配分計画と目標値の策定，開拓地の区画整備，そして国営農林場のインフラ整備などである。現実にどの省がどれくらいの人口をどの省から受け入れるかといった具体的な実施計画の策定についてはそれぞれの地方政府が責任を負った。形式的な手続きとしては，送り出し省がイニシアティブを取って直接予定地を視察し，移住規模について受け入れ省と交渉し，合意した後，中央に提案する。中央レベルで批准されれば正式な計画として実施されるというプロセスを経過していた。

ここでは，送り出し側ハイフン省の開拓移民事業について概観しておこう。南北統一後，ハイフン省の開拓民の移住先はクアンニン省など北部諸省の他，「友好または姉妹省（tinh bạn, kết nghĩa）」[15]と呼ばれる南部の人口稀少なザライ＝コントゥム，ロンアン，ドンナイ各省と関係を結んでいく。南北統一以降ハイフン省の移住民を最も多く受け入れたザライ＝コントゥム省では，1970年代後半はその大半が国営農場の建設に集中的に動員されたが，ほとんどが故郷に戻ってしまった。1980年以降から挙家移住による合作社建設が本格化する。

---

15) 姉妹省は，主に北部の省がベトナム戦争時代に南部各省からの「集結」組を受け入れた際に結ばれた友好関係を指す。具体的には，南部の革命家の子弟を受け入れて，地域の学校に通わせたりすることで，家族同然につきあったという。

1980年初頭，ハイフン省が1人当たりの平均農地保有面積が3サオ（1,080m²）になるように算定すると36万人が余剰人口となり他出しなければならず，毎年の自然人口増加を考慮すると10年間に70万人を新経済区に移出させなければならなかった（ban kinh tế mới tinh Hải Hưng 1981: 12）。目標値が割り出されると，次は予定地の確定と区画計画である。ハイフン省では送り出しの前に，省レベルの開拓移民事業の専門機関である新経済委員会（ban kinh tế mới）が県レベルの開拓移民専門職員に委託し，現地視察を行う。そこでは主に，地質・気候・生態条件（特に水源の確保）などに関して情報収集を行い，どの作物をどのような割合で栽培するのか，そのためにどのような技術が必要なのかを検討し，プロジェクトの作成に役立たせる。それと同時に宅地を造成し，移住民の生活に必要な託児所，幼稚園，学校，診療所，売買合作社（売店）など福利厚生施設の規模チェックを行う。このように事前準備が完了すると，次に開拓移民の募集が開始される。

　第6章で詳述するように，カインフン村への集団入植の場合，移住者の故郷，ニンタイン県（現ニンザン県，タインミエン県）の専門職員が各合作社・行政村をくまなく巡り，説明会を開催している。そこで希望者を集めて現地の様子を詳細に説明し，質疑応答を行った。県職員は宣伝の中で，どのようなメリットがあるのか，どのような困難があるかを説明する。この説明会に参加し，ロンアン省に移住したある農民は，「何が一番決め手で今の場所を選んだのか」という筆者の問いに，「水のあるところ」と答えている[16]。そして期日を決めて申請が受け付けられる。それまでの反省から「自発的な申請」という原則が遵守されたようである（ban kinh tế mới tinh Hải Hưng 1981: 16）。実際の移動は，移住先が乾季となる12月から3月の間に行われる。県職員は申請者全員の戸籍を現地の行政村，または開拓に合わせて新設されたばかりの行政村に移すなど，全ての行政手続きを代行する。その後，ハイフン省の新経済区建設委員会に報告された後，全てが完了する[17]。

---

16) 2006年8月ロンアン省ヴィンフン県カインフン行政村サイザン集落で聴取。この農民によると，何度も説明会に参加し，県職員からの説明は極めて具体的で詳細だったという。中部高原への入植を希望しなかったのは，水稲技術が活かせない不安からだったという。
17) 2005年8月および2006年8月に筆者が行ったハイズオン省ニンザン県開拓移民局専従職員LDT氏より聴取。同氏は約30年間専門スタッフとして事業実施にあたった。

2-2-2　送り出し省のインセンティブ

このように，実質的には県レベルの移民支局が主体となって個々の開拓事業が実施されるが，その活動資金は1982年に設立された「新経済区建設基金」から支出された。1982年の閣僚評議会決定14号によれば，省・県は新経済区建設基金を設立する権利を有するとされ，その事業資金を省・県民から広く徴収することが認められた。これを受けてハイフン省では，同年に人民委員会が決議を出し，人民評議会で年内に可決された。この新経済区建設基金は，他にタイビン省やハーナムニン省など多くの開拓移民を輩出している紅河デルタ農村の各省で徴収された。「人と財産を互いに分け合う」という方針の下，労働年齢にある全ての省民が負担することになった。農民は男女とも一律2kg籾米，手工業者は2労働日分（修正後は1労働日分），幹部公務員は1日労賃相当分，また商売人は1か月の営業税の15％（同，市場価格による籾米2kgと4kgに区別）を納付することとされた。同基金の徴収業務は県が行い，基金の8割は省の開拓農民への補助金の財源となり，残りの2割は実務経費に充てられるとされた[18]。

以上みたように，開拓移民事業がより具体的で明確になり，行政側もきめ細かい対応を行うようになるにつれて，次第に農民側も積極的に参加するようになっていったと考えられる。特に1976年から数年の国営農場への労働徴用の教訓は大きく，農民の活力を引き出すためには，まずは農民の要求を満たすことが先決であるということを国家が学んだということであろう。その要求とは，一組の夫婦とその子どもを基本的構成要素とする家族が国家の公式ルートに沿って移住することを任意で選択でき，国家の全面的なバックアップが保障されるということである。これは，まさに「国家と人民が共に行う」という方針の下，「協同」関係を通して国家が社会の潜在力を引き出す第一歩になったと考えられる。

2-3　「姉妹」省間の提携関係

本書で主に扱う北部からの移住世帯の出身地は人口稠密なハイフン省の農

[18) 新経済区建設基金については以下の通り。中央レベルについては閣僚評議会の決定（1982），ハイフン省レベルについてはハイフン省人民委員会決定（1986）と後に修正条項を含む補足決定（1988）がある。

村であるが,なぜハイフン省の農民がロンアン省に集中的に移住したのかという点についていえば,1954年のジュネーブ協定以降の南北分断期が大きく影響している。両省は「南北の血肉を分けた関係（mối quan hệ ruột thịt Bắc Nam）」として,「すべては血肉を分けた南部（同胞）のために（tất cả vì miền Nam ruột thịt）」とスローガンを掲げ,ベトナム戦争中の1962年に「姉妹提携」[19] を結び,双方向的な移民運動を展開してきた。当時のフンイェン省（1968年にハイズオン省と合併し,ハイフン省となる。1996年に再び分離）とタンアン省（現ロンアン省）が姉妹提携を結んだ理由の1つとして,両省の地理・自然条件の共通性,すなわち,両省ともにデルタに属し,森林や山,海もなく,集約的稲作専業省であるという共通点があげられている。

　当然ながら,当時のロンアン省は共和国政府の管轄下にあったため,公式なルートでの姉妹提携が結ばれたわけではなく,多くの地元幹部たちが,「集結」と呼ばれる北部の民主共和国への政治的移動を経験している。例えば,ロンアン新聞の特集号に具体的な人的交流として,同省出身のグエン・タン・ジの記事が掲載されている（BLA 2000/4/28－5/2）。同記事によると,彼は1954年に北部に「集結」し,眼科の医師となり,1963年から5年間フンイェン省の医務局に配属された。当時,アメリカの北爆が激しさを増していたため,姉妹提携省名を冠したタンアン病院も地方に疎開し,彼と彼の家族はある幹部の実家に身を寄せたようである。その後,南部解放と共に,彼はロンアン省に戻る。

　一方,ハイフン省の人々がロンアン省を訪れるのは,戦後が大多数を占める。1997年には省都タンアンにハイフン省同郷会が組織され,2000年の時点でタンアン市のみで158世帯（400人以上の会員を含む）が参加している。それ以外のタンフン,ヴィンフン県などへの「新経済区」入植世帯を含めれば,1,000人以上になるという。同郷会は,「後寿区（khu hậu thọ）」と呼ばれる

19）「姉妹提携」省間の交流モデルに基づく開拓移民事業は,1960年代以降の北部ベトナムにおける紅河デルタと山岳地域の間に交わされた省レベルの交渉からすでに始まっている。例えば,紅河デルタ地域のキエンアン省（現ハイフォン省）と北部山岳地域のラオカイ省は他に先んじて姉妹提携を結び,開拓移民事業を推進した。当時は集団農業であったため,デルタの合作社の名称をそのまま移住先の開墾合作社でも用いた。1980年代に中部高原への開拓移住民を多く輩出したハイフン省の合作社も,現地で新しく合作社を設立する際は,同様のモデルを適用した。その後,現地の少数民族の地名に改変されている。

同会専用の墓地を保有しており，会員が亡くなるとその墓地に埋葬された．

〈3〉ドンタップムオイ地域開発と新経済村の建設

3-1　ドンタップムオイ地域の概要

　ベトナム南部，メコンデルタのフロンティアであるドンタップムオイ地域は全面積約 63 万 ha，ロンアン省，ティエンザン省，ドンタップ省の 3 省にわたる広大な氾濫原湿地である．ほぼ全域が強硫酸塩土壌に覆われ，毎年雨季終盤の 8 月 9 月にはメコン河上流からの増水を受けて，局地的に最大 3m 以上の高水位となり冠水する（図1-3 参照）．この地域は，葦平原（plaine des Jones），無人の野，鳥平原などの別称が示すように，人跡未踏の地であり，いわば秘境に類するものであった[20]．

　このような極めて困難な生存環境は，一方において治外法権の空間を提供し，抗仏・抗米戦の拠点となった（Nguyễn Việt Tạ 1995: 337-367, 369-422）．また，メコンデルタ農民にとって蔭田経営や地主制からの逃亡の地でもあった（Nguyễn Hiến Lê 1954: 31-32）．営農困難な生態環境であるとはいえ，点在する高み（gò, giồng）は居住地となり，低生産性の在来雨季稲作・浮稲作によって生存は可能であったものの[21]，その不安定な生産性では大きな居住地を形成するには至らなかった[22]．

　農業生産を基盤とした継続的定住が困難であった一方，雨季に冠水する湿地林が絶好の漁場を提供し，乾季に於いても散在する沼沢地が漁獲を保障するという点で，漁労はドンタップムオイ地域における主生業形態であり，とくに雨季になると河川を通じてカンボジアやメコンデルタ各地から人々が流

---

[20]　1939 年ドンタップムオイ地域を旅行した北部出身ジャーナリスト Nguyễn Hiến Lê はタンアン市からボボ運河〜ラグランジェ運河を遡行した後現ドンタップ省へ抜けた旅行記を刊行し，当時の様子を伝えている（Nguyễn Hiến Lê 1954）．
[21]　カンボジアで Srangne と呼ばれる野生浮稲が植生していたようである（Nguyễn Hiến Lê 1954: 85-86, Delvert 2002: 344）．
[22]　Delvert はカンボジアにおいて集落を意味する Phum とは行政単位ではなく本来 terrain d'habitation（居住地）の意でしかなく，永続性がない（Delvert 2002: 215-217），ドンタップムオイ地域と境を接するプレイヴェン省スヴァイリエン省の低地に 2, 3 戸からなる孤立小集落（écart）があると報告している（Delvert 2002: 219）．

図1-3 ロンアン省とドンタップムオイ地域

入していた[23]。

ロンアン省（1975年以前は旧タンアン省と旧キエントゥオン省）は，上記3省の中でもっとも広い面積をドンタップ地域に有する。同省は地形的に東西ヴァムコ川沿いの自然堤防地域とドンタップムオイ氾濫原に大別される。ドンタップムオイ地域は省全面積の約68％に相当する約30万haを占め，ドンタップムオイ地域はこの東西ヴァムコ川沿いの自然堤防地域，すなわちタンアン市，タンチュ県，チャウタイン県，トゥートゥア県，ベンルック県という南方地域にとってフロンティアを提供してきた。したがって，同省にとってドンタップムオイ地域の開発は切実な課題である。

3-2　ロンアン省のイニシアティブ

南北統一後の新しい政治体制の下で，国造りが本格的に始まる。まず，1976年にロンアン省直属の帰郷越僑委員会が設立された。その後，79年カンボジア紛争で国境地域が戦場となると，戦時避難民を省都タンアン市・モックホア市に迎えることとなった。ドンタップムオイ地域開発はあらためて国境地域の安定という重要な意味を付加することとなった。

23）カンボジア領内の漁労はおおむねベトナム人が担っており，雨季になると河川を通行して各地に漁労に出かけていた（Lê Hương 1971: 30-33）。

1978～79 年洪水とカンボジア紛争ではカンボジア人1万人以上が省内に避難し，戦後カンボジアへ帰還した。また越僑も少なくとも3～4千人以上が省内に避難してきて，その一部は戦後カンボジア側に財産を残していたため帰還した。また一部は省内ビンヒエップやヴィンフンに定住した[24]。

その後，1980 年に新経済区建設開拓委員会が，1982 年には労働移住分布委員会が同省直属機関として設立された。ロンアン省では，開拓移民政策の専門機関である労働・住居調整支局が1985 年に労働局内に設立され（89 年からは同省直属），そして1994 年に新経済区移民開発支局（省直属）と改称した。後に見るように，新経済民と呼ばれる開拓移住民を組織的に受け入れたのは2003 年が最後となり，実質的にその時点で開拓移民政策そのものは幕を閉じている。そのため，2005 年に代わって設立されたのは農村開発支局（農業・農村開発局に直属）という組織で，新経済区建設に終止符が打たれるとともに，メコンデルタ最後のフロンティアも消滅することになった。組織面からみると，新経済区建設が最も本格化し，受け入れ態勢を整備していったのは1980 年代ということになる。

ドイモイ後の南北デルタ農村の切迫した情勢を受けて，中央政府と地方政権は緊密な連携プレーをもって全国規模の開拓移民政策を展開することになった。中央と地方を結ぶ調整役となったのが，ロンアン省移民局である。ロンアン省にとって省面積の68％を占めるドンタップムオイ地域の比重は大きく，その分，開発・入植計画策定のイニシアティブを握る移民局の権限は相対的に大きかった。しかしながら，当初中央はドンタップムオイ地域開発に対して消極的であったようである。当時の閣僚評議会副議長ヴォー・ヴァン・キエットに直訴して，その必要性を訴えた結果，最終的に中央の同意を得られた[25]。

この間，ドンタップムオイ地域では，4つの県をはじめ，新しい行政組織が設立されていく。南北統一以前の旧サイゴン政権下では，この地域一帯はモックホア県であった。新政権に移行した後，まず1976 年にヴィンフン県がモックホア県から独立し，その後1980 年にタンタイン県，1989 年には

---

24) 2006/8/10 元省人民委員会副主席より聴取。

タインホア県，最後に 1994 年にタンフン県が成立し，全体で 5 県となった。それに伴い，ロンアン省内のドンタップムオイ地域全域に 50 以上もの新経済村が設立され，地方行政組織が整備されていった。

ロンアン省にとって広大なドンタップムオイ地域開発を推進するための莫大な資金をどのように調達するかが喫緊の課題であった。1980 年年頭に開かれた第 2 回ロンアン省党委員会（以下，省党委と略す）は，省の経済戦略の 1 つとして「ドンタップムオイ地域の潜在力を開拓する」決議を採択し，同年 5 月，省党委と技師によるドンタップムオイ視察が行われた（Thạch Phương 1989: 742）。この決議は一連の経済改革と連動していた。

1980 年 9 月，ロンアン省は全国に先駆けて経済改革に向けて舵をとり，流通改革を断行した。具体的には省内すべての経済封鎖を解き，物資の自由流通を黙認した。

> ここの政府は無益なことを解決したいと思った。我々の中には以前に北部へ「集結」した後帰郷した連中がいて，北部では自由に豚を売り買いし，村でも自由だった。しかし，南部では政府が許さない。われわれは皆生産を促すために自由に売り買いし市場価格で高い値段を望んでいた。（略）流通政策というのは売り買いを自由にするという意味だ。ロンアンの公安は捕まえない。当時市場価格に沿った売買では 50％増えるから。例えば布の値段が（公定価格で）2 ドン，4 ドンだとすると，ロンアンでは高値になり 20 ドンになる。（略）ハノイでは商務省だけが応援してくれていた。試行して数か月後に中央が聞きつけて監査に来た。監査団が中央に報告し，中央はロンアン省を呼んで報告させた。（省が）赴いて報告すると，中央は聞き入れて，ロンアン省が試行を継続することに同意した[26]。

25） 当初ドンタップムオイ開発と入植はその条件がきびしすぎるため中央の同意を得ることができなかった。戦後北部・中部および南部の各省から人口を移す必要があったが，メコンデルタにはカマウなどメコン河の淡水を容易に得ることができて人口も少なく土地に余裕がある場所がまだ存在した。一方ドンタップムオイは運河を開削し淡水を得る・酸性土壌・洪水・道路等がないなど自然条件がきびしすぎるため，そのドンタップムオイに入植させる必要はないと中央は考えていた。元ロンアン省人民委員会主席及び 84〜91 年に新経済委員会委員長を勤めた方から聴取（2006/8/10）。

この措置によって，ホーチミン市に隣接するロンアン省を通じて省内のみならずメコンデルタ各地の物資が集散するようになり，低い公定価格と経済封鎖によって利益が見込まれないため生産を放棄していた農民が生産現場に復帰した。一方，ロンアン省とホーチミン市の公安も路上検問を廃止し，人々が商品をホーチミン市に持ち込むのを黙認した[27]。

　流通改革が同省にもたらした経済力がドンタップムオイ地域開発の基盤となっていく。翌1981年9月，経済改革とドンタップムオイ地域開発をめざした2つの決議が省党委から出された。その第1が経済改革の一環としての省内全組織の幹部・公務員・軍人等に対する給与補填策として市場価格に沿った実質昇給を行ったことであり，第2が「新農村建設と農業発展のための社会主義労働義務運動」である（Thạch Phương 1989: 742）。2年後の1983年第3回省党委大会で本格的なドンタップムオイ地域開発が始動した。

　ドンタップムオイ地域開発は概ね以下のように実施された。

　地域開発に関わる開発経費は中央が負担し，ロンアン省の移民局を通じて提供された。同省水利局建設委員会が水路建設計画を策定し，ドンタップ経済建設団に工事を依頼すると，同団は入植予定地のインフラ，すなわち道路・水路・公共建物などを建設し，終了後に省に報告する。省から各県に開墾可能となった地域面積と入植者募集が通知されると，県はさらに直轄行政村当局にこの件を通知し，入植者を募集する（図1-4）。入植受け入れは当初個々の入植者が自由に移住するのではなく，行政村当局を介していた。例えば，第3ドンタップ経済建設団はヴィンフン県で28号運河の支線T3およびT3B水路を開削し，1,000haを排水・灌漑可能とし，その新開地はタンアン市轄ビンタム行政村およびアンヴィンガイ行政村からの移入者に渡された（BLA 1989/4/27）。

　実際の地域開発に携わる労働力をどのように調達したのであろうか。統一直後，ロンアン省ではフランス植民地期に開削され戦時中荒廃した第1次運河の再浚渫に利用されたが，後年になるとカンボジア国境の駐留軍がドンタップムオイ地域のインフラ建設の主体となったのである[28]。

---

26)　1999/8/9元ロンアン省経済改革委員会委員長から聴取。
27)　商品流通改革はロンアン省が試し，その結果を見てから政府に許可を申請した。1999年8月2日元ロンアン農業局局長より聴取。

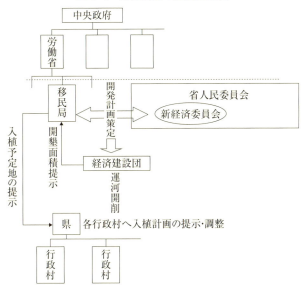

図1-4　各機関間の連携組織図

　1975年直後にロンアン省内に成立した12か所の国営農場は，当初こそ中央政府の支援を背景に経営を行えたが，80年にはすでに経済破綻をきたしていた。81年ロンアン省は省内の国営・省営農場を解体する方針を決め，うち国防軍兵士によって編成されていたルアヴァン（Lúa Vàng 黄金のコメの意）国営農場3か所を経済軍に編成替えし，ドンタップムオイ地域のインフラ開発に充当した[29]。

　上述の試行期を経て，さらに1984年3月，ロンアン省人民委員会は「ドンタップ経済建設団」の設立を決定し，省内に駐屯する全国防軍を改組して「経済建設団」と改称し，中団規模の5団に分かれてドンタップムオイ地域に駐留し，運河開削・開墾事業にあたらせた（Thạch Phương 1989: 742）。元来同省内に駐留する国防軍は軍務の合間にインフラ建設労働に従事してお

---

28)　義務労働は村内インフラ整備に振り向けられ，とくに第3級運河の開削・維持に活用された。第3級運河の開削のおかげで，ドイモイ後農民の経営意欲が刺激され生産増に転じた。当該時期に整備されたこのインフラが耕地面積の拡大・2期作化を支える効果を発揮していく。

り，77年にドンタップ経済建設団による運河開削工事が行われている（BLA No.91 1977/7/19: 3）。ロンアン省では同団にドンタップムオイ地域の運河・道路建設を委託し，その経費を支払った。経済建設団はドンタップムオイ地域のインフラ建設のみならず，後には農業銀行から委託された入植者支援策のエージェント機能を兼務するようになった。

　81年第1ドンタップ経済建設団が成立した当初7〜800人で運河を開削した。団は徴兵義務を担った兵士から構成され，3年の徴兵期間が終わると除隊した。当初はタンタイン県・タインホア県の2〜3か所を開削し，後に国境近くのビンヒエップ，さらにヴィンフンへと展開した[30]。

ドンタップムオイ地域開発を面的に拡大することになった分岐点は，83年〜84年に中央政府によって開削されたホング運河（別称中央運河）である。この運河の開通は，メコン河の淡水をドンタップムオイ地域中心域に注ぎ込む試験例となり，この中央運河に連結して第1級運河が次々に開削され，ドンタップムオイ地域中心域の開発は一層進展した。

　79年頃の省財政は14億ドンにも満たなかったため，とうてい大きな運河建設は行えなかった。しかし中央政府によって中央運河が開通して以後，その中央運河に連結する各運河を開削したのはほとんどが省の投資による[31]。

以上の一連の動きからは，80年代前半のドンタップムオイ地域開発をめぐっては，カンボジア紛争の戦後処理と社会主義政策の破綻に切迫したロンアン省側が終始先手を打って経済改革と地域開発を試行し，その試験結果をもって中央政府内にいる南部出身改革派を介して中央に承認を求めるという

---

29) 戦後，省内の国防軍部隊では，多くの省内出身兵士や農場解体後行き場を失った兵士たちがいた。中央はすべての大隊・小隊を解散する指示を出したが，ロンアン省だけは2中団を残し試験的に彼らを編成替えし，経済軍としてドンタップムオイのインフラ建設に充当した。当初は農場を経営していた2師団を経済軍に編成替えし，後に6団12,500人までになった。開墾するとヘクタールあたり30万ドンを支給した。元ロンアン省人民委員会主席，84〜91年新経済委員会委員長より聴取（2006/8/10）。
30) 元省人民委員会副主席より聴取（2006/8/10）。
31) 2006/8/10 元省人民委員会副主席より聴取。

構図が窺える。

3-3 南北統一からドイモイへ

　南北統一から新経済区建設の終了までの約30年間に，ドンタップムオイ地域全体で44,602世帯が移住し，その内37,475世帯が定住した（84%）。移住民は「新経済民」と呼ばれ，その出身はベトナム全国17省・都から，そしてロンアン省内の南部各県からと，多岐にわたっている。そして，この30年間の総開拓面積は13万7,000haに及んだ。
　ロンアン省内のドンタップムオイ地域における新経済区建設の実態を大きく3つの時期に分けて具体的に概観していきたい。

3-3-1 南北統一から80年まで ── 社会主義改造の挫折

　南北統一直後のベトナム南部では，いわゆる社会主義的改造を促す各種の施策が行われ，その中の開拓移民政策にかかわる施策としては，新経済区建設があげられる。戦後ベトナム政府が直面した問題は，人口稠密地域の人口圧や戦中・戦後にかけての都市人口増加という人口分布の不均衡と食糧需給問題であり，問題解決策としてメコンデルタ各地に新経済区が設立された。北部や都市部からの移住民を受け入れたが，開拓移民政策では都市余剰人口を強制的に農業生産に振り向け，社会主義的改造を図るというイデオロギー先行型の目的が優先されたため，移住先の劣悪な生活条件と不慣れな農業労働から都市住民の多くが帰郷する結果となり，南部の資本主義化された社会経済構造を無視したがゆえに失敗した（白石 1996：124, 178-179）。そのため，この時期の新経済区建設事業に対しては極めてネガティブな印象が人々の間で定着した。
　ドンタップムオイ地域における戦後の荒廃地および未開拓地は約33万haと，全面積の53%に達しており，地域開発と開拓移民政策が優先課題となった。1976年から81年にかけて，戦時中の避難民の帰郷と並行して，都市・省外からの移住を推進し，新経済区と国営農場が次々と建設されていった。ドンタップムオイ地域を統括する3省の中で移住者をもっとも多く受け入れたのはロンアン省である。といっても，この時期，水利事業はまだ開始されておらず，運河も建設されていない中，新経済民を受け入れる条件は全く整っていなかったため，過酷な自然環境での営農・生活を強いられた移住民の定

着率は極めて低かった。

　表1-2はその状況を裏付けている。当該時期の同地域への投資額については，ロンアン省農業農村開発局新経済区開発移民局の報告書には記載されていないため不明であるが，おそらく十分な財政確保がなされていなかったであろう。目的別使途金額も不明であり，インフラ整備についても全く記載がない。一方で，移住民は統一直後の1976年に2,596世帯，13,570人を受け入れており，そのほとんどが省外からの2,575世帯，13,480人であった。その大半は1976年に設立されたルアヴァン国営農場などで働く農業労働者で，その中にはハイフン省出身労働者4,483人を含んでいた。

　ロンアン省では，モックホア県にロンハイ新経済区が建設され，カンボジアから避難してきた越僑やホーチミン市・タンアン市の都市住民が移住した（BLA 1976/8/4）。また，国営農場がモックホア県，ドゥックフエ県，トゥートゥア県，ドゥックホア県に建設され（BLA 1976/8/4），うち3つの国営農場が北部ハイフン省の移住者を受け入れた（BLA 1978/4/4）[32]。しかしながら，その入植者人口は1976年をピークとしてすぐに激減し，ほとんど継続性がなかったことがわかる。

表1-2　ドンタップムオイ地域における新経済区の推移（1976～1980年）

	1976	1977	1978	1979	1980
新経済区建設					
総世帯数	2,596	510	318	403	6
その内省外世帯数	2,575	432	19	17	
総人員数	13,570	2,385	1,694	1,580	23
その内省外人員数	13,480	2,001	97	116	
就労人員数	3,249	1,049	994	740	11
その内省外人員数	3,212	864	40	75	
開墾面積（ha）	810	732	874	2,313	520
その内稲作（ha）	810	732	874	2,313	520

出所：Ủy ban nhan dân tinh Long An 1997（以下の表も同様）。

---

[32]　1976～1980年にかけて国営農場には4,107世帯，24,557人が移住した。

この時期のドンタップムオイ地域全人口は，1977 年までに約 90 万人，人口密度は 147 人／km^2 で，1986 年までに約 130 万人，人口密度 206 人／km^2 に増加したが，人口増加は主に地域内都市部とメコン河沿いの集落に集中していた（Nguyễn Quới 1997: 2-10）。

　1970 年代後半期におけるドンタップムオイ地域開発は開拓移民政策という側面からみれば，プロジェクト自体が継続性を持たず，確たる成果をあげなかった。ロンアン省移民局の統計によると，この時期の開墾や定住に必要なインフラ建設への投資は数字の上では全く行われておらず，入植のみが先行する「自力更生」方式が採られていた。このような方式は 1960 年代の北部山岳地域への集団開拓を彷彿とさせるが，当時の失敗は統一後の南部においては全く生かされていなかったようである。

　また，政策面における失敗に追い打ちをかけたのは，1978 年雨季終盤の大洪水，年末から 79 年初めにかけてのカンボジア紛争であり，その直接的被害を負ったドンタップムオイ地域では，開拓移民政策を一時的に中断せざるを得なかった。

3-3-2　1980 年代 ── 新経済村の本格的建設へ

　ドンタップムオイ地域開発はフランス植民地期，ベトナム共和国期，南北統一直後と各代の政府によって何度も試みられてきたが，本格的に開始したのは 1980 年代以降である。特に，インフラ面で大きな貢献を果たしたのが前述した「ドンタップ経済建設団」とよばれる開拓専門の経済・軍隊組織であった。同団体は第 1 から第 5 まで組織され，青年経済開拓団と合わせて 6 つの団体で構成されていた。その任務はカンボジア国境に位置するドンタップムオイ地域の経済建設と国防の 2 つで，主に国家事業の下請けを任されていた。すなわち，この時期 3 年の兵役義務は集中的にドンタップムオイの経済建設に充てられたのである。その結果，1982 年から水利灌漑用水路が開削され，同年で 310,236m^3，翌年 1983 年には 42,526m^3，1984 年には 774,729m^3 と，多少の凸凹がありながらも，最終的にはこの 10 年間で 3,038,855m^3 もの用水路が開削された。

　旧キエントゥオン省を例にあげるならば，75 年以前に全面積 2,499km^2，人口 51,544 人（1971 年）を擁し，4 県 25 行政村に分かれていたが，現在ではロンアン省轄 5 県 ── モックホア，タンタイン，ヴィンフン，タインホア，

タンフンと5市56行政村に増加し（96年），人口も農業世帯のみで20万人弱に達している（94年）。すなわち，戦後20年間に同地域は，行政村数で2倍以上，人口では4倍近くとなっており，このことからも1975年以降ドンタップムオイ地域の開発が本格的に進展したことが窺われる。とくに89年以降に成立した新行政区は2県と20行政村にのぼっており，80年代末の急速な開発の進展を窺わせる。

【移民事業】

　1981年のデータは記載されていないが，1982年から1990年までの9年間の推移をみると，1980年代前半の新規移住世帯（人口）は極めて少ない。70年代後半の「労働改造」という懲罰的な強制労働から逃れる人々が後を絶たない中，条件も全く揃わない荒蕪地を開墾する意欲をもつ農民は少なかったと思われる。一方，この時期は南部でも農業集団化が本格的に開始されており，実質的には新規の開拓移民事業が実施されたとはいえない。

　1980年代後半に入ると，その移住世帯（人口）は激増する。1986年から87年には10倍に，そして翌年88年にはその10倍以上の13,500世帯に激増している。カインハウ村からの移住者も，この年に集団入植している。しかも，それだけでなく，定着率も確実に高い水準を維持している。この原因は，「10号決議」による個別農業経営への転換というプッシュ要因が大きい。すなわち，従来の生産集団や合作社が解体し，土地が元の保有者に戻されることによって，土地をもたない農民が再び現れるようになったことが直接的な要因である。それだけでなく，新経済区の本格的な建設拡大に向けての財源の大幅な拡大，そして現地におけるインフラの急速な整備・充実というプル要因も見逃すことはできない。が，それ以外に，これまで見てきたように，当該時期の国家・民間の財源による投資が格段に多くなり，ドンタップムオイ地域開発を構成する3つの柱，すなわち入植事業，開墾・生産事業，そして定住に必要な社会インフラ事業がバランスよく機能することが可能になったためであることが挙げられる（Nguyễn Quới 1997: 7-11）。

【財源】

　ロンアン省新経済区建設移民局は，第5回ベトナム共産党大会で採択された5か年計画が始まる1982年から新たな統計データを公開している。それまで1970年代後半のデータは，単に入植者・世帯数と開墾面積のみが公開されていた。1980年代は，経済改革の影響により，物価上昇が止まらず，

ハイパーインフレを起こした結果，通貨切り下げなどを行った価格混乱期であることを考慮すれば，この時期の金額を時系列的にそのまま比較の対象とすることは難しい。しかし，その時代のメルクマールとなる状況を示し，特徴を挙げることで，ある程度の傾向を把握することは可能である。

この時期，特筆すべきは以下の点である。

まず第1に，1980年代前半は中央投資が大半を占め，その使途は主に「新経済民」の「物質的基盤の建設」に充てられている。具体的に何の建設に向けられていたかは，表1-3で明らかであるように，1982年では水利灌漑用水路31万m^3の建設に集中している。一方，移民事業に対しては，インフラ整備の3分の1程度でしかない。

ロンアン省の投じた財源は，1982年と1985年のみで，中央に比べれば，極めて少ない。

第2に，1980年代後半から一気に投資総額が急増するが，その原因は1980年代に入ってロンアン省で始まった「民間」すなわち住民からの「賦課金」の徴収が組織的に行われることによって財政的に安定したからである。この民間の賦課金は，1986年以降の財源の大半を占めることになるが，使途をみると，その金額はそのまま開墾事業に充てられていることから，「国家」の仕事は移民・インフラ整備，「民間」の仕事は生産投資というように区別していることがわかる。すなわち，新経済区建設事業は，実際に移住する当事者だけでなく，送り出し側および受け入れ側の住民も広く負担することによって成り立っている。いわゆる「国家と人民がともに協力する」方針が1980年代初めから半ばにかけて具体化されたといってよいであろう。

一方，国家の内訳でも，中央と地方（ロンアン省）の比重が1987年から逆転しており，中央からの投資は目に見えて少なくなっている。すなわち，国家が担う移民事業とインフラ整備は，省が主導していることが財源の内訳で明らかとなっている。

【インフラ建設】

1980年代のインフラ整備は，まず灌漑用水路の建設から始まっているが，1983年には最初の村レベルの人民委員会庁舎が3か所，そして受け入れ移民世帯用住宅16棟と共用井戸38か所が建設されている。1984年には初めて診療所が7か所建設されている。各診療所には10床のベッドも備えられている。また，1986年から学校（および教室）もそれぞれ2校（6教室）建

表1-3　ドンタップムオイ地域における新経済区の推移（1982～1985年）

	1982	1983	1984	1985
1. 投資額				
中央	202,684,000	458,176,000	1,437,355,000	1,061,374,000
地方（省）	2,486,000	0	0	195,522,000
民間賦課金	0	0	0	0
総投資額	205,170,000	458,176,000	1,437,355,000	1,256,896,000
2. 目的別使途				
移民事業	55,025,000	145,231,000	249,713,000	233,396,000
新経済民の生活インフラ	150,145,000	312,945,000	1,187,642,000	1,023,500,000
開墾生産	0	0	0	0
3. 新経済区建設				
総世帯数	195	19	49	155
その内省外世帯数		3		28
総人員数	780	87	208	577
その内省外人員数				135
就労人員数	195	40	100	306
その内省外人員数		5		61
開墾面積（ha）	230	60	2,512	1,469
その内稲作（ha）	230	60	2,512	1,469
4. 公共・社会インフラ整備				
学校数（小学校）				
教室数（小学校）				
診療所			7	0
ベッド数			70	0
水利運河建設（m^3）	310,236	42,526	774,729	24,102
新経済村官舎建設		3	0	0
住宅建設		16	205	95
井戸建設		38	60	
洪水対策居住区				
農村道路				

表1-4 ドンタップムオイ地域における新経済区の推移（1986～1990年）

	1986	1987	1988	1989	1990
1. 投資額					
中央	10,208,118	7,835,474	185,867,048	388,033,344	340,204,000
地方（省）	1,862,668	103,436,467	624,109,881	2,483,409,700	2,743,875,830
民間賦課金	1,754,500,000	286,000,000	60,720,000,000	33,248,600,000	27,599,000,000
総投資額	1,766,570,786	397,271,941	61,529,976,929	36,120,043,044	30,683,079,830
2. 目的別使途					
移民事業	1,867,538	46,971,506	57,642,464	272,495,344	0
新経済民の生活インフラ	10,203,248	64,300,435	752,334,465	2,598,947,700	3,084,079,830
開墾生産	1,754,500,000	286,000,000	6,072,000,000	33,248,600,000	27,599,000,000
3. 新経済区建設					
総世帯数	103	1,039	13,500	6,580	4,904
その内省外世帯数	0	19	45	1,632	2,192
総人員数	381	3,310	27,000	11,136	9,808
その内省外人員数	0	87	113	2,906	4,384
就労人員数	215	1,813	14,290	8,602	4,904
その内省外人員数	0	42	71	2,323	2,192
開墾面積（ha）	797.5	130	27,600	15,113	12,545
その内稲作（ha）	797.5	130	27,600	15,113	12,545
4. 公共・社会インフラ整備					
学校数（小学校）	2	2	1	2	13
教室数（小学校）	6	6	3	6	39
診療所建設	2	3	2	3	4
ベッド数	20	30	20	30	40
水利運河建設（m^3）	267,905	81,521	196,159	436,657	905,020
新経済村官舎建設	11		11	22	11
住宅建設	123	1,054	770	200	
井戸建設			57	82	
洪水対策居住区					
農村道路					

設され始め，ようやく医療・教育への配慮が行われるなど，定住者への社会生活のサポートが始動したことがわかる。1981年から1990年までの10年間では，表1-3および表1-4にみられるように，灌漑用水路300万 m³，住宅約2,500棟，共用井戸237か所，8つの行政村の人民委員会庁舎，初等学校20校および教室60か所，そして21か所の診療所およびベッド210床が整備されるなど，居住環境面での改善が見られた。

　このような社会インフラが1980年代から開始されたことは，単に送り出し側の移住世帯の「自力更生」のみに依拠するのではなく，国家が主導的に支援する形の移民政策に転換されたことを意味している。しかも，1986年から「民間の賦課金」が新たに創設され，ロンアン省内の全住民から徴収されるようになると，その全額が開墾・生産インフラ整備に集中投資された。その結果，国家の財源は，医療・教育など，社会インフラ建設に振り向けることが可能となり，財源の役割分担が明確になったと考えられる。

　実際に1986年の水利灌漑網の建設は26万8,000m³に達し，前年の10倍以上の建設実績を上げる一方で，教育・医療サービス，住宅供給が始まっている。ある意味，1986年はドンタップムオイ地域開発の条件面での転換期だとみてよいであろう。

3-3-3　1990年代から2005年 ── 新経済村建設の終焉

　先に触れたように，1987年にドンタップムオイへの集中投資が閣僚評議会で決定されて以降，中央からのインフラ投資が飛躍的に伸び，農業生産に不可欠な水利施設が整備されたことは，水田開発にとって極めて有利な条件がそろったことになる。それに加え，同時期には，「10号決議」による農業経営の刷新により，合作社や生産集団が解体し，土地なし農を中心にドンタップムオイへの入植を促す新たな要因が生まれた。しかしながら，すでに1980年代末にはドンタップムオイの移民受け入れはほぼ限界に達したことで，大きな転換期を迎えることになる。すなわち，これまで以上に新経済区への入植を望む農民が増える一方で，彼らに提供できる土地が確保できなくなっていたということである。

　このような状況の中で，1990年以降，中央政府およびロンアン省がとった方式は，新経済区建設移民プロジェクトとよばれる総合地域開発で，その第1号が1991年に批准され，ヴィンフンIプロジェクトと命名されたもの

である。このプロジェクト方式とは，開拓移民とインフラ整備を1つのパッケージに組み合わせて地域開発を促進するものである。

具体的にプロジェクト方式の地域開発について述べると，ロンアン省が主体となって推進する新経済村の典型的な優良モデルとして，カインフン村が挙げられている。その特徴として，人口の7割が他地域から入植した新経済民で構成されていること，そして年間2期作（冬春米と夏秋米）を達成していることで，このことは新経済村において定住定耕という方針が成功していることを示す好例である。しかも，90年代に入り，水利網が完備してからは，1ha当たり2期（年間）で8～10トンの収量が見込めることから，ようやく市場向けのコメ生産が実現したことは，この時期の大きな成果であろう。すなわち，労働力の確保，圃場の整備，そして水利灌漑や道路・橋梁などのインフラ建設が全て揃って，ドンタップムオイ地域の潜在力が発揮され，市場としての価値が高まるのである。

2000年代に入ると，さらに状況は一変する。ロンアン省移民局のデータはこの時期から新しく開始された貧困削減国家目標プログラムに統合されることになった。そのため，様式が大きく異なっているが，以下にみるように，はっきりしているのは，新経済区建設事業は実質的に終了しているということである。すなわち，2000年代は主に貧困対策の一環として編成替えし，大幅に縮小したといえよう。

第 2 章
新経済村カインフンの成立と発展

カインフン村の門「意を決して文化村を建設しよう」

〈1〉新経済村カインフン村の成立

　南北統一以降，とりわけ1980年代ドンタップムオイ地域開発の中心地となったのはヴィンフン県であり，近年は開発の中心が隣のタンフン県に移行している。ヴィンフン県は1978年にモックホア県より分立し，全面積76,100ha，人口36,741人，10行政村（1978年）で構成される県で，ロンアン省内では省都タンアン市から90kmの距離にあり，省都から最も遠く離れている。同県は，1975年以降に新経済区が設定されていたが，実際にはカンボジアと国境を接するため軍隊農場が駐屯し，1977年末から79年にかけてカンボジア紛争の前線となり（BLA 1978/4/4），さらに1979年には大洪水被害を受けたため，北部諸省や都市部から開拓移住民が多く入植することはなかった。

　ヴィンフン県の発展の契機は，1985年から88年にかけて中央政府によって大規模投資された28号運河とカイバット運河の拡幅工事である。1988年以降この地域は入植者受け入れ重点地域となり，新経済村が次々と成立した（Nguyễn Quới 1997: 9）。当時，この地域は急速に開発が進み，17行政村，人口62,774人（94年）となり，この間人口が倍増していることがわかる。

　当該時期にドンタップムオイ地域に成立した新経済村は，この入植者を主体として新たに成立した行政村である。新経済村は，後に詳述するように，新たに造成された集落と既存の集落を合併して1つの行政村に編成するもの

図2-1　ベトナム南部メコンデルタ全図とカインフン村の位置

であり，きわめて人工的な行政上の要請に係る村落である。すなわち，新経済村とは，単に新経済地域に立地し1970年代後半以降に成立した村というだけでなく，村の構成員に政策入植者を含み，かつ政策入植を契機に成立した村を指す。成立当初は，行政村レベルの行政機構と入植地における入植者運営機構が併存することもあった。また，政策入植実施は村成立後に中央・省の政府投資を直接に呼び込む窓口となり，地方行政の管轄範囲を超える運営が往々にして行われるという点で，いわば二重構造が長く続いているといえよう。カインフン村はこの新経済村のモデルである。

カインフン（Khánh Hưng）という村の由来は，もともと同地にあった地元の行政村，フンディエンA（Hưng Điền A）村と，新たに入植したロンアン省内の移住民の出身村の1つ，カインハウ（Khánh Hậu）村の村名のそれぞれ最初の一語を取って命名された（Nguyễn Quới; Phan Văn Dốp 1997: 223）。1987～88年にタンアン市轄各行政村から352世帯が集団で入植し，その中の215世帯がカインハウ村出身者であった[1]。ロンアン省内では，他村からも多くの入植者がやって来たが，特にカインハウ村が選ばれたのは，南北統一以前から同村が国家の重点村落とみられてきたことにもよる。そのため，カインフン村の歴代人民委員会主席はフンディエンA村出身者が就任し，同副主席にはカインハウ出身者が就任するなど，村の要職を2つの村落出身者が占めた。

カインフン村党書記は以下のように成立当時を述懐する。

> フンディエンA村の土地は800～900haあって，荒地部分は第1ドンタップ（経済建設）団が水路工事を請け負って，省移民局が各村から入植者名簿を受け取って入植地点を決めた。入植者の書類やなんかは移住元の村の調整委員会が保管していて，カインフン村人民委員会は全部で何人が入植したなどの報告を受ける程度だった。
>
> カインフン村が成立したのは1989年8月22日だ。そのときは県の党書記，人民委員会主席，第1ドンタップ（経済建設）団の幹部や移民局の幹部など6～7名が出席した。今の人民委員会庁舎が建ったのは1994年，それまでは現在の民兵詰所になっている建物を使っていた。90年になっ

---

1) 1997年12月ヴィンフン県における聴取結果より。

て初めて人民評議会を開催した。当初は，4集落あって，第1集落，第2集落，と番号で呼ばれていたが，分かりにくかったので，それぞれの集落に昔の地名をつけて集落名とすることを上位機関に提議したら承認された。

〈2〉村落行政

2-1 カインフン村落権力構造
2-1-1 村落行政組織系統

　正式なベトナムの統治システムでは，制度上，ベトナム共産党と行政組織は独立した系統をもち，党組織と政権は中央から地方3レベル（省，県，行政村）まで並立する。本来ならば，党と国家は別組織である。しかしながら，実質的には，中央レベルから基礎レベルまで共通しているのは，政権のリーダーシップがほぼ100％党員によって兼務されているため，両者は不可分な関係にあるということである。人民委員会の主席，副主席は人民評議会と呼ばれる村議会から選出される。これらの議員や行政職員は，いわゆる「幹部」と呼ばれ，その資格として党員であることが必須であるため，党の政治学校での政治教育で研修を受けることが義務付けられている。ベトナムの場合，一党支配のため，人民評議会の立法府としての機能は極めて弱く，特に地方レベルにおいては形式的な存在でしかない。このように党が国家を掌握する構造が再生産されている。

　一方で，社会生活のレベルにおいては，社会団体とよばれる大衆組織が「社会の代表」となり，共産党支配を下支えする機能を果たしている。基礎レベルと呼ばれる行政村単位では，後述するように，女性連合会をはじめ，農民会，退役軍人会，青年団など，いわゆる「政治・社会団体」としてまとめられる構成メンバーをもち，これらの各種団体を束ねるのが「祖国戦線」とよばれる体制翼賛団体である。

　したがって，村落政治構造において党の存在が最も優越しており，「党が指導し，国家が管理し，人民が主人公となる」という国家統治のあり方は，ベトナム社会のありとあらゆる公的領域を支配している。

　このような公式見解は，基礎レベルまで徹底しているといってよい。カインフン村幹部の説明によると，図2-2に示したように，村は最高実権を掌握

図 2-2　行政村内の権力関係

する共産党委員会を頂点として，2つの組織，すなわち国家と社会が並列的に向き合う関係となり，党の政策や指示を実行する国家機構と，一般住民の思想教育と動員を目的とする各種社会団体が共産党支配の受け皿となっている。

【共産党】

　近年，人民評議会，人民委員会の権限が強まっているとはいえ，共産党は依然として村政における指導的立場を維持している。カインフン村の共産党は，村レベルで書記，副書記各1名を含む10名で組織され，人民評議会議長，副議長，人民委員会主席，副主席，公安長も委員級として含まれている。委員級のうち2名が党組織・監査・事務・広報を担当している。また，集落レベルでは党支部が設置され，全ての支部に書記，ときに副書記がおかれている。

【議会】

　国家機構としては，人民評議会と人民委員会から成る行政村政権があり，その関係は人民評議会が議決を採択し，人民委員会が政策を実施するという関係にある。党委執行部は4名（6つの役職のうち2つを2名が兼任），そして常任委員が9名（執行部メンバーと2名が兼任）となっている。行政村の最高権力をもつ共産党委員会書記は人民評議会の主席を，副書記は副主席を兼任している。また，他の常任委員の2人はそれぞれ人民委員会主席と副主席を兼務している。その下部に5つの集落レベルの党支部書記がメンバーとなり，兼任も含め全メンバーはのべ21名で構成されているが，彼ら自身も何らかの政権幹部に登用されている。このように，党委メンバーはほとんどが行政・議会の要職を兼任し，行政村政権の職位に応じた俸給を収入としている。

　人民評議会議員は2012年現在25名で，そのうち2名が主席，副主席を，

そして5名が各集落の自治組長を兼務している。この21名の議員は人口比に応じてそれぞれ集落から選出されたり，後述するような6つの社会団体から選出されたりする。

【行政】

　人民委員会（村役場）の指導部は3名，主席1名と副主席が2名である。3名ともに30代後半から40歳前半の若手幹部であるが，それは党中央の意向が反映されたものであるという。2人は党委員会執行メンバーであるが，もう1人は党員ではない。主席は人民評議会代議員の中から互選され，選出された主席が2人の副主席を任命する。人民委員会では，人民委員会主席が村の代表として村政諸事案の裁決や対外折衝を担当し，近年増加する一方の地方行政に関わる上位行政機関の指示やインフラ整備計画などを聴くために県都に日参する日々が続いている。留守がちな主席に代わって村行政を取り仕切る副主席は，それぞれ経済担当と文化社会担当に分かれ，職員がひっきりなしに持ち込む文書の裁決欄にサインをしている。主席，副主席たちはそれぞれ個人の執務室をもち，折に触れて幹部職員を招集して打ち合わせを行っている。

　人民委員会には10の専門セクター，総務，地政，軍事，財政，公安，文化社会—労働・社会保障，診療所，司法，獣医，農業促進・交通水利が配置されている。この組織体系は，中央（省庁）から省（局），県（室），行政村の地方3級までヒエラルキー型に編制されており，国家機構としての機能を備えている。

　2000年代後半から職員は全員IDカードを携帯しなければならず，いわゆる給与が支払われる「公職」とされる身分にあるのは，総務課長，公安長，民兵隊長，地政担当，文化社会・社会保障担当，財政担当の7名である。公務員は必ずしも村出身者でなくてもよいが，現在では相応の学歴が要求されており，最低高校卒業，必要に応じて専門学校や短期大学卒の資格を有するものが優先される。一方，「公職」と扱われない職種が農業促進，獣医，総務課の中の「総合窓口」，診療所の家族計画担当で，「手当」を支給されるが，学歴に応じて補助金が追加される。近年の村幹部の高学歴化は，公務員というホワイトカラー層の出現を印象づける転機となっている。村人にとって関わりが深いのは，戸籍や証明書などの文書作成や窓口受付の事務を担当する事務局である。仕事時間は月〜金，昼休みを挟んで午前・午後と決まってい

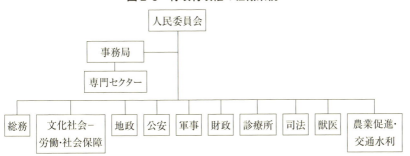

図 2-3　行政村政権の組織系統

るが，朝が早い農村の常として午前中が混み，午後は閑散としている。

【公安・軍事】

　カインフンが国境の村であることを示す機関が，人民委員会に並ぶ公安と軍事の詰所である。常時村の若者から選ばれた防犯員，民兵が詰めている。村の若者にとって防犯員，民兵はいわば幹部登用のリクルート窓口であり，見込みありと認められた者は公安，軍事組織内で正式に任用され，その後人民委員会幹部にも登用されるなど，出世ルートにのる。中には，人民委員会主席まで出世する者もいる。民兵隊は，各集落にも敷かれ，夜間パトロールを行っている。

　公安が扱う刑事事件は 2006 年前半期に 12 件，そのうち 50 万ドン以下の罰金刑は 4 件であった。その他の 8 件は県レベルの処理に回送され，そのうち 2 件は婚姻問題で裁決が延引し，3 件は当事者の離村，死亡，別事案で服役中のため処理が困難とされている。また，残る 3 件のうち，1 件は強制執行が必要と報告されている。

　国境に接するタヌー集落近くには国防軍の基地もあり，夜間の不要不急の外出は原則禁じられている。「クメールの奴らが農作物を盗みに来る」からパトロールするという流言の底には，国境地帯の緊張とベトナム人によるクメール蔑視観が窺える。

【司法】

　出生，死亡，婚姻届は人民委員会の司法係に提出される。例えば，2006 年前前半期において出生届 232 件，死亡届 3 件，婚姻届 54 件が提出された。他に，新定住者の戸籍登記作業があり，2006 年前半期申請数 50 件のうち 48 件が越僑であった。

訴訟の受付数は20件，そのうち19件が村内で解決し，1件がタンアン市の地裁に回送された。訴訟内容のほとんどは民事で，婚姻，土地，水路をめぐる訴訟である。民事訴訟となる軽微な争いについては，各集落に設けられている「和解組」と呼ばれる調停グループが初期の調停を行い，調停不成立の場合にはじめて村にあげられ民事訴訟となる。村における調停は，持ち込まれた案件について村の司法係が当事者へ人民委員会出頭招聘状を送付し，当事者と人民委員会主席，副主席，司法係立ち合いの下で和解調停を行うものである。集落レベルの和解組については，後述する。

2-1-2　村の財政
　人民委員会は6か月ごとに「国家計画実施状況と年末6か月任務の方向」報告を作成し，上級行政機関である県人民委員会と人民評議会へ提出している。同報告書には，カインフン村の活動が具体的に記されている。
　報告書には村の収支決算など，財政状況も記載されている。2000年時点における村財政は，財政委員会によって担われ，委員長1名，会計係1名，出納係1名であった。財政担当者は各年予算計画に沿った運営を行い，毎週主席に口頭で収支状況を報告し，毎月1度県人民委員会にも報告する。また，半年ごとに人民評議会に会計報告書を提出する。
　収入については，農季に合わせて3～4月と年末の2回，税務に納められる営業税やインフラ整備などの計画に沿った国庫からの拠出金である。支出は経常支出と臨時支出に分けられる。経常支出では人件費が半数を占め，その他，電気代，新聞代，接客費，ガソリン代を含む交通費があげられている。人件費以外の支出で最も多いのは交通費であるが，この使途は村の幹部が県人民委員会に赴く際の往復にかかる足代（バイクのガソリン代）である。ガソリン代の支払い方法はチケット制で，人民委員会近くのガソリンスタンドと月極め契約一括払いで，幹部がチケットを持参するとガソリンを補給できることになっている。
　聴取した2000年7月の支出例では2,000万ドンで，うち人件費が1,300万ドンであった。年間収支は，計画案では1億2,000万ドンから1億3,000万ドン，実際は1億1,000万ドンであった。給与は副主席で手当て込約50万ドン，職員は20～30万ドンであった。2005年になると，村の年間収支は，収入6億9,600万ドン，支出9億3,500万ドンに増大している。

2-1-3 村落行政の変遷

　1989 年カインフン村成立時の人民委員会には，併合されたフンディエン A 村側から居宅が近距離の幹部たちが異動した。先に見たように，1989 年から 94 年までの村幹部は，カインハウ村を中心とする政策入植者のリーダーたちとフンディエン A 村から異動した幹部たちで占められていた。しかし，当初，入植地には主勢力をなしていたカインハウ村出身入植集団が別途入植者向け行政管理機構として「調整委員会」を運営しており，入植者を送り出したタンアン市がそれを管轄していたため，発足当初のカインフン村人民委員会は入植者向け行政にほとんど触れる必要はなく，いわば二重行政であった。

　二重行政はほぼ 2 年後の 1991 年に調整委員会が休止すると解消され，同メンバーなど入植者の中から出身村で合作社などマネジメント経験がある者たちがカインフン人民委員会に加わった。これに北部出身入植者がさらに加わった。南北デルタ中枢に暮らしてきた入植者たちは，辺境であるフンディエン A 村やその周辺地域よりも教育機会に恵まれ，おおむね高学歴であり，また従軍経験も長かったり，集団農業システムの下で合作社幹部を歴任したりする者も多かった。

　しかし，村政の枢要ポストである人民評議会議長，人民委員会主席・副主席，党書記について出身別の公職変遷を辿ると（表 2-1），地元民による要職寡占状況が顕著に示されている。入植団の中枢であったカインハウ村からは 1994 年から 2000 年にかけて人民委員会主席が 1 名，同時期にタンアン市出身者が 2 年間副主席を務めただけである。むしろ，後発の北部出身入植者が人民評議会，人民委員会の副主席を占めていることが注目される。両者の分岐点は，通年定住の有無にあったと推察される。カインハウ村，タンアン市いずれもロンアン省が推進した移民政策による入植者はカインフン村に定住しておらず，公職要件を満たすことができなかったのに対し，遠方の北部からの入植者は地元民と同様に通年定住を余儀なくされ，当然ながら入植先のカインフン村社会に根づいていかざるを得なかったのである。

2-2　5 つの集落
2-2-1　集落構成

　現行のカインフン行政村は 5 集落，すなわちゴーチャウマイ，サイザン，

表 2-1　村落行政リーダーシップの変遷

役職	人民委員会主席		人民委員会副主席		党総書記		人民評議会議長		人民評議会副議長		公安長	
1. 1989年から1994年まで											
氏名	HVD		PVT		NTL		NTL		LAT		VVU	PVT
生年	1957		1954		1952		1952		1956		1946	1954
出身	地元		KH		地元		地元		HH		地元	KH
学歴	高卒		高卒		高卒		高卒		中卒		小卒	高卒
2. 1994年から1999年まで											
氏名	PVT		NVH	TVL	HVD	NVT	HVD	NVT	LAT	VBM	TVL	
生年	1954		1956	1965	1957	1957	1957	1957	1956	1963	1965	
出身	KH		TA	地元	地元	MH	地元	MH	HH	HH	地元	
学歴	高卒		小卒	高卒	高卒	中卒	高卒	中卒	中卒	中卒	高卒	
3. 1999年から2004年まで											
氏名	PVT	TVL	LAT		NVT	NTL	NVT		VBM		VVB	
生年	1954	1965	1956		1957	1952	1957		1963		1971	
出身	KH	地元	HH		MH	地元	MH		HH		地元	
学歴	高卒	高卒	中卒		中卒	高卒	中卒		中卒		高卒	
4. 2004年から2009年まで											
氏名	TVL		LAT	VVB	NTL		NTL		PVY		NVD	
生年	1965		1956	1971	1952		1952		1961		1975	
出身	地元		HH	地元	地元		地元		HH		TG	
学歴	高卒		中卒	高卒	高卒		高卒		高卒		高卒	

注：1992年までは副主席は空席。複数の人物が記載されている場合は，任期中に交代していることを示す。左側から右側の人物に交代している。出身地の省略は以下の通り。
　　KH：カインハウ村，HH：ハイフン省，TA：タンアン市，
　　MH：モックホア県，TG：ティエンザン省。
出所：人民委員会の複数の役職経験者への聞き取りを基に作成。

カーチョット，バオセン，タヌーで構成されている。1988年の集団入植以前に居住していた人々（地元民と呼ばれる）が居住する2集落（バオセン集落，タヌー集落）は自然の高みに位置する。一方新規入植者が居住する3集落（ゴーチャウマイ集落，サイザン集落，カーチョット集落）では，入植の際に出身地・出身村別に居住区に振り分けられるため[2]，北部諸省出身者が住む集落ができたのである。また，ロンアン省出身者は地元民集落としてまとまって運河沿いに住み，人工的に造成された居住区には入植者が住むことになった。

　1996年までに同村には875世帯，2,873人が定住した（Nguyễn Quới; Phan Văn Dốp 1999: 223）。9年後の2005年に行われた全戸調査に基づいて作成されたのが表2-2である。この時点では，1,271世帯，5,163人になっている。単純に計算してもこの間，世帯数で約1.7倍，総人口で約1.8倍に急

図2-4　カインフン行政村内の集落分布

注：GCMはゴーチャウマイ，SGはサイザン，CTはカーチョット，BSはバオセン，TNはタヌーの略。

2）　このような出身地別の居住区振り分けが集団入植時期の差によって生じたか，または60年代の北部における移住政策に行われたような入植者間の生活習慣の違いによる軋轢を避けるために意図的に指導されたかは不明である（村野 1979: 77-78）。

表 2-2　各集落の世帯・人口構成（2005 年）

	村全体	GCM	SG	CT	BS	TN
総世帯数	1,271	470	167	292	185	157
人口	5,184	1,944	617	1,160	774	689
男	2,657	1,008	313	606	379	351
女	2,527	936	304	554	395	338

注：集落名は，それぞれ GCM はゴーチャウマイ，SG はサイザン，CT はカーチョット，BS はバオセン，TN はタヌーを指す。
出所：2005 年世帯台帳

増している。

2-2-2　集落 —— 重層的な「民意」表出の場

　行政村が国家の末端機関であるとすると，地域社会において最も末端に位置する行政単位は集落である。図 2-5 に示したように，集落は，国家の行政機能を下支えする補助的役割を担うという関係である。したがって，集落は機能としては国家の下部組織と位置づけられるものの，扱いとしては行政単位ではなく，地域住民組織である。中枢メンバーは，集落長，副集落長，大きな集落では書記が個別に存在するので，だいたい 2～3 名の陣容である。その下位組織としてさらにいくつかの「自治組」（tổ tự quản）が存在する。自治組は，主に住民数に応じて，道路や水路を境に区分される。自治組には，組長，副組長が存在する。自治組の数は，住民数に応じて集落ごとに異なるが，サイザン集落は 3 組，ゴーチャウマイ集落は 7 組，カーチョット集落は 4 組，バオセン集落は 2 組，そしてタヌー集落は 4 組に分かれている。いわば，この組が最末端レベルで毛細血管のように住民世帯を束ねているといえるだろう。

　集落長は居住する住民による投票で選出される。任期は人民委員会主席の改選に合わせて設定される。集落長選出にあたっては，全ての住民世帯の世帯主が集落の公民館に置かれた施錠つきの投票箱に選挙用紙を投じるので，ある意味，民意がダイレクトに反映される。すなわち，集落レベルで組織される党支部から紹介される候補者とは別に，住民の自薦・他薦があれば，複数人が立候補し，選出されるため，必ずしも党支部の意向がそのまま通るわ

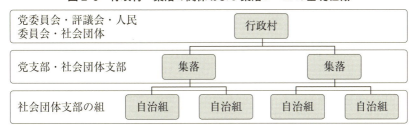

図2-5 行政村・集落の関係および集落レベルの基礎組織

けではない点が重要である。集落長に求められる資質は，住民の声をよく聞くこと，素早く対応すること，そして住民世帯1つ1つの状況を日常からよく把握しているということである。例えば，住民登録の管理は集落に任されており，特に3か月，6か月の仮寓世帯の住民登録の手続きを行うなど，日常生活の安寧秩序に責任を負っている。通常，住民登録は副集落長が担当し，定期的に行政村の公安に連絡する。

集落の寄合は3か月に1回，文化会館にて，主に午後2時から4時ごろまで行われる。その構成メンバーは，集落長，副集落長，党支部書記，各社会団体の支部長，各自治組長など，総勢15名前後である。そこでは，上位機関からの指示・通達が討議されたり，集落内のインフラ関連のチェックをしたり，主に国家と1人1人の住民の間の結節点として，様々な情報交換・人的交流の場となる。集落レベルでは，党支部が指導し，集落が実施するという関係性が成立している。年間4回ある寄合のうち，年末の総括報告会はより大規模に開かれ[3]，人民委員会の主席・副主席が出席するため，5つの集落は日時を調整して，スケジュールが重複しないようにしている。興味深いのは，各集落の年次活動報告文書が，党支部によって作成されていることである[4]。本来ならば，党支部（指導）と集落（実行）は切り離して考えるべきであろう。少なくとも行政村レベルでは，党委員会が人民委員会の活動報告文書を作成することはない。

---

[3] 集落レベルでは，毎月の定期会合の他，年間活動報告集会が毎年末に行われる。その際には通常の集会で招集される執行委員メンバーだけではなく，人民委員会主席や副主席，各社会団体の主席など行政村の代表や，集落内の一般住民も参加するため，100名以上の規模となる。

表 2-3 各集落の歴代集落長

	GCM	BS	SG	CT	TN
1	TVB (1958) ティエンザン省 小卒 1989-1992	HMN (1957) 地元 小卒 1989-1994	NVK (1954) タンチュ県 中卒 1989-1995	NVV (1947) ベンチェ省 高卒 1989-1998	DXC (1957) 地元 小卒 1989-1994
2	NTT (1969) ドゥックホア県 小卒 1992-1997	TCH (1960) 地元 中学 1994-2001	NVL (1943) タンアン市 小卒 1995-2001	NVT (1920?) ベンルック県 高卒 1998-2002	TVT (1950) タインホア省 中卒 1994-1998
3	TVS (1973) カインハウ村 小卒 1997-2004	NMT (1979) ベンチェ省 小卒 2001-2004	MVL (1968) タンアン市 高卒 2001-2004	CTN (1954) タインホア省 中卒 2002-2007	HVN (1960) 地元 中卒 1998-2000
4	NVT (1971) ティエンザン省 高卒 2004-2007	NVG (1984) 地元 高卒 2004-2007	NVT (1971) ハイフン省 中卒 2004-2006	CTN (1954) タインホア省 中卒 2002-2007	TVT (1950) タインホア省 中卒 2000-2007
5			NHD (1971) タンアン市 小卒 2006-		

注:出身地がロンアン省内の場合は県名,省外の場合は省名で表示する。ティエンザン省,ベンチェ省はメコンデルタに属する。タインホア省は北中部,ハイフン省は北部紅河デルタに属する。カッコ内は生年を示す。
出所:複数の地方幹部への聴取を基に作成。

　自治組の寄合も,ひと月に1回あり,そこでは各住民世帯の代表者が集まる。通常は,30名程度が集落の文化会館,あるいは自治組長や集合しやすい個人の自宅で行う。
　集落で開催される会合・寄合のほとんどは,各集落区域内に建設された文化会館で行われる。この公民館は2000年代半ば以降に建設され始めたが,その費用の大半は住民の寄付である。足らない分については,人民委員会に

---

4) 今回の集落長へのインタビューにあたり,活動報告文書を提供してくれたのはバオセン,ゴーチャウマイ,サイザンの3つの集落で,残りの2つの集落からは提供が叶わなかった。集落長と党支部書記との関係性の密度も関係しているように思われる。

申請し補助を受ける。例えば、カーチョット集落の場合、総費用 6,000 万ドンを予算計上し、その内 3 分の 2 の 4,000 万ドンが住民の寄付で、残りの 2,000 万ドンが行政村からの補助で賄われた。4,000 万ドンの住民寄付は建設予定日に全額が集まらなかったため、不足分は集落の負債となり、別集落に在住する建設物資販売業者に一旦肩代わりしてもらい、徐々に民間寄付で返済していった。その間の利子はつかなかったという。ちなみに、サイザン集落の公民館は現党支部書記の屋敷地内に建てられており、集落住民の把握という点では極めて都合がよい。

〈3〉 住民組織

3-1 各種社会団体

　行政村には必ず官製の社会団体があり、共産党委員会の指導の下、様々な宣伝活動をする。その内容は、行政組織系統とは異なるチャネルで党の指示・政策を 1 人 1 人の住民に教化・宣伝していくという目的を果たすことであり、一方ではメンバー間の親睦や交流を深めるための様々な自発的な活動を行っている（Nguyễn Đức Vinh 2013: 73-88）。

　カインフン村のように、成立間もない新経済村の場合、末端レベルの住民組織をゼロから作り上げていくのは容易ではない。国家の枠組みの中で、どのように住民たちが組織を運営し、協力的・互助的関係を築けるかは、現地の社会関係資本を蓄積していく上で極めて重要な課題となる。

　図 2-6 に示したように、社会団体は全部で 6 団体あり、各団体の主席は国家から活動経費が支給される。これは、俸給とは異なり、あくまでも党・国

図 2-6　各社会団体の組織系統

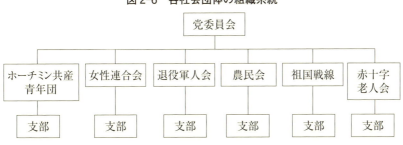

家の政策のサポート手当であるため，その分国家との関係や地域社会での位置づけも多少異なってくる。定例の会合を招集し，年末には年間総括報告集会を開催し，その報告書を村の政権に納付することを義務づけられている。

それぞれの社会団体は，行政機構同様，中央レベルから省，県，行政村レベルまでパラレルに編制されている。社会団体の中でも退役軍人会，農民会，女性連合会，青年団は会員の人数も多く，年齢，性別，生業などによって住民1人1人を組織化する重要な役割を果たしている。例えば，家族の中で夫は退役軍人会（軍隊経験者の場合）か農民会に加入し，妻は女性連合会に加入し，子どもたちは青年団に加入するという形で，住民1人1人が何らかの形で社会団体メンバーになり，地域社会や国家とつながることになる。

社会団体の各支部の運営は，ほぼ統一されており，3か月に1回の執行部の会合がある。女性連合会支部の例を取ってみると，支部の下部組織として複数の組が存在し，組長，副組長がこの会合に出席し，支部全体の情報の交換，党の議決の討議，キャンペーンの展開方法の話し合いが行われる。女性連合会の特徴としてあげれば，出生届けなど人口管理や，家族計画や母子保健についての情報提供を村の診療所と連携して行ったり，以下にみるように，政府系小規模金融の資金管理を行ったり，住民の家族生活に不可欠の情報共有と協同活動の場として機能している。

上記の4つの社会団体は，もう1つ極めて重要な役割がある。それは，主に困窮世帯への無担保低利貸し付けプログラムの信用保証を担っているということである（Iwai 2014: 45-66）。この低利貸し付けプログラムは，中央政府の「貧困撲滅運動」の一環として展開され，主に社会政策銀行から年間0.65％の超低利で融資されている。

社会政策銀行の融資額は目的に応じて異なる。例えば，家禽・家畜飼育（鶏，アヒル，豚，牛）であれば1,500万ドン，農業生産投資であれば3,000万ドンとなっている。個別の債務者のほとんどが土地を保有していないか，小規模な土地しかもたない貧困層であるため，一般の商業銀行で融資を受けるための担保を持たない。そこで，これらの社会団体が個別の借主に代わって信用保証を政府系銀行から受けるのである。換言すれば，農村の末端レベルでは社会団体は社会政策銀行の業務を受託する形でメンバーである借主と銀行をつないでいる。

プログラムの予算は行政村レベルの各社会団体に分割された後，それぞれ

の社会団体が各支部に下ろし，支部の下部組織である組で展開される。信用保証は，この集落レベルの支部で行われる。債務者の世帯が重複しないように，例えば妻が女性連合支部の信用保証で融資を受けた場合，その間夫は農民会支部または退役軍人会支部の信用保証で融資を受けることはできない。このように，それぞれの支部が融資の対象を互いにチェックしあい，より効率的・広範に融資が行き渡るような配慮がされている。

一方，祖国戦線は選挙管理や政権業務の補佐役の機能があるが，日常的に活動するわけではないので，会員は存在しない[5]。また赤十字や老人会は中央から地方レベルまでのヒエラルキー型の組織系統があるわけではなく，帰属意識も主要社会団体に比べ希薄でサークルやクラブ活動の域をでない。

社会団体の変遷を表2-4に示す。

表2-4 各種社会団体幹部の変遷

	祖国戦線	退役軍人会	女性連合会	農民会	青年団	赤十字会	老人会
氏名 出身 学歴 在任	NVG (1954) クアンナム省 高卒 1989-1994	NVB (1922) 地元 小卒 1989-1992	NTT (1955) カインハウ村 不明 1989-1997	NMN (1949) カインハウ村 小卒 1989-1994	NVC (1969) 地元 小卒 1989-1994	NVK (1954) カインハウ村 中卒 1989-1999	—
氏名 出身 学歴 在任	VTC (1950) ハイフン省 高卒 1994-2009	NCA (1956) ベンチェー省 小卒 1992-2001	BTQ (1972) チャウタイン 高卒 1997-1999	HMN (1954) モックホア県 不明 1994-2009	TVC (1969) 地元 高卒 1995-2005	BVG (1950) ティエンザン省 中卒 1999-2004	—
氏名 出身 学歴 在任		PVY (1961) ハイフン省 高卒 2001-2004	NTKT (1960) 地元 高卒 1999-2007		HHL (1978) 地元 高卒 2005-2012		NVT (1927) 地元 中卒 2004-2012
氏名 出身 学歴 在任		VBM (1963) ハイフン省 中卒 2004-2009			NXM (1951) ハティン省 高卒 2004-2010		

注：出身地がロンアン省内の場合は県名，省外の場合は省名で表示する。カッコ内は生年を示す。
出所：複数の地方幹部への聞き取りを基に作成。

---

[5] 祖国戦線とは，社会の各層から連合・団結するために組織された団体で，集落の草の根レベルにおいて住民を動員する任務を負っている（白石 2000：41-44）。

3-2　その他の住民組織
3-2-1　和解組
　ここでは，住民たちが自主的に作り上げた日常生活上の様々な組織を取り上げる（表2-5）。どの集落にも和解組と呼ばれる係争仲裁組織がある。この組織は，集落内のもめごと・係争を治めることを目的として設立されている。主なもめごとは，農地や畔の区分をめぐる争い，夫婦・家族問題，金銭問題などである（加藤 2011: 46-69）。住民からの文書での申し出があった場合，和解組の組長または副組長が会合を招集し，集落党支部書記，集落長，各社会団体（農民会，女性連合会，青年団，退役軍人会）支部幹部の他，ご意見番となる有識者が参加する。5つの集落長のインタビューによれば，和解組長に求められる資質は異口同音に集落で経験豊富で人望の厚い人物である。また，家庭円満で，近所づきあいも良好であることも条件である。

　和解組に持ち込まれた係争は，2～3回の話し合いでほぼ9割は和解が成立するが，不成立の場合は，行政村の司法担当に送られ，法的に処理される。それでも不成立の場合，管轄の民事裁判所に申し立てする。住民が和解組に申し立てする場合，大抵は申し立てられた住民が在住する集落の和解組で処理されるようである。

　2012年2月の現地調査で私たちが滞在中にゴーチャウマイ集落で行われた和解組では，副組長が会合を招集し，集落長，党支部書記，農民会支部長，青年団副支部長，ご意見番の住民の6名が集まった。男女比は3人対3人で同比率であった。そこに申し立てをした原告夫婦と被告の計3名が並んで和解組と対面した。副組長が司会進行，青年団支部副支部長が書記を務めて議事録を作成していた(実は，この2人は，祖父と孫の関係)。訴えの内容は，ゴーチャウマイ集落の女性がタヌー集落の住民から息子の結婚披露宴の資金として1,240万ドンを借りたが（無利子），約束の期日までに返済せず，何度催促しても聞き入れられなかったというものである。そこで，和解組では，ある期日までに一定の金額を用意して誠意をみせること，と諭して第1回の会合を終了した。集落長の見立てでは，「もうすぐ和解が成立するだろう」ということであった。

表 2-5　カインフン村における各住民組織（2012 年 2 月現在）

1）集落全体を拠点に活動する組織

●和解組
　委員構成：組長，副組長，党支部書記，集落長，社会団体支部長，威信のある年配者数名など総勢 10 名程度．
　活動内容：申し立てがあると組長のイニシアティブで集落の公民館にて会合が開かれる．
　　　　　　話し合いの議事録が作成され，次回までに何をすべきかを申し立てをした側と申し立てを受けた側に伝える．ほぼ 9 割が解決される．
　設 立 年：1990 年前後．集落によっても多少異なる．
●アマチュア歌謡楽団
　会員構成：有志．アマチュアの愛好家．
　活動内容：不定期に活動．主に何かの記念日に合わせて練習し，披露する．
　設 立 年：不明（タヌー集落長によれば，2000 年代以降）．

2）社会団体支部を拠点に活動する組織

●女性連合会支部
　〈①健康増進クラブ〉
　　会員構成：主にサイザン集落とゴーチャウマイ集落の女性連合会支部が活動している．サイザン集落の場合，クラブ会長が存在する．会員数 18 名．
　　活動内容：毎週末にヴィンフン県で開かれる健康増進クラブの講習会に幹部メンバーが参加する．その後，集落に帰って，クラブ会員に体操を伝える．会員は自宅で銘々に練習する．毎年末，年次報告会が開催され，情報を共有する．その後宴会を開き，会員の親睦を図る．
　　設 立 年：2004 年 5 月 25 日．
　〈② 3 人目を生まないクラブ〉
　　会員構成：実際に活動しているのはサイザン集落．他の集落は準備中．サイザン集落の会員数は 15 名．
　　活動内容：村の診療所と協力して，既婚女性たちを啓蒙．
　　設 立 年：2000 年代後半．
　〈③歌声クラブ〉
　　会員構成：サイザン集落で活動中．会員数は 18 名．クラブの会長がいる．
　　活動内容：年度末の報告集会がある．3 月 8 日，10 月 20 日の「婦人の日」に皆で歌う．
　　設 立 年：2004 年ころ．
●青年団支部
　〈バレーボールクラブ〉
　　会員構成：集落ごとに結成されるが，メンバーは流動的．
　　活動内容：集落対抗，または村対抗のバレーボール大会が開催される．
　　設 立 年：2000 年代半ばころ．

出所：2012 年の聞き取りを基に作成．

〈4〉居住区建設と公共インフラ

　開拓村であるカインフンの家屋は，村の特性を反映したつくりの家が存在する。カインフン村は，計画的人工造成集落と微高地上に立地した自然集落との2つに大別できる。前者は，整地された造成地上の計画居住区ゴーチャウマイ，運河沿い土盛り上立地のカーチョット，サイザン集落である。一方，後者は，「地元民」が居住するタヌー，バオセン集落である。これらの間には，その集落形態から住宅構造に至るまで大きな違いが見られる。家屋構造は，特に村の中心部の計画居住区と周辺の入居地とでは，大きく趣を異にする。

4-1　集住区建設計画と実際

　人工造成集住区はドンタップムオイ地域に共通して計画されており，計画的入植によって洪水対策をはかるために建設されている。入植地計画では，集住型居住地（cụm dân cư）と線形居住地（tuyến dân cư）の2種類がある。前者の集住区は2～5ha，100～200世帯の規模を擁する。農地に隣接して，住民の生活・生産に適合したものとし，福利施設を配置するものとされる。一方，後者はそのうち運河または道路に沿ってリボン状に建設されるものをいう（Phan Nhựt Linh 2005: 45-49）。カインフンでは，ゴーチャウマイ集落とカーチョット集落の一部が集住型居住地として建設されている。サイザン集落には，運河沿いに線形居住地が建設されている。

　カインフンは，計画プランに基づき建設された場であり，近代的施設は設定されているが，ベトナム人が伝統的に持っていた施設は存在しない。計画原案に基づいた居住地建設であるが，集住のコアをつくることも必要であったと思われる。とくに集住区レベルでの集住に対する配慮が欠けていると思われる。

4-2　村の中心ゴーチャウマイ集落

　ゴーチャウマイ集落ではRC造またはレンガ造の家屋である恒久家屋（nhà kiên cố）が40戸建てられる計画である。現状，全部で700戸[6]が建つ予定なので，わずか6%程度が恒久家屋になるにすぎない。住戸は庭付き戸建住宅と連続家屋があり，前述のように集住型居住地により異なる。しかし連続

家屋でも，前面に差し掛け屋根をつけて建築面積を広げている例が多く，集落景観としては決して整然としたものではない。集落中心部から離れるにつれ入居が進んでいないためか空き地のままの敷地が続く。住戸が建てられている場合でも，その多くは簡易な構造の家屋，草屋（nhà lá）が建てられている。ただ，家屋の構造フレームは RC で作っている例も多いが，この場合でも鉄筋を最小限にした現場打ちのもので，建主が自力で製作している。建て方も協同組で行い，専門職による介入は見られない。全くの簡易な工法であるが，コンクリート，トタンなど，工業製品の導入も適宜行われ，草屋の発展形態としてとらえることができる。

村の中心には人民委員会，診療所，郵便局がほぼ1か所に集まり，やや離れて市場とそれを取り囲む商店がゾーニングされている。診療所はその後，2013 年に人民委員会の後方のより広い敷地に移転した。カインフン村が成立する前から入植地の中心として人工造成され，大洪水の際にもほとんど冠水せず，浸水被害は軽微であった。したがって，この区画に居を定めた人々は水の季節に大洪水となっても同地に留まった。自営業者，公務員が主な居住者で，定住志向が鮮明な人々であるといってよい。

ゴーチャウマイ集落への入居は，村の各集落から住民を移転させ集住させることで進められる。移住先区画を住民が購入し（1区画 500 万ドン），登記順に入居させるものである。結果として住民は従前の居住形態とは関係なく混住することとなる。移転の手続きは地政局の役員が戸別に対応している。ゴーチャウマイ集落では，900 世帯が登記を済ませており，カインフン村の全 1,114 世帯の大部分が移転できるだけのキャパシティを持った計画である。しかし実際の移転状況は出身集落によりバラつきがあり，タヌー集落 10％，カーチョット集落 60％，バオセン集落 10％，サイザン集落 20％となっている。カーチョット集落は隣接地区であるため移住しやすいものと思われるが，地元民地区であるタヌー集落，バオセン種落の移転率は著しく低い。全体的にも進展しているとはいいがたい。

---

6) 計画住戸敷地ロット数（892 区画），建設予定住戸数（700 戸），登録世帯数（900 世帯），と，数がずれているが，すべて調査中に得られた数字のままである。

図2-7 ゴーチャウマイ集落の連続家屋

4-2-1 入居計画

この計画の一番の問題点としては，ゴーチャウマイ地区に従来から住んでいた住民以外には農地が遠くなってしまうことがあげられ，農民にとっては移転することによって，かえって不便をきたすことになってしまう。また，この入居計画は入居者の旧来の人的環境を考慮するものではなく，住民の紐帯を保証する構成とはなっていない，ということも大きな問題点であるといえよう。

4-2-2 集落形態

カインフン村中心部のゴーチャウマイ集落は計画的造成地で，線形居住地として計画・建設され，住宅敷地が線形平行配置で地割されている。全くの新規造成地であるため，周辺農村などからの移入が政府により進められている。人民委員会，学校，市場，運動場などの公共施設も配置されている。しかし，ディン（亭，đình）と呼ばれる村の守護神を祀る伝統的宗教施設はなく，寺や教会なども当然ながら一切ない。

集落は，運河・道路に沿って計画された敷地上に建設されている。背割り状に2列に住戸が並ぶ48〜72戸分のブロックが1単位となり，これが2列（家屋の列としては計4列となる）並んで1つの集住区を形成している（約130世帯で構成）。集落は複数の集住区に分節され，住戸区画は全部で829区画となる（Hội kiến trúc sư Long An 1997）。

宅地計画は，純住宅地であるA〜D集住区と公共施設ゾーンであるE〜R住区では異なっている（図2-8および図2-9参照）。A〜D集住区では1集住区が10m×22mであり，緑地帯は無く宅地が一杯にとられているが，

図 2-8 集住型居住区の計画図

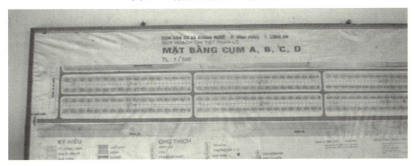

図 2-9 線形居住地の計画図

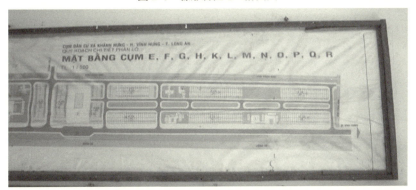

住戸建設位置が指定されており，戸建の家屋が建築線に沿って並ぶ計画となっている。一方，E〜R集住区は背中合わせの連続家屋であり，1集住区は 5m × 16m，宅地の列の中間には緑地帯がとられている。

　ゴーチャウマイ集落の宅地計画は，ロンアン建築士会により 1997 年に作製されたもので，非常に整然とした敷地構成であるが，実際は市場周辺などは住戸が建ち並んでいるものの，入植が進まず閑散とした空き地のままの宅地も多い。

4-2-3 住戸建設

　カインフンの住宅は，草屋と恒久家屋に大別できるが，その違いを以下にまとめる。

住宅建設費からみてみると，調査例中，草屋では1,000万ドン，恒久家屋では1億5,000万ドンという例があった。（ここでの草屋は，製材した板材を使用しているため，ニッパヤシ葉パネルのみを用いる草屋では建設費はさらに下がると思われる。）両者の建設経費にはひらきがあり，恒久家屋を構えるためには経済基盤が確立している必要があろう。

　建材の供給は，村の市場で購入可能なもの，村で製造しているものによっている。供給先は，水運の便をいかして広範囲にわたるが，おおむね金物はホーチミン市，焼物陶器の類はビンズオン省などの産地から，セメント物は村の中で生産しているようである。

　建材の価格・産地の例は，表2-6の通りである。

　現地でコンクリート製品を製造している工場では，型枠抜きなどで礎石，通風グリルなどを作製している。工場主は副業としてこの工場を経営している。本業は農業であり，2人の工具を雇って工場の作業をしている。材料の

表2-6　カインフン村の住宅

建材	産地	価格
トタン板	ホーチミン市	32,000〜49,000ドン／枚
瓦	ビンズオン	4,000ドン／枚
異形鉄筋	ホーチミン市	8,200ドン／kg
ニッパヤシ葉パネル	ベンチェ	70,000ドン／束

注：ニッパヤシ葉パネルは，通常サイズの家屋1件の建設に3束必要。

図2-10　ニッパヤシ葉パネル

砂とセメントは村で購入している。コンクリート製品は重量があり輸送コストがかかるため，村で製造することは理に適っているといえる。

カインフンのような辺境地でも，建材の入手方途については問題がなく，地方性による建設材料の制約は少ない。草屋でも，恒久家屋でも，必要に応じて建設材料を揃えることが可能である。

建設技術については，草屋は全くの自営で可能であり，労働力も協同組の範疇で十分である。調査例では，10人の農民を賃雇いして建設していたが，多くの草屋では数人で建設は可能である。恒久家屋では，調査例では自営を主張するものもあるが，多くは県の建設企業（ヴィンフン県建設設計サービス社という組織が存在する）によっていると思われる。賃金労働者の雇い入れが欠かせないが，それも村レベルで調達可能なようである。

設計はどこでなされているか，つまりは住宅のかたちはどこからきているのか，ということに関しては，恒久家屋は，タンアン市にあるロンアン省建築士会で作製した雛形があり，県の経済計画室で設計指導をしている。草屋は，恒久家屋の形態を模写してできたと推測される。この点から，家屋のかたちは外部で作製された基本形が，家屋構造を超えて支配的に流通しているといえ，土着性の極めて薄いものである。

4-3 ムラの暮らし

まずは家屋・集落の形態的特徴について，自然集落の例としてバオセン，土盛り立地集落としてサイザンの，それぞれの事例について述べ，最後にその比較から導かれる考察を記す。

4-3-1 自然集落：微高地のバオセン集落

この集落は自然地形としての微高地上に形成され，集落形態としては列状集落である。微高地の中心線が道路となり，その両側に家屋が並んでいる。元来は住戸はゆったりと建てられていたものと思われるが，その間に新規入植世帯が宅地を占めたため，比較的住戸密度は高くなっている。中央道路沿いに宅地を得られない場合は，枝線を分離させて奥まった位置に宅地を取っているものも見受けられる。集落内には公共井戸，共同墓地などもあり，共用空間が取られている。バオセン集落はいわゆる「地元民」の領域であり，これらの共用空間の存在に，一定の居住歴を感じ取ることができる。

バオセン集落は居住歴の長いものも存在するため，家屋形態もいくつかのパターンが存在する。基本は木造の造作だが，単純な切妻のものから，2棟以上を構えるものもある。前者は入植歴が浅く生活基盤が十分整っていないものと思われるが，後者は農作業用の広い前庭を構え，家屋内にも十分な居室に台所など生活スペースがある他に作業スペースも確保され，農家としての構えを感じさせる。

住宅の造作も比較的しっかりしており，木構造も製材した材を使い木材接合には仕口の加工をするなど，専門職大工による建設によるものである。前面庇にはレンガタイルのたたき空間，庇柱にはコンクリート礎石を用いるなど，多雨地域での住宅造営の配慮もみられる他，外壁にペイント，軒飾りをつけるなど，住宅を生活拠点として営む意志が伺える。開拓地集落ではあるが，熟した農村の家屋に遜色ないつくりの家屋である。

集落内にはRC造の恒久家屋を建設しているものもある。すでに農業で生活基盤が確立し家屋建設費を賄う程度の蓄えができる世帯も出てきている。

4-3-2　線形集落：低地のサイザン集落

サイザン集落はT28運河沿いに展開し，ため池を掘った土を盛り上げた土塁か，または運河開削の際の土を盛り上げた堤防の上に家を建てている。集落自体は運河沿いに並んだ家屋の集合体であるため直線状の形態となるが，運河本線に沿ったところは並行する道路からアプローチをとって引いた位置に土塁を築いて住宅を建てている。この土塁が一列に並んで集落を形成している。運河の支線では開削残土による堤防上に家屋が並んで集落を形成している。いずれの場合も，列状の集落形態は極めて人工的な空間を感じさせる。集落は個別の住宅敷地の集積として存在するのみで，公共目的の用地は用意されていない。そのため，各種会合などを催す場合は，運河河川敷の川原で仮設テントを建てるなどしているようである。

集落の住居の基本型は草屋で，簡易な小屋作りのものである。一見したところ雑然としているが，そこには一定の構成パターンがみてとれる。家屋構成としては木のフレームをつくるが，加工に熟練を要する継ぎ手などは用いず，釘打ちや紐・針金で縛るなどして組み立てる。材も未製材のものをそのまま使っているのが一般的である。床は土間のままになっている。壁と屋根はヤシ葉をフレームにしたものを使い，これにより建材の運搬・流通が容易

図 2-11 運河沿い堤防上の家屋（遠景）

図 2-12 運河沿い堤防上の家屋（近景）

図 2-13 土塁上の家屋

図 2-14 同内観

になっている。つまりは，建材には徹底してプレファブリケーションが取り入れられ，これらはゴーチャウマイ集落の市場で購入可能である。建設は親類・近隣住民の力を借りて行い，専門職にはよらない。設計図なども特にない。家屋建設のプロセス，材料，技術を簡便，速成的なものにし，材料・労働力ともに確保が困難な，開拓地での居住に適した家屋となっている。

　家屋形態は，切妻，片流れ，バタフライ型などいくつかあるが，最も単純な切妻型恒久家屋をモデルとしてつくられている。平面計画は，居間，倉庫を主屋におき，台所を別棟としている。生活空間はワンルーム型であり，ベッド，テーブルはあるが，特に定型化したものではない。壁面には適宜開口が設けられるが，その位置はベッドの高さに合わせて通風を確保し涼を得ているようである。祖先壇は壁面に架けた棚に設えてある。

　この他，水浴び場，倉庫などが建てられる。トイレは貯め池などに簡易に設定したものの他，全くつくらないものも見受けられ，住居内にてトイレを設置する優先度は低い。

共用施設の欠落により，草屋とはいえ，その中で生活から生業までをまかなう設備が完備される。生活用水は天水を水がめでためて適宜利用し，家電はテレビ，オーディオ機器を所有している世帯は多く，その場合電線がきていないため発電機か，またはバッテリーを購入して電源を確保している。釜屋では炊事設備としてコンクリート製のかまどを設置しているものや，カセットコンロを持っている世帯もあった。釜屋は耐火構造にしておく必要から，土壁にしているものも見受けられる。

　線形住宅地を実地に調査することで，省など上部の意思により立案された計画と，その建設現場での実際状況を把握することができた。計画案自体は，プランとしては整然と作製されているが，農村の実態からはかけ離れたものでしかない。線形居住地プラン自体は限定的にしか機能していないが，その下で農民たちは独自の方法によって生活基盤を築き上げていた。集住地への移転は拒みながらも，運河・道路に沿って列状の展開をして居住地を形成し，その建設過程にプレファブリケーションを導入するなど，開拓地の実情に応じた住建設の方法が導入されていた。一方で，その農民の活動は居住地プランから完全にフリーなものでもなかった。標準設計の恒久家屋プランが草屋のモデルになっていること，リニアな集落形態を形成していることなどに，政府策定の居住地プランの劣化コピー的状況がみられる。しかしこの形態は農民の実情に応じた現実的方法であり，むしろこちらにベースを置いて上位の計画を進める方が，より実効的なプラン策定につながるものと思われる。

第3章
社会生活

村の小学校から帰る子どもたち

〈1〉 人口構成と教育レベル

1-1 人口構成

　ベトナム保健省が実施した2005年世帯台帳のデータからカインフン村の人口構成および各集落の特徴などについて概観してみよう[1]。

　全村レベルの年齢の中央値をみると，男性は23歳，女性は22歳で，極めて若い社会であることが分かる[2]。また，男女比は1:0.95で，男性の方が多く，また老齢層の男性人口が多いのも，インフラがあまり整っていない辺境地であること，出身村に妻と子どもを残して単身で（あるいは労働年齢に達した息子たちと共に）カインフンに移住している両居世帯が多いことを窺わせる。

　次に，同村の年齢別・性別人口構成（比率）を，ベトナム統計総局の2005年の全国レベルの人口センサスと比較したものを示す（図3-1）。全国平均人口比率は，農村だけでなくハノイやホーチミンのような大都市部や，

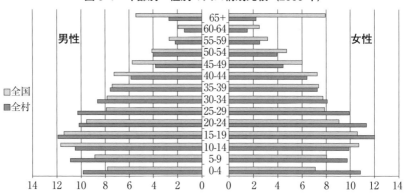

図3-1　年齢別・性別の人口構成比較（2005年）

---

1)　主に母子保健に関する検診回数を記録することを目的として作成されたようで，カインフン村の診療所に保管されていた。5つの集落にそれぞれ調査員が出向き，体面で同居世帯員全ての氏名，生年月日，出生地，戸籍登録の種類が記載されている。いくつかの不備も目立つが，おそらく同村で初めての悉皆調査となるため，全体の基礎的情報の把握には役立つ。ちなみに，我々がこの台帳の存在を知ったのは2007年8月である。
2)　2005年の国別年齢中央値を比較したデータによると，ベトナムは世界で95番目の25.9歳である。ちなみに，インドネシアは26歳，タイ32.2歳，日本は1位43.1歳であった。

北部・中部デルタ，そして山岳地域も含んでいる。

　カインフン村と全国レベルの人口構成比率と比べると，まず大きな相違点は，全国レベルはすでに少子高齢化の傾向が顕著である一方で，カインフン村ではそれがより緩慢であるということである。

　特に，ギャップが大きいのは，10歳未満の学齢期の子どもの世代と，65歳以上の老人の世代である。若年層では，4歳以下の女子のギャップが最も大きく，全国比が7.1％であるのに対し全村では10.8％を占める。反対に，老年層では，65歳以上の女性の全国比は7.9％であるのに対し，全村レベルでは2.2％と極めて低い。

　一方で，全国レベルと比べより高い比率を占めるのが35歳未満の若年層と少年層で，働き盛りの労働力が豊富にあるのも，このグラフから読み取れる要素である。

　すなわち，カインフン村の人口構成は同村が開拓を目的に若年労働力が集まる新興移住社会の特徴をよく表している。

　さて，ここにもう1つ，興味深いデータを照らし合わせてみよう。図3-2は，同じ2005年に実施された紅河デルタの典型的な稲作専業村バックコックの悉皆世帯調査の結果である[3]。周知のとおり，北部の紅河デルタは，人口稠密で，自給農業を営む極めて定住性の高い地域である。同村の人口構成は少子高齢化が全国レベルに先行して急速に進み，カインフン村と全く逆の傾向を見て取ることができるだろう。特に65歳以上の老齢女性の人数が際立って多く，15歳未満の学齢期の子どもの減り方がシャープなのも，そのラディカルな少子高齢化の特徴を際立たせている[4]。

　以上のことから，全国レベルの人口構成はすでに少子高齢化の兆候を強く表しており，メコンデルタのカインフン村は，少子高齢化が最もゆるやかに

---

[3] バックコック村は北部紅河デルタのナムディン省ヴーバン県タインロイ村の中の集落である。同村は，首都ハノイから約80キロの距離にある。1994年より日本とベトナムの共同研究調査が始まり，1995年から5年毎にソムBという1つの集落の悉皆調査が行われている。

[4] 40歳以上の女性人口の多さが目立つ。この世代の男性人口が同世代の女性人口に比べて少ないのは，ベトナム戦争・カンボジア紛争に従軍しバックコック村を離れたのが圧倒的に男性であったからである。戦没者の寡婦や未婚のまま中年になった女性たちが多いことから，女性比率が高くなる。

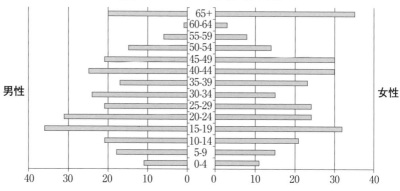

図3-2 バックコック村（ソムB）

進行している地域であることがわかる。一方，バックコック村のある北部紅河デルタ地域は全国レベルに比べて，さらに少子高齢化が先行している。

　それでは，以上の少子高齢化の人口構成類型をカインフン村内の各集落に照らし合わせてみた際，どのような特徴がみられるだろうか。本稿では，第Ⅱ部の主要なアクターであるカインハウ村出身者が主に入植したゴーチャウマイ集落，ハイフン省出身者が主に入植したサイザン集落（以上は造成地），そして地元民が居住するタヌー集落（高みの自然集落）を取り上げ，比較検討することによって，それぞれの位置づけを行いたい。

1-1-1　村の標準モデルとしてのゴーチャウマイ集落

　5つの集落の中で，もっとも全村レベルの人口構成と共通しているのが，ゴーチャウマイ集落である。言い換えれば，カインフンの標準モデルを知るにはゴーチャウマイ集落を調べればよい。

　年齢の中央値は，男性22歳，女性23歳で，男女の違いはあるものの，全村の年齢中央値と最も近い結果となっている。男女の人口比は1対0.93で男性の方が多いが，これも全村の平均値に近い。

　人口構成をみると，65歳以上の老齢人口比率の低さを除けば，ゴーチャウマイ集落も15歳から24歳までの若年労働力が多数を占めるという共通点が見られる。これは，同集落が全体の37％を占める村最大の人口を抱えるマチ（新興集住区）であり，農業以外に商売を営む自発的移民が近隣から90年代半ば以降に多く移り住んだという事情も反映している。

図 3-3　ゴーチャウマイ集落の人口構成

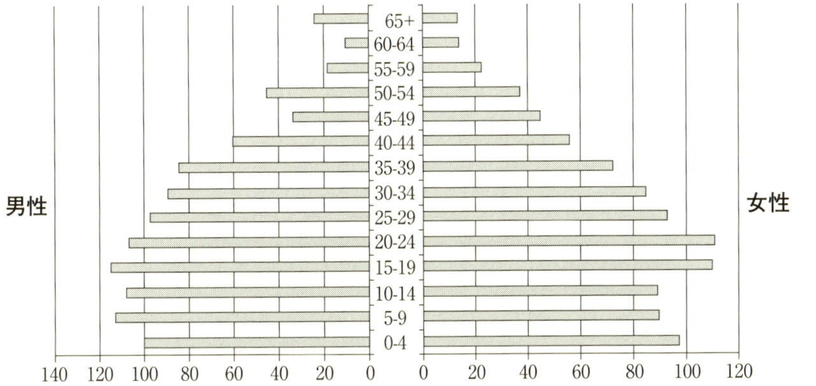

1-1-2　最も少子化が進むサイザン集落

次に，サイザン集落の特徴をみてみよう（図3-4）。

同集落の年齢の中央値は，男性27歳，女性25歳で，村落内で最も高い。この値は，ベトナム全国レベルの25.9歳に一致しており，全国標準形だといえる。また，男女比が最も近い1：0.97となっており，均衡がとれている。

カインフン村内で最も少子高齢化が進んでいる集落は，図3-4に示すように，南北政策入植集落サイザンである。同集落の人口構成はベトナム全国レベルに最も近い。15歳未満の急速な落ち込み傾向は，バックコック村と共

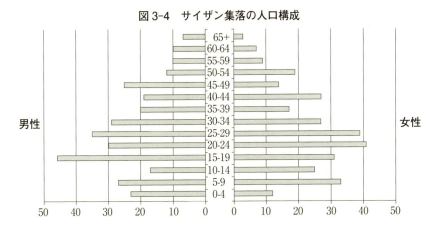

図 3-4　サイザン集落の人口構成

第3章　社会生活

通している。ただし,新開地ゆえに,高齢者の人数は多くない。

　同集落の人口構成のもう1つの特徴は,特に男性の中で15歳から19歳の年齢層が突出していることである。男性46人に対し女性31人で,男性は女性の1.5倍である。これは,おそらく,政策入植した世帯の世帯主(父親)とともに労働力としてやってきた未婚の息子(たち)を示すものだろう。45歳から49歳までの年齢層の男性がもう1つの突出を示すことと連動している。

1-1-3　最も少子化が緩やかなタヌー集落

　最後に,地元民のタヌー集落の特徴をみてみよう。

　中央年齢値についてみると,同集落では男女ともに20歳となっており,全村レベルに比べて2～3歳も若くなっている。年齢中央値が最も高いサイザン集落とは,男性で7歳,女性で6歳も下回っている。

　男女人口比について,タヌー集落ではサイザン集落と同様,1対0.96となり,全村レベルよりも男女人口のバランスはよい。

　古くから微高地に造られたタヌー集落では,比較的高齢者が多く,少子化傾向が最も緩慢である。10歳未満の若年人口が多く,末広がりの人口ピラミッド構成を示している。

　65歳以上の高齢者が比較的多く,10歳未満の幼少年齢層が他の集落より多いが,この特徴はサイザン集落と比較してみると,その差異が際立つ。

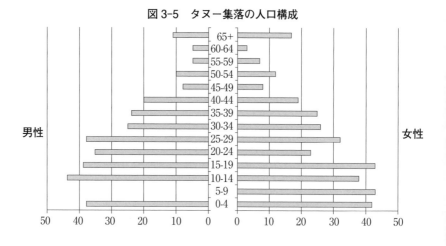

図3-5　タヌー集落の人口構成

1-2　高学歴化の傾向

図 3-6 は 15 歳以上人口の全村の教育レベルを示している。ベトナムは南北分断期もあり，また時代によっても学制が異なるので，単純に比較できない。そこで，最終学年を学歴の指標とし，15 歳以上人口の教育レベルについてみてみたい。ただし，大まかな学歴の傾向をよりわかりやすく提示するために，現行学制に相当する小学（第 1 〜第 5 学年），中学（第 6 〜第 9 学年），そして高校（第 10 〜第 12 学年）で区切って比較した。

2005 年世帯調査結果によると [5]，男女ともに世代ごとに高学歴化が進んでいることが明らかである。男女間では，ほとんど差が見られず，世代間の

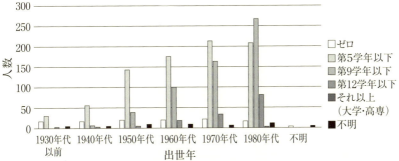

図 3-6　全村レベルの年齢別就学歴

就学歴格差が極めて大きい。男女ともに，若い世代ほど就学歴が長くなり，1970年代生まれの世代では第5学年までと第9学年までの就学歴の人数が拮抗している。そして，1980年代生まれからは第6学年以上，すなわち中学進学者の数がそれ以下より上回る。

1-2-1　全村標準のゴーチャウマイ集落

3つの集落の中で最も全村レベルに近い傾向を示したのは，ゴーチャウマイ集落である（図3-7）。

全村レベル同様，年代が若くなるにつれて就学歴が長くなるのは全体の傾向と同じであるが，高学歴化するのは，女性の方が若干早い傾向がみられる。具体的には，女性の就学年数が5年以上9年未満に延びるのは，1970年代生まれ以降であり，男性は1980年代生まれにようやく逆転するのである。

全般的に，街中で商売を営む世帯が多数を占める同集落の教育レベルがより高いことは，商売を営む大半が女性であることとも関連しているように思われる。一方，男性の場合，高校進学者が他の集落よりも多く，1960年代生まれから80年代生まれまでの一定数を維持している。これは，行政の中心としてゴーチャウマイ集住区の分譲地に行政幹部が土地を買って移り住んでいることも影響しているのではないかと思われる。

1-2-2　高学歴化がより早いサイザン集落

1988〜91年の間に入植してきた南北政策移住民のサイザン集落の特徴として，男女ともに，全村の中で中学進学が最も早く進んでいるということがわかる（図3-8）。老齢世代で，就学経験のない者は極めて少ない。そして1950年代生まれの世代で，すでに就学年数が小学までと中学までで拮抗している。もちろん，彼らのほとんど全てが出身村で学齢期を過ごしている。

かろうじて，移住当時学齢期に達しておらず，現地に開設された小学学級

5）　2005年人口調査では，カインフン村居住者の就学歴も合わせて収集されている。調査員が訪問した際に家族メンバー全員について聞き取れている情報は記録されているが，空欄も多い。無回答は不明として除外している。したがって，就学歴データが取れている人数は4,422人で，全体の85％にとどまる。同様に，各集落の有効データで，それぞれゴーチャウマイ集落1689人，サイザン集落558人，そしてタヌー集落576人であった。

図 3-7 ゴーチャウマイ集落の年齢別就学歴

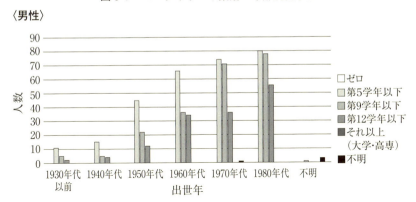

〈男性〉

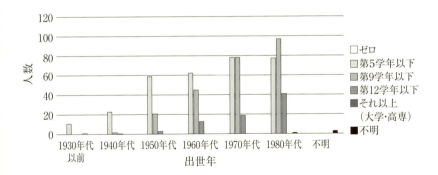

〈女性〉

で就学した1980年代後半生まれの世代は，学校の拡充とともに就学年数を伸ばしている。特に，後にみるタヌー集落と比べると，女性の就学率の高さは歴然としている。

1-2-3 高学歴化が最も遅いタヌー集落

地元タヌー集落の場合，世代による学歴の差が最もドラスティックに表れていることがわかる（図3-9）。特に男性の場合，1970年代生まれの中学進学，高校進学者の数が急増しているのが明らかである。彼らは，カインフン村幹部の次世代に相当し，公職者の高学歴化が要求されるのに対応した結果とも

図 3-8　サイザン集落の年齢別就学歴

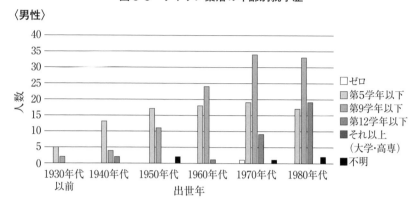

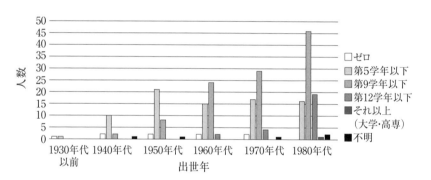

いえよう。地元民として行政の中枢を担っていくためには，高学歴化への対応は避けて通れない。

一方，同集落の女性の場合，男性に比べて高学歴化の速度が鈍い。年配の女性の学歴が相対的に低く，1960年以前に生まれた女性たちの大半が一度も就学した経験をもたないのは，政策入植世帯とは大きく異なる特徴であろう。しかし，1980年代生まれの世代になると，一気に中学進学者の数が伸び，他の集落と比べると，その変化が極めてドラスティックである。

以上，人口構成と学歴を概観してきたが，両者の間にどのような相関関係が見られるだろうか。人口学者トッドが論じたように（トッド 2008: 444-

図 3-9 タヌー集落の年齢別就学歴

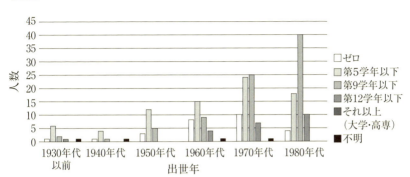

〈男性〉

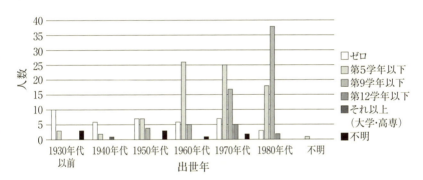

〈女性〉

445),教育レベルの向上(この場合は,識字率の向上,中等教育への進学)は出生率の低下を招き,人口構成に大きなインパクトを及ぼしていると考えられる。すなわち,高学歴化が少子化を促進するということであろう。地域類型で捉えれば,紅河デルタが最も早く高学歴化を達成し,少子高齢化が進んだ社会であり,全国標準レベルに近いサイザン集落が2番目に高学歴化,少子高齢化の傾向を示し,カインフン村(と村の中心ゴーチャウマイ集落)がその次に同様の傾向を示す。最後に,タヌーに見られる地元民集落の場合,高学歴化が世代ごとに進めば少子化の傾向がよりはっきり表れてくるのではないかと思われる。

〈2〉世帯類型と出身地別通婚圏

2-1 世帯類型と世帯構成

　南部定住農村社会では，タイと同様，主に末子相続が一般的であるが，娘ではなく，息子が親の家で同居する夫方居住であり，老後の親の面倒をみる習慣が浸透している。長子など年長者から結婚していけば，最年少の末子が結婚するまで核家族の形態が比較的長く保たれる。一方，儒教文化が強い北部農村社会では，長男が祖先祭祀権を継承し，親と同居することが一般的であり，南部親族に比べて拡大家族の期間が長くなる傾向にある。ただし，様々な事情により，結婚後は同居せずに別居する場合も多い。したがって，表3-1の拡大家族を語る場合，特別な断りがない限り，主に夫方の親と未婚のきょうだいとの同居を前提として論じていく。

　本節では表3-1に示す家族類型に沿って，カインフン村全体および各集落の世帯構成を見ていきたい。

　この家族類型は，個別の家族世帯にとっては，家族サイクルのある一時期，すなわち2005年の時点の家族構成を切り取ったものにすぎない。しかしながら，相互に関連づけて眺めてみれば，家族の成長サイクルの諸段階を示していると理解することもできる。

表 3-1　世帯類型と世帯構成

世帯類型		構成の具体例
Ⅰ	単身世帯	寡婦（夫），独身，別居中の既婚者
Ⅱ-1	核家族	夫婦のみ
-2		夫婦とその未婚の子女（基本家族）
-3		夫または妻（死・離別，別居）とその未婚の子女（欠損基本家族）
Ⅲ-1	拡大家族	基本家族にその親が同居
-2		基本家族にその親ときょうだいが同居
-3		欠損基本家族に親が同居（祖父母と孫など）
Ⅳ-1	傍系親族	兄弟姉妹のみ
-2		兄弟姉妹とその子女（おじ・おばやいとこなど）
-3		おじ（おば）とおい（めい）のみ，いとこ同士

注：拡大家族の場合，きょうだいは未婚・既婚を問わない。同様に，傍系親族の場合，きょうだいは未婚・既婚を問わない。

また，その他としてⅣ型の傍系親族を独立した項目として設定した。その理由は同村が新経済村であるということと大きく関連する。すなわち，ひとつの家族が母村の実家とカインフン村の出作り小屋に跨って便宜的に世帯を分けているという，この村の特殊な環境が反映している。しかも，2つの世帯は年間を通して循環移動しており，基本的に家計を1つにしている。
　表3-2はカインフン全村および集落別の世帯構成を示している。
　カインフン村で，夫婦と未婚の子女から成る核家族世帯（Ⅱ類型）は1,271世帯のうち1,105世帯（87%）で，圧倒的多数を占めている。その内，夫婦と未婚の子女から成るⅡ-2型は75%を占め，同村の最も基本的な社会単位となっている。
　また，父親か母親のどちらかと未婚の子女から成るⅡ-3型も99世帯（8%）で，比較的多い。その理由は，父親と未婚の息子のみが移住し営農する循環移動型の世帯が含まれているからである。
　一方，夫婦家族に息子（娘）夫婦，孫，あるいは親などが加わった形態である拡大家族（Ⅲ類型）の数は相対的に少なく，全村で126世帯（10%）にすぎない。マレー農村の場合が21.3%であることと比較すると（立本 2000:

表3-2　全村および集落別世帯構成

世帯類型	BS		CT		GCM		SG		TN		計	
Ⅰ	1	1%	9	3%	11	2%	2	1%	2	1%	25	2%
Ⅱ-1	6	3%	11	4%	24	5%	11	7%	3	2%	55	4%
-2	155	84%	221	76%	355	76%	115	69%	105	67%	951	75%
-3	12	6%	23	8%	28	6%	17	10%	19	12%	99	8%
Ⅲ-1	6	3%	14	5%	16	3%	9	5%	14	9%	59	5%
-2	1	1%	9	3%	12	3%	3	2%	5	3%	30	2%
-2	4	2%	4	1%	21	4%	3	2%	5	3%	37	3%
Ⅳ-1	0	0%	0	0%	2	0%	4	2%	2	1%	8	1%
-2	0	0%	1	0%	1	0%	0	0%	0	0%	2	0%
-3	0	0%	0	0%	1	0%	0	0%	0	0%	1	0%
不明					2	1%	2	1%	4	0%		
計	185	100%	292	100%	470	100%	167	100%	157	100%	1271	100%

注：集落名のBSはバオセン，CTはカーチョット，GCMはゴーチャウマイ，SGはサイザン，TNはタヌーを示す。

196),新開地の新しい入植世帯の年齢層が比較的若く,まだ拡大家族を形成する家族サイクルの段階に達していない場合が多いと考えられる。

単身世帯は25世帯(2%)あり,その大半がゴーチャウマイ集落とカーチョット集落に集中している。これは,市場や学校などが集まる集住区と一致しており,農業以外で生計を立てるマチ型生活スタイルを反映している。一方,営農中心のムラ型生活スタイルをとるサイザン集落,バオセン集落,タヌー集落の単身世帯は極めて少ない。

最後に傍系親族(IV類型)は全村で11世帯(1%),大半がきょうだいのみの世帯である。このパターンも母村に家族が住んでおり,労働年齢に達したきょうだいのみで営農する循環移動型の生活を表している。

図3-10および図3-11は全村レベルの世帯類型と世帯規模を示している。最も標準的な世帯は夫婦と未婚の子女(II-2)で,世帯主が30代,子どもの数は2人ということになるであろう。世帯レベルでみると,平均的な子ど

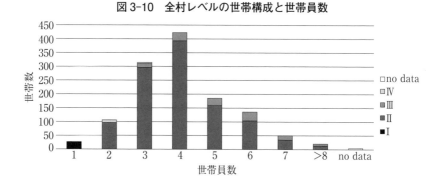

図3-10　全村レベルの世帯構成と世帯員数

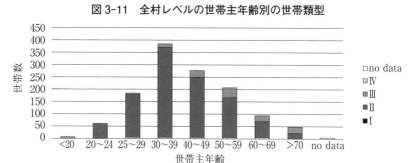

図3-11　全村レベルの世帯主年齢別の世帯類型

もの数は1人から2人となり，おそらく彼らの親の世代に比べれば出生率は大幅に減少している。

　それでは，以下各集落の家族類型の特徴を見ていこう。ここでも，第1節の順序に従い，①ゴーチャウマイ集落，②サイザン集落，そして③タヌー集落の家族のカタチの特徴を比較検討していこう。

2-1-1　標準的なゴーチャウマイ集落

　まず，ゴーチャウマイ集落の特徴をみてみよう。同集落の世帯規模は，全村レベルとほぼ一致している（図3-12，3-13）。

2-1-2　小規模家族のサイザン集落

　次にサイザン集落の状況をみてみよう（図3-14，3-15）。同集落は，先に

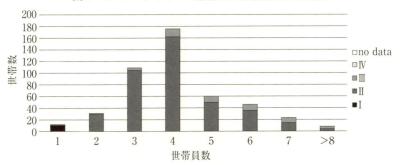

図3-12　ゴーチャウマイ集落の世帯構成と世帯員数

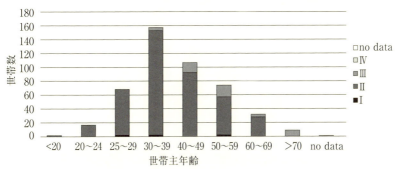

図3-13　ゴーチャウマイ集落における年齢別世帯構成

見たように，少子高齢化が他の集落に比べ最も進んでいる。世帯規模は3人が最も多く，他の集落と際立った違いを見せている。また，世帯類型はⅡ-2が大多数を占める点では他の集落と共通するが，世帯主の年齢で最も多いのが40歳代の世帯主の世帯で，若干だが30歳代の世帯主の世帯を上回っている。このように世帯類型と世帯規模の面からも，同集落のより顕著な少子化の傾向を読み取ることができる。

2-1-3　大家族のタヌー集落

タヌー集落の特徴は，Ⅱ-2（夫婦と未婚の子女）の世帯比率が67％で，最も低い比率を占める一方で，拡大家族のⅢ型が全体の4分の1を占める。世帯規模も4人が最も多いが，5人6人という世帯も珍しくなく，他の集落

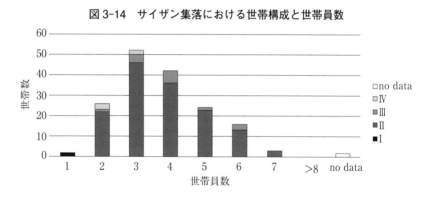

図3-14　サイザン集落における世帯構成と世帯員数

図3-15　サイザン集落における年齢別世帯構成

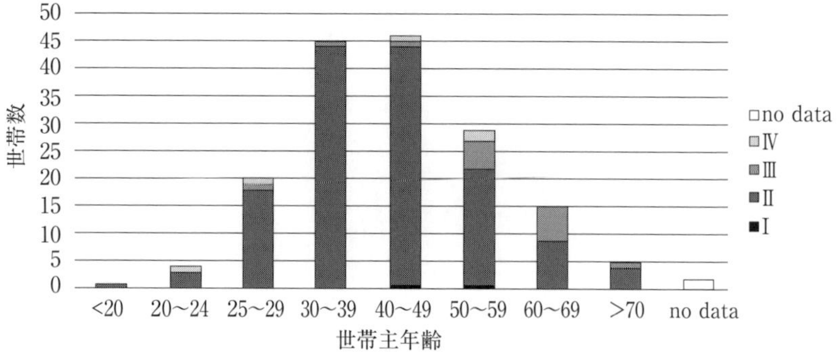

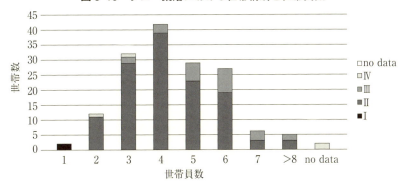

図3-16 タヌー集落における世帯構成と世帯員数

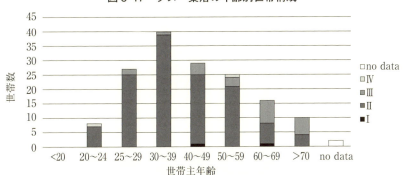

図3-17 タヌー集落の年齢別世帯構成

に比べると際立って多い。すなわち，相対的に子だくさんで親と同居するという大家族の特徴を示している。

さらに，世帯主別の家族構成を検討してみると，同集落の場合，世帯主が40歳代から50歳代までの家族も大きな偏りなく存在していることも特徴的である。

2-2 出身別通婚圏

次に，世帯主夫婦の出身別通婚圏についてみてみよう。当然のことながら，このデータには，きょうだいのみの世帯，死別・離別のケースは含まれない。

全村共通の出生地別カテゴリーは，(a) 地元近隣村，(b) ヴィンフン県

内他村，(c) ロンアン省内他県，(d) 南部他省，(e) 北中部，(f) カンボジア，(g) その他となっている。

これまでと同様，3つの集落を取り上げ，比較検討しながらそれぞれの特徴を明らかにしていきたい。

2-2-1 都市近郊新興住宅地：ゴーチャウマイ集落

ゴーチャウマイ集落の場合，(d) 南部他省出身者同士のカップルが最多（129組）で，次にロンアン省内他県出身者同士（118組）が続く。ここから読み取れるのは，ゴーチャウマイ集落はもはや南部政策入植者の居住地ではなくなっているということである。第5章で詳述するが，鳴り物入りで入植したカインハウ村出身者をはじめタンアン市内各村からの政策移住者の多くが去り，入れ替わりに南部他省からの自由入植者が急増したことを物語る。

また，夫婦の出身地も多様で，通婚圏も広い。これは，おそらく移住後に成人し現地で結婚した若い夫婦の出身地が異なることが要因であろう。

一方で，行政・経済の中心部でもある同集落には，(a) 地元近隣村出身，すなわち地元民33組が居住している。これは，人民委員会主席や党書記長など，要職にある幹部が公務のために村内移住した結果である。

以上，ゴーチャウマイ集落はマチ型の行政集落として多くの自由移住者を受け入れる求心力を持っていることがわかる。

2-2-2 政策入植者の選択的通婚：サイザン集落

サイザン集落は，マチ型ゴーチャウマイ集落とは対照的に，出入りが少なく，カインフン村内で政策入植当時の原風景を最も色濃くとどめている集落

表3-3 ゴーチャウマイ集落の通婚圏

夫＼妻	a	b	c	d	e	f	g
a	33	2	6	3			
b		15	4	3	1		
c	16	9	118	35	1		
d	6	3	15	129	1	2	
e				1	10		
f				4		11	
g							1

といえよう。

　表3-4からもはっきりわかるように，ほぼ3つのコア集団に分かれている。このコア集団の出身地は，それぞれ南北の政策入植者の出身地とほぼ一致している。ひとつは，(c)ロンアン省内他市県(49組)，次に(d)南部他省(37組)，そして最後に(e)北中部各省(45組)である。通婚圏の広がり，多様性はあまりみられない。

　以上の3つのコア集団のうち，①近距離移動できるグループと②中距離移動できるグループは，出身村から小1時間から数時間で移動できる距離にあり，季節的循環移動が可能である[6]。現在，県都ヴィンフンを経由して頻繁に定期バスが運行されており，オートバイでも数時間で帰郷することが可能である。したがって，農閑期の数か月間は出身村にもどり家族と過ごしたり，冠婚葬祭などの近所・親戚づきあいを維持したりすることが可能なだけでなく，日常的に用事があればすぐ帰省することもできるので，既存の社会的ネットワークを切り離すことなく，むしろ強くつながったまま2つの村を行き来することが可能となる。

　おそらく，このような出身村とのつながりは物資の調達だけでなく，若い世代の配偶者の選択にも影響してくる。基本的には出身村で配偶者を選び，呼び寄せることができるので，結果的に同じ県・市内の出身カップルが多数を占めることになる。

表3-4　サイザン集落の通婚圏

夫＼妻	a	b	c	d	e	f	g
a							
b		1					
c			49	1	2		
d				37	2		
e			1	2	45		
f						2	
g							

---

[6]　以前は道路がなく小船で往来していたため，交通事情が極めて悪かった。しかし，現在カンボジア国境まで道路が開通し，全ての水路に鉄筋の橋が架けられ，交通事情が格段に改善された。

一方，長距離移動を果たした (e) グループの住民だけは同地に留まり，ひたすら水の季節が明けるのを待つ。同グループの中心であるハイフン省出身世帯については，第Ⅱ部・第6章で詳述する。

2-2-3　南部社会：タヌー集落

一方，地元民集落はどうであろうか。タヌー集落で最も多い組み合わせはカンボジア越僑同士（30組）であり，次いで南部他省出身同士（28組）が続く。南部他省は，近隣のカンボジア国境地帯にあるドンタップ省やタイニン省が大半を占めており，実は，第7章で詳述するように，戦時下ではカンボジアとこれらの省を避難のために極めて広範囲で移動している。避難のプロセスの中で，家族がどの地点にいるかによって，出身地が大別されている。したがって，近隣村出身者同士の組み合わせは，同地で生まれた若い世代であると考えられる。元を辿れば，彼らの故郷はロンアン省ヴィンタイン県ということである。

しかしながら，通婚圏の広がり，多様性という点ではゴーチャウマイ集落と共通しており，婚姻を通じたネットワークを構築している状況がみてとれる。一方で，(e) 北中部出身者同士（1組），またはどちらかが北中部出身者との通婚（5組）はかなり限定的であるといわざるをえない。逆に言えば，「地元民」に限らず，南部出身者同士で出身地に対するこだわりはほとんどみられない。

表3-5　タヌー集落の通婚圏

夫＼妻	a	b	c	d	e	f	g
a	17	4		5	1	1	
b	1	7			1	1	
c	4		6			5	
d	7	1	1	28			
e	2			1	1	1	
f	1	2	2	6		30	
g							

〈3〉社会インフラ・情報

3-1 学校教育

　次に，カインフン村の教育レベルについて，みていこう。

　カインフン村には，全体で2校の小学校（ゴーチャウマイ集落とタヌー集落）と1校の中学校（ゴーチャウマイ集落）がある。幼稚園はゴーチャウマイ集落にある。行政村の範囲と学校の社会圏は一致する。一方，高校は県都であるヴィンフンに1校しかないため，受験競争は熾烈になる。したがって，都会では高校進学率は高まっているものの，農村部，特に僻地となれば，村で高校に進学した者はエリートの部類に入る。村の子どもたちは高校に進学すると，多くの場合は下宿を余儀なくされる。そのため，学費以外の生活費などもかさみ，経済的余裕のない家庭の子どもたちは通うのが難しい。

　戦前から戦後にかけて現在のフンディエンA村には小学校だけがあった。同村生まれの前主席ラム氏によると，校舎は蘆小屋で教師が3〜4人いたという。当時，中学，高校は県都ヴィンフン市にしかなかったという。その後，カインフン村成立後，同村中心のゴーチャウマイ集落に小・中学校，辺境のタヌー集落に小学校の分校ができたが，高校は依然として県都にしかなかった。高校に進学した村の生徒たちが自転車で通学するにはやや遠距離で，雨天には道路がぬかるみ往来が困難となるため，ヴィンフン市内の親戚・知人宅に下宿するか寄宿舎に入る必要があり，費用がかさんだ。そのため，高校進学率はあまり高くない。とりわけ女子については，親に経済的余裕があっても進学をほとんど考慮されない傾向にある。当然ながら，省都タンアン市やホーチミン市など都市部の大学・専門学校に進学する者はほとんどいない。2005年カインフン村出身者でヴィンフン県初の農学修士誕生が同村内のみならず県内でも話題になったほどである。

　しかし，このような低進学率は，インフラ整備と経済発展にともない急速に変化しつつある。2010年カインフン村には高校建設が計画され，校舎建設と高校準学級が設けられた。

　現地調査を開始した2000年，同村には小学校，中学校がすでにあったが，いずれも午前と午後の入れ替え制で，全日制ではなかった。その当時，村の重要な教育課題として，識字教育が挙げられていた。

タヌー集落に位置するキムドン小学校の学区は，カインフン村，隣村のフンディエンAを含む3つの行政村，6つの集落をカバーしている。カインフン村内では，主に地元民が多く住むタヌーとバオセン集落の児童が通学している。2004-2005学年の同小学校の報告によると，幼稚園（プレスクール）2クラスと小学校11クラスの合計13クラスで構成されている。午前と午後の2部制である。同小学校へは地元民だけでなく，季節ごとに循環移動を繰り返す仮寓世帯の子弟も多く通っているが，そのような仮寓世帯は経済的に困難な状況にあるため，農繁期になると子どもたちは学校を休みがちになる。ここ数年で父母会ができたようであるが，まだ安定した組織とはなっていない。

　表3-6は，2005年のキムドン小学校の生徒数である。幼稚園の学年末の児童数がゼロなのは，同年2月に2つのクラスがカインフン村内のゴーチャウマイ集落に新設された幼稚園に統合されたためである。

　2000年文化通信担当副主席だったラム氏によると，村内には事情により就学困難または高齢による非識字者が5％ほどおり，1995年から政府の援助

図3-18　キムドン小学校（2014年）

表3-6　カインフン村の初等教育　　　　　　　　単位：人数，カッコ内は女子

部門	学年初め	学年末	転入	退学	転出
幼稚園	60　(33)	0			
小学校	342　(174)	326　(163)	1　(0)	3　(3)	14　(8)
総数	402　(206)	326　(163)	1　(0)	3　(3)	14　(8)

出所：Trường Tiểu học Kim Đồng, *Báo Tổng Kết Năm Học 2004-2005*, Xã Khánh Hưng, 2005/7/25.

によって識字教育クラスを展開していた。各集落内の民家を借りて毎晩教師や高卒の従軍中の兵士が10〜15名を教えていた。カンボジア国境に接するカインフン村は，設立当初専門技術者の定住を促すために，教員，医師，機械技師などに優先的に農地を支給していた。小中学校教員を確保するために，開墾予定地に余裕があった1990年代初めまで彼らに対して農地を支給していた。同村に赴任する教員の多くが遠隔地勤務の手当を支給されたり，数年教鞭をとる代わりに師範学校奨学金の返済を免除されたりした。大抵は義務期間が終了すると，郷里や別の任地へ去るのが常だが，ときに支給された農地の経営や結婚を契機とする定住者もいた。ただし，学歴の差，収入の差が歴然としているため，教員と村民との婚姻例は多くはない。

3-2 保健・医療・家族計画

カインフン村の診療所は，同村成立時の1989年に建設され，10年後に移設・拡幅された。前身はドンタップ経済建設団の診療所である。2000年時点では診察室など4室，診察台3台，ベッド4床が備えられていた。患者の搬送に欠かせないエンジン付きボートや電話も故障や未設の他，医薬品・医療器具も村や県の予算が乏しく入手困難な状況であった。

診療所には2000年当時医師1名，助産婦1名，看護師1名が勤務していたが，2004年には，表3-7に見られるように，医師と準医師，助産婦の他，新たに薬剤師が赴任している。医師は遠隔地振興策による奨学金を得て医師免許を取得した。2005年には，準医師の補充があり，2名体制となっている。

図3-19 診療所（2005年当時）

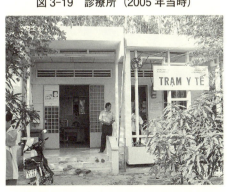

表 3-7　診療所スタッフの給与・学歴

役職	給与（ドン）	学歴
医師	1,100,000	カントー大学医学部
薬剤師	1,000,000	ロンアン医療専門学校
助産婦	700,000	ロンアン医療専門学校
準医師	400,000	ロンアン医療専門学校

注：準医師は専門学校を卒業したばかり。
出所：2004年村の医師へのインタビューを基に作成。

　診療所スタッフの給与は国家予算から支出されている。診療所の主な収入源は出産と診察であり，1か月およそ70万ドンの収入がある。主な支出は，光熱費，通信費，そして人件費（掃除）である。基本的に独立採算性をとっているが，ロンアン省厚生局から毎月100万ドン近い補助金が支給され，必要な道具の購入に充てられている。

　村の診療所の主な仕事は以下の3つである。1つは，疾病対策である。特に重視されているのが，予防宣伝，健康管理教育，疾病の早期発見である。重篤になれば村の診療所では対応できない。診療所の医師によれば，1998年に村全体で出血熱が流行り，2000年には水の季節の後下痢が蔓延したということである。日常的に汚染された水源を利用したり，運河で沐浴したりする習慣があるために，15歳から49歳の女性の3分の1は婦人病に罹患していると診療所のスタッフは認識している。まずは，衛生環境を整えることが急務とされるが，まだ困難な状況である。表3-8では，衛生環境の現状を示す。

　2つ目に，母子保健である。年に2回の妊婦の定期検診，乳幼児の栄養指導や予防注射の接種などが大きな役目となっている。2004年の時点で，カインフン村全体で2,171人の女性が居住しているが，その内1,308人の女性が15歳から49歳までの年齢層に属している。出産可能年齢にある既婚女性は707人を数える。1996年から毎年およそ90〜100件の出産があるが，そのうち村の診療所での出産は60〜70件で，残りはヴィンフン県都，省都タンアン，ホーチミン市，あるいは里帰り出産であるが，村が電化されて以降は，ロンアン省内や近隣省の出身村に帰省することが減少した。また，地元民の場合は，産婆による自宅分娩が常だったため，2000年以前は，地元タヌー

表3-8 村の衛生環境

衛生条件	世帯数（％）
自宅に井戸がある	414　（34％）
真水が使える	824　（68％）
自宅にトイレがある	258　（21％）

注：2004年当時で1,208世帯，5,054人。その内女性は2,484人。

表3-9 村の出産状況

出産場所	件数
村の診療所（一件につき70,000ドン）	22
ヴィンフン県都病院	5
タンアン市病院（裕福な家庭）	1
母親の故郷（移住民の場合）	7

表3-10 妊産婦の定期検診

	1996	2000	2003	2004.6
定期検診3回	50％	60％	70％	80％
抗破傷風ワクチン接種		50％		50％

集落とバオセン集落は診療所のあるゴーチャウマイ集落まで来ることは稀であった。1996年には約20件，1998年には2件が自宅分娩であったが，村内道路が整備されてからは自宅分娩がなくなったと，医師は胸を張っていた。2004年6か月半期の35件の内訳は表3-9の通りである。

また，妊産婦の定期検診についても，1990年代後半から徐々に実施体制が整いつつあり，診療所の医師によると，表3-10のように検診参加率が上昇している。しかし，一方で，分娩時の衛生状態がよくないために起こる感染症を防ぐワクチン接種は半数の妊産婦が受けていない。

人口・家族計画の指導および運営管理は，村の人民委員会から委託された女性のスタッフが各集落に配置されている。主な避妊手段はピル，コンドーム，リングで，すべて無料で配布・施術されていた。また，中絶手術の場合，県の医療センターで無料で受けることができ，子だくさんの貧困世帯には奨励されていた。表3-11は，1996年，2000年，2003年の3カ年の家族計画

表 3-11　家族計画　　　　　　　　　　単位：件数

	1996	2000	2003
避妊リング	64	102	135
経口ピル	1か月50人	不明	1か月80人
堕胎	7	13	0

の統計である。

　2000年から2004年6月までは人民委員会が人口問題を管轄したが、その間避妊手段としてコンドームの使用は極めて少なかったという。その原因として、診療所の医師は、コンドームの配布が各集落長に委ねられていたため、適切に対象者の手に渡らなかったと指摘している。しかし、ベトナム全体で見ても男性による避妊は消極的である。

　最後に、日常の診療行為である。雨季には、風邪症状を訴える患者が最も増える。その他、発熱、下痢、気管支炎などがある。11月から旧正月ころまでは下痢疾患が最も多く、雨季の初めは気管支炎の発症が多い。重病・重症の場合は、県都か省都、あるいはホーチミン市の病院に搬送・入院が選択されることがあるが、患者家族の経済的負担が大きくなる。2004年7月までに344人の村人が診察・治療のために診療所を訪れ、その内男性は132人、女性は212人となっている（妊産婦の検診は除く）。

　近年診療所は移転・新築され、設備なども拡充した。特に、同じ敷地内に東洋医学の分院が増設され、漢方薬を処方する薬剤師がいる。

3-3　情報・生活圏
3-3-1　文化・通信・情報

　村内広報を担当する文化通信担当者が1名任命されている。村内の各集落には拡声器が設置され、文化通信担当者が催し物や政府広報の情報を提供している。村成立時はまだ集落に拡声器が設置されておらず、文化通信担当者が拡声器を背負って歩いて広報活動を行っていたが、道なき道をいく仕事の大変さに音をあげて担当を外れたほどである。

　集住区中心に区画された市場とそれを取り囲む商業ゾーン店舗区画の賃貸スペースがある。その他、各集落に「文化の家」と呼ばれる公民館が建設され、集落の会合に利用されている。ゴーチャウマイ集落は、村の中心に位置する

ため，集落の公民館ではなくカインフン村の公民館と兼ねている。村の公民館は，各社会団体の年次報告会や公聴会などにも利用されるため，100人程度の収容規模をもつ。

次に，村人たちがどこから情報を入手しているのかについて，2004年から2006年にかけて我々が行った調査票による世帯調査から見てみよう[7]。

まず，日常的に新聞を読んでいると答えたインフォーマント（多くの場合は世帯主）は，有効回答135人のうち，「はい」が94人（70％）で「いいえ」が41人（30％）であった。新聞雑誌の種類についてあげると，表3-12の分類になっている。

最も多かったのは，地元『ロンアン新聞』で，続いて『ホーチミン市公安』や『若者』などホーチミン市で刊行されている日刊紙である。また，ベトナム共産党中央機関紙『人民』や『人民軍隊』，共産党理論誌『共産雑誌』の他，退役軍人会の機関誌『退役軍人情報』『祖国戦線』，『農民』のような社会団体の機関誌が購読されている点は，主に北部出身の党員や社会団体メンバーが読者となっていて，地域的な特徴が表れている。その他，『スポーツ』『家族と社会』『世界安寧』『科学技術』『労働』『経済時報』『青年』など，娯楽，一般紙，専門誌などが読まれている。

テレビは，ほとんどの家庭に普及している。有効回答136のうち，テレビを見ると回答したのは123で90％を占め，「いいえ」と回答した世帯13（10％）を大きく引き離している。ただし，123のうち，「時間の情報なし」が12件あり，実質的には112世帯から視聴時間を含め，十分な回答があった。

表3-13は，112世帯の視聴時間をまとめた表である。平均すると，一日一世帯あたり3.3時間をテレビ視聴に当てている。

よく見るテレビ番組の大半は，娯楽とニュースに分けられる。まず，娯楽番組としては，歌謡，スポーツ，伝統歌劇（カイルオン），クイズ，コメディ，アニメ，幼児向け，ドラマ，ドキュメンタリー（動物の世界）などがあげられる。一方，ニュース・情報番組としては，農業関連，天気予報などがよく見られている。

---

[7] 2004年は53世帯，2005年は106世帯，そして2006年は37世帯に調査を行った。ただし，悉皆調査とは異なり，各集落で調査者の関心に合わせて行ったので，網羅的ではなく，多少の偏りがあるかもしれない。

表3-12 村で読まれている新聞一覧

新聞名	発行地	発行機関
ロンアン新聞	ロンアン省	
退役軍人情報	ハノイ	ベトナム退役軍人会
家族と社会	ハノイ／ホーチミン市	
人民	ハノイ	ベトナム共産党中央
世界安寧		
労働	ハノイ	労働総同盟
経済時報		
ホーチミン市公安	ホーチミン市	ホーチミン市公安局
スポーツ		
科学技術		
共産雑誌	ハノイ	ベトナム共産党中央
公安	ハノイ	公安省
農民	ハノイ	全国農民会
キリスト教	ホーチミン市	ベトナム
若者	ホーチミン市	ホーチミン市共産青年同盟
人民軍隊	ハノイ	国防省中央軍委員会
先鋒	ハノイ	ホーチミン共産青年同盟中央
青年	ホーチミン市	
祖国戦線	ハノイ	全国祖国戦線

表3-13 一日のテレビ視聴時間

	～1	～2	～3	～4	～5	～6	～9	10～	合計
視聴時間	11	20	35	11	19	9	4	3	112
比率	10%	18%	31%	10%	17%	8%	4%	3%	100%

　また，よく見るテレビチャンネルは，VTV1（総合），VTV3（教育）などの全国放送の他，ローカル局としてはロンアン，ドンタップ，ヴィンロン各省があげられている。

3-3-2 生活圏

ここでは，主に 2004 年から 2006 年の 3 年間に行った世帯対面調査をもとに，カインフン村に居住する人々の社会生活をより詳細に描写する。

カインフン村の人々の生活空間は，大多数が他地域からの新規移住者であることから広範囲にわたっているように見えるが，かなり限定的で固定的である。村人の移動手段の大半はオートバイか自転車である。ほとんどの村人はオートバイを保有している。以前は県都ヴィンフンと村を結ぶ道路はなく，運河交通が主要な移動手段であったが，2000 年の大洪水以降に埋立て造成地の大規模建設計画が着工されると，周辺の村と県都を結ぶ幹線道路と運河を渡す橋梁が徐々に整備され，オートバイの需要は高まった。

また，カンボジア国境の村であるカインフンを終点とするバスの運行が 2005 年ころより始まり，ずっと移動距離は延び，ホーチミン市まで日帰りができるほどになった。交通手段の変化は，人々の需要を多様にした部分もあるが，基本的には目的地が広範に及ぶようになったというよりも，用途に応じて行き先が限定している感がある。

表 3-14 はひと月の平均訪問回数を示している。合計の数字が異なるのは，有効回答がそれぞれの項目で異なるからである。無回答は不明として除外している。

大半はロンアン省内の母村との往復に当てられている。

最も近い県都ヴィンフンへの外出は比較的頻繁にみられる。一方，タンアン市，ホーチミン市への外出の機会は極めて限定的である。村の診療所やヴィンフン県の病院で治療できない重病の場合は，タンアン市の病院ではなく，

表 3-14 訪問頻度

	0～5 回	6～10 回	11～20 回	21 回以上	合計
ヴィンフン県都	135	18	17	9	179
比率	75%	10%	9%	5%	100%
タンアン省都	136	10	4	6	156
比率	87%	6%	3%	4%	100%
ホーチミン市	148	8	2	1	159
比率	93%	5%	1%	1%	100%

表 3-15　1 年間の冠婚葬祭の出席回数

	0～20 回	21～40 回	41～60 回	61 回～	多くて記憶にない	合計
冠婚葬祭	99	43	23	6	10	181
比率	55%	24%	13%	3%	6%	100%

直接ホーチミン市の病院に転院するケースなどが目立つ。

　次に，冠婚葬祭の出席状況を見てみよう。表3-15にみられるように，過半数は20回以下となっているが，かなり個人差があるようである。

第4章
経済生活

収穫した籾を乾燥させる

〈1〉 村の経済

　カインフン村の経済状況は，ドンタップムオイ地域の生態環境，遠隔地，カンボジアとの国境地帯という3つの条件に規定されている。

　前章で概括したように，80年代末政府による地域開発は，ドンタップムオイ地域の特殊な生態環境，すなわち雨季の全域冠水と強硫酸塩土壌を克服し，通年定住可能な環境条件をつくりだし，同地をメコンデルタ有数の穀倉地帯へ変貌させた。

　雨季と乾季の2シーズンに分かれる南部だが，ここドンタップムオイにはもうひとつの季節，「水の季節」がある。水の季節は，雨季終わりの8月末頃から10月半ばにかけてメコン河の増水によって全域が冠水する期間である。自然・人工の高みを残してすべてが水没し，全域はさながら大海と化す。住民は散在する孤島のような造成された集住区や3m以上に盛土した宅地に取り残される。雨季終わりに連日降り続く雨は，さえぎるもののない広野で暴風雨へと変わり，ドンタップムオイはその本来の過酷な自然をむき出しにする。

　本章では，カインフン村の経済構造として主産業となる稲作とその周辺産業について概括したうえで，村民の経済生活に焦点をあてていく。

1-1　農林水産業

　カインフン村の基幹産業は，稲作である。

　村全面積5,183haのうち，稲作面積は4,621haと約90％を占めている。うち，夏秋米作付面積4,000ha，冬春米作付面積4,100haとほぼ全域が2期作化されている。稲作以外では，畑作地44ha（0.9％），養魚池16ha（0.3％）が計上されているが，林業，家畜飼育面積は計上されておらず，稲作専業村としての特徴が顕著である。また，居住地面積は31ha，公共目的地に301haを区画し，一方未利用地はわずかに41haが残るのみで，新たな開墾の余地はほとんど残っておらず，村成立から現在まで15年間の急速な開発を物語っている。

図 4-1　土地利用図

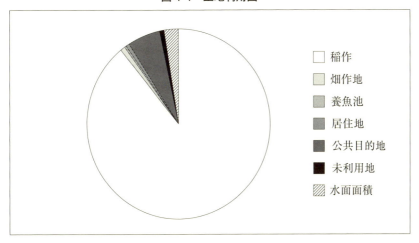

1-1-1　稲作

　カインフン村の主産業となる稲作は，当然ながらドンタップムオイ地域の生態条件に規定される。年間 3 期作，ときに 4 期作さえ珍しくないメコンデルタにおいて，ドンタップムオイ地域の農業は水の季節を除く約 9 か月間に限定されるため 2 期作となり，水の季節は農閑期となる。基幹産業である農業の停止によって，農業が生み出す雇用労働もなくなり，水の季節はまた失業の季節でもある。

　カインフン村の主産業である稲作は商品米生産である。ロンアン省内南方各県が 3 期作で，ha 当たりの収量が 5〜6 トン前後の高収量であるのに対して，ドンタップムオイ地域に立地するカインフン村では 2 期作で，収量 4 トン前後と低生産性を条件づけられている。しかし同地の稲作は，その制約を約 8 倍近い広い経営規模のスケールメリットでカバーしている。収量は通常増水後の肥沃な土壌を利用した冬春作の方が高い傾向にあるが，2005 年時点では夏秋作は冬春作よりも若干収量が落ちるものの，ha 当たりの収量はそれぞれ 4〜6 トン，5〜7 トンに上る。2000 年聴取時に比べるとそれぞれ 1 トン程度増収している。それでも同地の平均収量は，省内南方各県と比較すると 1〜2 トン低めである。

　地質条件によって生産する米の品種は限定され，良質な高価格米を生産す

図 4-2　農事暦

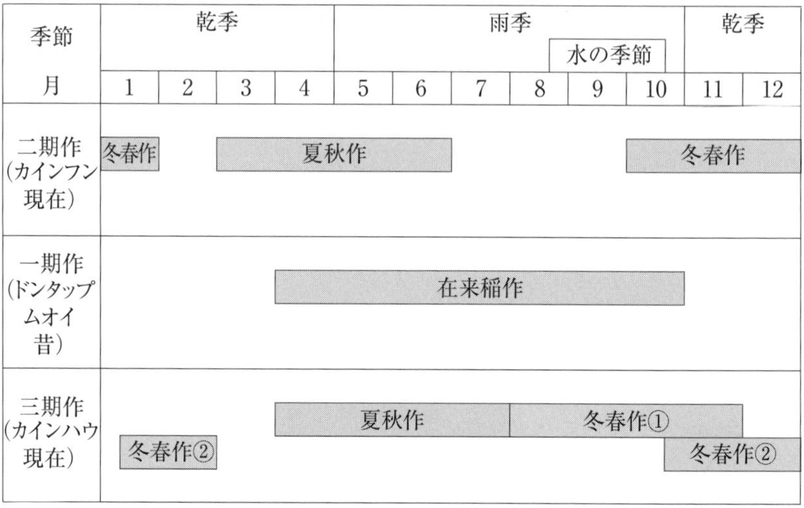

季節	乾季				雨季						乾季	
									水の季節			
月	1	2	3	4	5	6	7	8	9	10	11	12
二期作 (カインフン 現在)	冬春作				夏秋作						冬春作	
一期作 (ドンタップ ムオイ 昔)				在来稲作								
三期作 (カインハウ 現在)	冬春作②				夏秋作				冬春作①		冬春作②	

ることはできないが，安価かつ大量の米を一度に買い付けることが可能であるため，収穫期になると省内のみならずアンザン省，カントー省，ドンタップ省といったメコンデルタ各省から米仲買人がサンパン（エンジン付き小型船）やトラックで次々に訪れる。運河をサンパンで航行しながら収穫を迎えた水田を見かけると声をかけたり，バイクで先行し庭先で買い付けを済ませた後トラックが水田へ直行したりと，収穫した籾は刈取り現場で即座に仲買人へ手渡される。そのため，自家消費米や種籾として自家に保管する量は少なく，日々の飯米用に精米を買うことも多い。

1-1-2　その他の農林水産業

　畑作についてはヴィンフン県都の人口増に伴い年々増加傾向にあるが，その大半が近年流行しているスイカ栽培である。同村のスイカ栽培は近年北部入植者が導入し，村内に広まり，2005年は畑作面積180haのうち150haまでを占めている。個々の農家では広い屋敷地を有していても地質が悪く雨季に冠水し易いため果樹はほとんど植えられておらず，その一角で自家消費用蔬菜が細々と栽培されているに過ぎない。

　林業についてはとくに専用地が計上されておらず，ドンタップムオイ地域

の他の入植地に見られる大規模植林業を営む農家はいない。通常水田の畔や屋敷地を囲むようにチャム樹，ユーカリ樹が植栽され，家屋や家畜に日陰を提供するとともに，薪材，建築材として自家消費に利用され，ときに売却されたりもしている。

家畜飼育では牛の飼養を手掛ける農家がいる。もともと地元民がカンボジアから子牛を仕入れ，高みを利用して細々と役牛を兼ねて飼育していたが，省内南方地域出身入植者の中から同村で子牛を育ててタンアン市へ運んで売却する商売が出現し，県外，タンアン市との往来が盛んになるにつれ肉牛としての販路が開け，2005年時点で1,196頭が飼育されていた。

他方，豚，鶏は庭先での自家消費用がもっぱらで，専業あるいは大規模経営は行われていない。貧困家庭に対する生活支援策として貸付による養豚奨励は，同村では盛んではない。「水の季節」の天候不順で飼育が難しく，飼育場所を確保することも難しいためである。

穀倉地帯へ変貌する以前のドンタップムオイ地域では漁労が主産業となっていた。水路網が整備されるまでは，生い茂った蘆が格好の漁場となり大魚が苦も無く釣れたという。乾季には沼沢漁が行われていた。漁獲は干魚・ヌオックマムに加工され，カンボジアやメコンデルタ各省から舟で買い付けに来た仲買人と米やその他の物資に交換されていたが，今日では，雨季の水田・水路を囲んで稚魚の養殖，村市場で売られる生鮮魚へと替った。現在でもその往時の生業形態を残す世帯が若干存在し，もっぱら漁労で生計を立てている。

1-1-3　農業雇用

基幹産業である稲作に付随する農業労働（稲刈り，運搬，薬剤散布等）が生み出す臨時雇用と，近年のインフラ整備によって生じる公共工事等が村内雇用機会を生み出しており，同村に向かって周辺地域からの労働人口吸収要因となっている。すなわち，カインフン村は出稼ぎの受入地となっており，連鎖移住の誘因ともなっている。

労働者は村内のみならず省内外の周辺地域や隣接するカンボジアからも流入する。

最大の農業雇用機会は収穫期である。1筆当たりの農地面積が大きく収穫のタイミングを逸しないため，収穫期になると村内労働力では不足する。雇

用される側にとっても収穫期は労働需給のひっ迫に伴い労賃が一時的に上昇する。村の農地面積は6,000ha強と広く，自然地形が多様なため，低地の入植者集落にある農地と自然の高みにある地元民の農地では耕起・散播から収穫期までの農事暦が約1か月も異なり，カインフン村内をめぐるだけで収穫期は連続就労が可能となるメリットがある。90年代初めに2期作化が本格化すると，ベンチェー省や隣接するドンタップ省から季節労働者が流入した。とりわけ舟で渡り歩くベンチェー省人の姿は目立った。収穫期に同村に流入する季節労働者は，小舟で乗り着け畔や水路脇でキャンプをしながら村内を転々と日雇い労働をして2か月近くを過ごし去っていく。ベンチェー省人と言えば稲刈り人の別称となったほどである。2000年以降周辺地域人口の増加と労賃の上昇のため，労賃が安い近接カンボジア人労働者へと移行し，2005年頃から稲刈り機による収穫が主流となりつつある。

　一方，辺境の遠隔地にある同村からは，都市部や海外への出稼ぎ機会はほとんどない。村民と移住元との伝手でドンナイ省の農園，工場への出稼ぎが若干例挙がっている程度である。

1-2　商工業
1-2-1　村内商工業
　村市場とその周辺，そして28号運河沿いメインロードに常設店舗が軒を並べる。

　比較的大きな資本を必要とする業種として，農業資材代理店と，煉瓦・屋根材のニッパ葉トタン等を扱う建築資材店がある。

　農業資材代理店は化学肥料・除草剤等の農業用資材を扱うほか，種苗会社が宣伝する新品種の種籾を紹介したりもする。必ずしもメーカーと代理店契約を結んでいるわけではなく，タンアン市やホーチミン市の大手代理店から仕入れた品物を村内で売却する零細規模の仲卸に過ぎないが，代理店と通称され，村では企業家と見做されている。代理店は米の仲買も兼ねていることが多い。カインフン村には2000年時点で政策入植者が開店した2軒と，それに追随して地元出身者が開店した1軒，合計3軒がゴーチャウマイ集落にあった。2005年には代理店が6軒に増え，タヌー集落にも開店している。カインフン村で初めて肥料・農薬の代理店を開店したのは，カインハウ村出身の政策入植者である。

2000年までは人民委員会脇に1軒のガソリンスタンドがあるのみであったが，カインフン村2005年報告書が「地域サービスの需要に応じてだんだんと発展している」とまとめているように[1]，5年間にガソリンスタンドは3軒に増えた。また，以前は移動式精米機しかなかったが，2か所の精米所もできている。その他，農機具修理店，バイク修理店がそれぞれ6軒営業している。店舗を構えた営業は村の中心であるゴーチャウマイ集落の市場周辺と28号運河沿いメインロードに集中しており，公職者世帯の兼業が目立つ。

　カインフン村はロンアン省都タンアン市から90km以上離れた遠隔地に位置し，道路網が完備されたとはいえ同村は内外の工場が立ち並ぶタンアン市近郊国道1号線沿いの通勤圏外にある。また，ヴィンフン県には工業団地1か所が区画され人口も増加しているが，工業化・都市化にはほど遠い。したがって，カインフン村から工業化・都市化に伴う雇用労働が発生するまでには至っていない。一方，遠隔地として政府から認定された同村では，遠隔地振興法による中央からのインフラ投資が公共工事として雇用機会を生み出している。

1-2-2　国境貿易

　カインフン村には2か所国境検問所がある。スヴァイリエンへ通じるタヌー集落側とプレイヴェンへ通じるカーチョット集落側である。村民は日常的に国境を往来し，入出国手続きもパスポートを必要としない。カンボジアへ出稼ぎに行ったり，牛を買いつけたり，カンボジアを経由してタイ製の品々が流れてきたりする。カンボジア側からも行商や日雇いが来る。タヌー，バオセン集落に先住する越僑にとって，以前は国境貿易が重要な収入源となっていた。ドンタップムオイ地域で獲れる魚はヌオックマムや干魚に加工され米と交換された。

　2000年，2001年調査の際カンボジアから密輸されたバイクが「県内なら大丈夫」とナンバープレートなしで堂々と走っていた。しかし後年は交通警察の取り締まりも厳しくなり，一方国産品や正規品の中古が入手しやすくなり，すっかり影をひそめた。

---

1)　カインフン村人民委員会「年頭6カ月国家計画実現状況と年末6か月任務方向」報告2005年。

近年はベトナム国内の急速な経済発展の影響を受けて「カンボジアで買うものなんかないよ」と村人が言うように，カンボジアから輸入する品物は少なくなった。逆に，集住区の発展に伴いカンボジア側近隣からカインフン村の市場で日常品を買っていくようになり，両国の経済格差が如実に現れている。カンボジアから日雇いに来る労働力は安価な労働力調達源として重要である。ロンアン省はモックホア県とヴィンフン県境にあるビンヒエップを中央政府の承認を得て，第3国の外国人も出入国手続きができる「国際」国境検問所として昇格させようと努めており，それに連動して村内のカーチョット集落に国境検問所をもつカインフン村もまた両国間を隔てる川に橋が建設された。

1-3　公務員

　恒常的雇用の職種としては，いわゆる「幹部（cán bộ）」と称される村人民委員会に勤める公務員相当職，県出先機関からの出向として就業している税務局員，郵便局員等，また教職があげられる。村内における恒常的雇用先の主体は村人民委員会の雇用である。近年公職は給与・給付金が増額され，安定的現金収入と社会保障が確保される魅力的な就職先となってきた。その分，就業に際して高学歴と終日勤務が要求されるようになった。以前公職は実質午前中のみの片手間仕事で，給与・給付金もさほど高くなかったため，中途退職者も多かったが，その当時と比べれば大きな様変わりである。

　その他に，小中高教員，幼稚園・保育園，医師，郵便局や税務署など各上級機関からの出向がある。会社・事務所における就業機会はほとんどないが，若干の店舗における会計係などがデスクワーク主体の就労となるものの恒常的雇用と言えるほど安定した雇用先となっていない。

〈2〉農家経営

　カインフン村の主産業である稲作は村民の生業活動と密接に関連している。本節では主に2001年に行った世帯調査を基礎データとして，村民の経済生活を分析する。2001年の世帯調査は，未曾有の災害となった2000年大洪水からほぼ半年を経過した翌年3月にゴーチャウマイおよびタヌー集落の住民を対象に実施した。入植者集落ゴーチャウマイ集落の3分の1に相当す

る100世帯と「地元民」集落タヌーの2分の1に相当する50世帯の計150世帯である[2]。ただし、稲作収支については2001年の調査では明らかにできなかったため、2005年に行った補足的な世帯調査の結果に基づく[3]。

2-1　農家経営規模

　村全体の農家経営規模は、農地面積を世帯数で単純換算すると、世帯当たり平均農地面積は3.65ha、メコンデルタ平均1ha、また省内南方のカインハウ村0.4haに比して大規模である。2期作大規模経営というスケールメリットを活かした農家経営の特徴を示し、広い農地占有が移住の誘因となっていることが窺われる。

　図4-3は2001年世帯調査結果による占有地面積と移住年の相関を集落別に示している。同図でも明らかなように、実際には、農地を所有せず農村内において雑業に従事する世帯が村内に多く存在する一方、土地法制限を超えた10～20ha規模の大土地所有も存在しており、土地所有規模の偏差が著しい[4]。

　具体的に見ていくと、ゴーチャウマイ集落の農地所有規模は平均1.9haで、最大土地所有面積は18haである。しかし、同集落の土地所有者は57世帯で、かろうじて過半数を占めるに過ぎない。そのうち43世帯は農地を所有せず

---

2)　カインフン村は国境の軍事区域にあり、外国人が立ち入れないことから、南部社会科学院の協力を得た。2000年カインフン村人民委員会で聴取したデータを元に調査票を設計し、集落長が所持していた世帯台帳（世帯主名、世帯人員数が記載）から、それぞれゴーチャウマイ集落では3世帯おきに1世帯、タヌー集落では奇数番で抽出した世帯に面談調査を行った。しかし、大洪水の影響のために両集落とも集住区とその周辺に点在する世帯に偏向していたと推測される。

3)　農業収支については、2005年の世帯調査ではじめて尋ねた。私たちはこの世帯調査を5つの集落で行ったが、村の規模が大きいため網羅性という点では問題がある。訪問した106世帯のうち、非農家が27世帯、また3世帯が農地を貸出し、自作していなかった。したがって、稲作収支は76世帯のデータに基づく。

4)　1993年に公布された土地法では、最大占有面積3haまで、ただし地域事情を勘案するとしている。カインフン村や周辺における世帯当たり占有面積は往々にして土地法基準をはるかに超えている。政府による土地管理事業の進展に伴い、大規模土地占有は世帯内構成員毎の登記分散・相続分割によって土地法制限を回避している。加えて、土地局による土地測量・登記書交付事業の遅れが結果として大規模土地占有を容認することにつながっている。

図 4-3　ゴーチャウマイ集落およびタヌー集落の移住年別農地所有規模分布

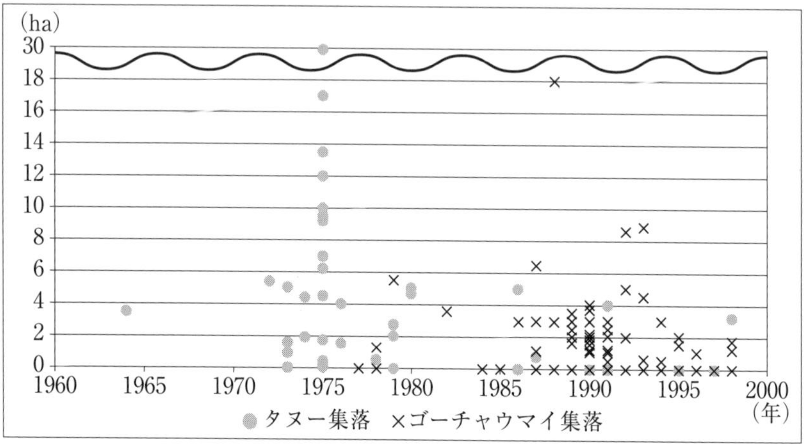

主に集住区の市場近辺で，小商売など農外就労に従事している。他方，タヌー集落の農地所有規模は平均3.7haで，最大土地所有面積は27.9haとなっている。同集落の農地を所有しない15世帯は30％を占めるが，彼らは集住区のゴーチャウマイ集落とは異なり，主に農業雇用労働により生業を立てる土地なし農家が中心である。

　政策入植により成立したゴーチャウマイ集落よりも「地元民」のタヌー集落の方が平均占有面積で2倍もの広さを確保していることからも分かるように，移住年が古いほど規模拡大に有利である。1987～92年にかけての移住者の所有規模が1～3ha前後に集中する傾向が強いのは，入植者に土地を均等に配分した開拓移民政策の名残が色濃く窺われる。ちなみに，ゴーチャウマイ集落の最大規模所有者はバオセン集落から村内移住した「地元民」である。

2-2　農業経営費
2-2-1　土地生産性

　農業経営には，農地保有規模のみならず農地の生産性も影響する。
　生産量は水田等級によって左右し，カインフン村の農地等級は5等級，6等級がほとんどであり，1等級，2等級はない。農地等級は収量に応じた等級別の2005年に廃止された農業税率を決める公定土地指標であるが，農民

間の土地の価値に反映する。実際の収量は毎期ごとに変動するが，村民は「ウチは○等級田だから収量○トン，収量○トンだから○等級田」と暗算する。このように収量は農地の売買・賃貸価格算定の基礎となり，毎期購入する肥料袋数や殺虫剤など，市場価格に連動する営農経費を見積もる上で重要な指標となっている。収量はha当りで算出され，毎季の営農経費に関する収支見積りも村びとの中でおおむね平均化されている。経営する面積に応じてシーズン前に施肥量を算出し営農計画を立てる。収量は年々上昇しており，入植初期の1ha当たり2トン前後から2005年時点で4〜5トンへと2倍以上に増加した。近年は香米と呼ばれる高品質米へと量から質へ転換する傾向がある。

　村成立期に政策移住した世帯は1.5haを「支給」された。夫婦と未婚の子女による核家族で農地1〜1.5haと家屋・屋敷地を所有していれば，生計として成り立ち，副業による農外収入が見込める場合は生計に多少のゆとりが生じるというモデルはカインフン村の一般的な世帯イメージではなかろうか。初期の政策入植者間で均等配分した1.5haという経営規模は経験値による妥当性をもっていたと思われる。

2-2-2　生産財経費

　主な農業経営費として，生産財購入費と農業雇用労賃がある。

　購入する生産財として，種籾，化学肥料，除草剤・成長促進剤・殺虫剤等が挙げられる。

　種籾については，前季に収穫した籾を飯米用とともに自家貯留し次季に利用することが依然として多いが，購入も増えている。シーズン毎に新たに購入した方が良質の種籾を得ることができるという知識が広まってきたことや品種の中には一代限りのハイブリッド種も増えてきたためである。また，飯米分についても，そもそも営農経費の清算に追われることや，運搬・保存・精米の手間がかかる等の理由で，世帯構成員数が少ない世帯では必要に応じて市場で購入することを選択する。

　化学肥料は，もっとも高額な生産財である。1期ha当たり400〜500万ドンほどかかる。肥料代は近年過剰な化学肥料使用を抑制する農業指導があって施肥量も減少しつつある。また，毎季2，3回散布される除草剤や成長促進剤も必須である。虫害発生など農業指導があると，その都度殺虫剤等の薬

剤が使用される。

　農業経営費のほとんどが農業銀行で組む生産ローンと代理店の前借でまかなわれる。農季ごとの農業銀行営農用貸付金は農民の懐に入るとすぐ代理店へ移し替えられる。化学肥料なしの稲作は想像も及ばない村民は，農季初めに化学肥料を経営面積に応じて見積りまとめて購入し，除草剤・成長促進剤はその都度購入することが多い。肥料代は営農経費の中でもっとも嵩むため，代理店で一部を前払いし，収穫後に現金あるいは収穫物で全額決済することが多い。ときに金の工面がつかず，やや安価なヴィンフン市まで少量ずつ買い出しに行ったりするなど，村民はやりくり算段に知恵を絞る。

　土地登記証書を用意したり，申請書など必要書類に記入したりと煩雑な手続きの手間を厭い，農業銀行より利子が高いものの「代理店から借りたから今年は銀行を利用しない」と口にする農民もいる。代理店でのやりとりは融通がきく。口頭のやりとりのみで書面を交わすことはない信用貸しで，収穫後の後払いに利息がつく。但し，実際の収支は異なってくるので，収穫後にあらためて見積り額と比較し ha 当り損益を算出する。例えば，前出カインハウ村では肥料代負担を口にする農民が多いのに対し，ここカインフン村では肥料代よりも耕起から収穫に至る農業雇用労賃の負担の重さについて口にする農民が多く，経営規模の差を反映している。そのため，店主側にとって顧客の経済状況を見定める必要がある。

　このように，村民にとって個人の代理店との日常的なつきあいは数年に一度の借り換え手続きでしか会わない農業銀行よりも優先される。

2-2-3　農業雇用労賃

　農業経営の中で，農業雇用労賃も主要な支出である。耕起，灌漑（ときに排水），薬剤散布，刈取り，脱穀，籾運搬などの経費があげられる。薬剤散布は身体に悪い薬剤を扱うということで，労賃も相応に高くなる。

　農業雇用労働の中でもっとも大きな負担を占めるのは，収穫現場における刈取り・脱穀・籾運搬の一連の作業である。収穫期は雇用する側にとって一時的に雇用の需給バランスにおける需要が逼迫し手間賃が上昇するうえ，天候・増水の自然条件に左右され，まったなしのタイミングで収穫作業を終える必要があるため，人員を手配できるか否かの心配も尽きない。通り雨で稲が濡れただけで刈取り手間が嵩むうえに，売却価格も下がってしまう。加

えて，ドンタップムオイ地域では増水時期に対する心配もつきまとう。2000年大洪水の稲作被害のほとんどが収穫間近の急激な増水で稲が水没したためであった。収穫期になると，経営規模の大小にかかわらずいずれの農家も手配できる人員を総動員する。

収穫された籾米はその場で仲買人に売却され，自家まで運搬する手間をかけない。おおむね翌シーズンの種籾分と自家消費飯米用分の自家貯留分を除いて売却するが，中には自家貯留分をほとんど残さずすべて売却してしまう農家が多くなっている。

農業経営費は，農民間でヘクタール当り平均費用の通念が存在するものの，個々の経営規模や農民自身の才覚によって実際の経費にばらつきがでる。同村では零細規模に相当する1ha前後からそれ未満の経営農家では，家内労働力で済ませ，できる限りの人件費を節約する傾向にある。また，一般に北部出身農家はこまめに生産を管理し，肥料・薬剤代等の経費を節約する。例えば，貯留する種籾分量はヘクタール当たり20kg前後，冬春作より夏秋作の方が多く見積もられる。しかし，緻密な営農をする北部農民と粗放な営農をする南部農民の差がここにも現れる。

《サイザン集落副集落長Vuさん(ハイフン省出身1967年生，2001/3/16聴取)》
「散播についても，南部人はヘクタール当り20kgも撒くが，自分は12kgです。南部人は帰郷してしまって世話をしない。」

種籾・自家消費米分も一切貯留せず収穫分すべてを売却してしまう傾向の南部農民に対して，種籾購入・精米経費を惜しんで細かな節約に努める北部農民の自家貯留分割合を具体的に見ると，種籾貯留分と水利費・脱穀等諸経費分を除いた売却量＝営農収入に，スケールメリットが大きく働いていることが看取される。核家族構成が主体のカインフン村では自家消費米貯留分は世帯間でほとんど差がない。収量が高い冬春作では自家貯留分割合が低めとなるが，水田面積1ha以下では3割以上，ときに5割に達するのに対し，約2ha以上の農家では1割台と低くなる。

2-3 稲作農家の経営形態

営農形態として，稲作のみの単一経営農家は少ない。養豚や肉用牛などの畜産や農業機械の賃貸や受託などと組み合わせる，準単一複合経営農家や複

表 4-1　稲作農家の経営形態

	世帯No	農地(ha)	生業形態			
			1	2	3	4
1	GCM 1	0.5	営農	脱穀機賃貸		
2	GCM 2	2	営農			
3	GCM 3	3.7	営農	耕運機賃貸		
4	TN 1	1.6	営農			
5	TN 2	2	営農	養豚（2）	大型耕運機賃貸	
6	TN 3	4	営農	脱穀機賃貸		
7	TN 4	4.4	営農			
8	TN 5	5	営農	養豚（4）		
9	TN 6	5	営農	養豚（6）	育牛（4）	
10	TN 7	5.4	営農			
11	TN 8	6.2	営農	育牛（3）		
12	TN 9	9.2	営農	養豚（4）	育牛（15）	脱穀機賃貸
13	TN 10	9.2	営農	育牛（4）	大型耕運機賃貸	脱穀機賃貸
14	TN 11	13.5	営農	養豚（1）	大型耕運機賃貸	脱穀機賃貸

注：GCM はゴーチャウマイの略。TN はタヌーの略。以下の図表も同様。カッコ内は数を示す。

合経営農家が大半を占めている（生業の多角化は後項において詳述する）。表4-1は，「労賃俸給など農外収入がない」と回答した専業農家14世帯の生業形態を表している。その内訳はゴーチャウマイ集落3世帯，タヌー集落11世帯である。村民によると専業農家で「やっていける」経営規模は1～1.5haである。それを基準にすると，同表ではゴーチャウマイ集落の1例を除くほぼ全ての世帯が「やっていける」規模の農業経営地を保有している。とりわけ土地法制限3haを越えた規模の大きい世帯が2集落併せて10例と大勢を占めている。このことは，専業経営を可能ならしめているのがスケールメリットにあることを示している。

　稲作のみの単一経営農家は4世帯である。また，稲作以外に牛・豚を飼育する準単一複合経営農家は7世帯である。その他，脱穀機・耕運機などの生

産機械を所有している農家も7世帯ある。前述のゴーチャウマイ集落における零細専業農家（0.5ha 所有）も脱穀機1台をもち，農業生産機械を自家使用のみに限定せずに賃貸して収入を得ている可能性がある。稲作，畜産と農作業受託の複合的な生業形態をとる農家はタヌー集落に限られており，そのほとんどが経営土地面積も広く，多角経営により収益を増大させていることが分かる。

　経営形態は居住形態に反映する。農業経営を稲作に特化すると，農閑期となる水の季節をどう過ごすかがネックとなり，その時期はカインフン村に定住せず母村に帰る出稼ぎ型営農になりやすい。第5章のカインハウ出身者例で詳述するが，開拓地への政策入植の先駆けとなったカインハウ村民に代表される南方各県からの移住者は循環移動による出稼ぎ型営農，いわゆる両居世帯として稲作に特化した。それゆえ，カインフン村での営農に失敗すると，最終的決断として離村を促す（その多くは帰村）要因となっている。

　同村におけるもう1つの営農パターンとして，農地賃貸がある。後述する公職者をはじめ，両居世帯もまた農地をしばしば委託・貸付するため，農地を所有しないか零細規模の農家が専業化して農業経営する条件となっている[5]。農地経営規模の偏差が大きく，また調査時に帰村していた両居世帯も多いため，実数を把握できなかったが，耕地の借入れ・受託による営農は比較的多いと思われる。これらは必ずしも「地主―小作関係」を意味しない。そもそも耕地所有者の農家も自身を「地主」とは考えていないのは，社会主義政権下にあって経済階級を想起させる関係は禁忌であり，またその経験をしたことがない世代になって久しいこともあるが，何よりも農地の貸借・委受託はもっぱら所有者側の都合により発生し，固定した地主―小作関係につながらないからである。

　耕地の貸付けの大半は，日常的に業務で忙しく，農業経営全般にタッチで

---

[5]　実際にはカインフン村で所有規模を問う設問はあまり有効ではない。農地所有規模は必ずしも経済階層差の決定要因とはならない。むしろ可処分所得の大小とそれによる資産（不動産・動産）の蓄積が貧富の指標として有効と思われる。経営主体として営農しているか，雇用されているか，あるいはその混合であるかが個別世帯の農家経済にとって重要であり，所有規模は必ずしも世帯経済レベルに一致するわけではなく，経営規模こそが経済レベルに関連する指標となる。これは Hickey による経済階層分析が所有規模ではなく経営規模によってクラス分けされていたことの再現であるといってもよい。

表4-2 非稲作農家の農業経営状況

	世帯 No.	移住年	生産地（ha）			その他
			畑地	林業地	養魚池	
1	GCM 1	1992	0	0	0	養豚（2）
2	GCM 2	1993	0	0	0.05	
3	GCM 3	1994	0	0	0	養魚・養豚(3)
4	GCM 4	1995	0	0.5	0	
5	GCM 5	1997	0	0	0.05	
6	TN 1	1973	0	0	0	漁労・養魚
7	TN 2	1973	0.4	0	0.18	
8	TN 3	1975	0	0	0.04	
9	TN 4	1979	0	0	0.1	
10	TN 5	1997	0.2	0	0.1	

注：カッコ内は数を示す。

きない村の公職者や自営業者などの場合である。他方，一定の作業委託の大半は，家内労働力不足に陥りがちな核家族（夫婦と未婚の子女），農地が住居から比較的遠距離にある農家，そして循環移動を季節ごとに繰り返す両居世帯などによって選択される。彼らは，さらにより多くの農業雇用労働力を必要とする。耕地の貸借契約は1年あるいは数年間結ばれるが，農作業の委受託は毎季ごと結ばれる。耕地の貸借関係を結ぶ場合，必ずしも親族同士とは限らない。スケールメリットを生かした農家経営がいまだ可能となっているカインフン村では，このような貸付地・農機具による農作業受託・農業雇用労働者をめぐる多大な農業機会の需要が周辺地域から同村への新たな流入・定住誘因の1つともなっている。

　稲作以外の農林水産業関連業種についても若干ふれておく。2001年3月世帯調査では，水田をもたないが畑地，林業地，養魚池をもつ，あるいは漁労・養豚を行っている世帯が，ゴーチャウマイ集落5世帯，タヌー集落5世帯となっている。とくにドンタップムオイ地域の伝統的生業とも言える漁労については，8世帯が養魚・漁労に従事している。畜産については，養豚がゴーチャウマイ集落で2世帯ある。林業については，1世帯が500m^{2}を植林して

いるにすぎない。カインフン村ではもっぱら屋敷地や畔にユーカリ樹をめぐらしたり，水田に適さない水が溜まる低地にチャム樹を植林したりして，自家用建設材・薪としている[6]。

以上，稲作経営をしていない世帯の農業経営について見たが，前述の稲作農家の多角経営と比べると，規模も種類もかなり見劣りがする。おそらくバオセン集落など高い砂地のある集落ではもう少し畑地が多いはずであるが，2001年の世帯調査では把握するのが難しい。しかしながら，カインフン村が全般的に稲作を基幹産業とすることは確かである。

2-4 農作業受託

カインフン村の主産業となる大規模稲作，そして中央政府による集中インフラ投資は村内，周辺，さらには省外，そして隣接するカンボジアからの移住を促す誘因となっている。ゴーチャウマイ，タヌー集落で何らかの農作業受託に従事していると回答した世帯は，ゴーチャウマイ集落で25世帯，タヌー集落で10世帯である。

農作業受託の職種は大きく単純労働と技術職種とに分けられる。単純労働は，表4-3で示すように，日雇いの農業雇用労働および籾米の運搬である。

表4-3 農作業委託のしくみ

作業内容	支払い方法	算出方法
ポンプ灌漑	籾米・現金支払い	排水：時間換算，灌漑：面積換算
耕起 荒起こし	現金支払い	夏秋作ではしない
耕起 地ならし	現金支払い	
播種	現金支払い	ヘクタールあたり2人
除草剤散布	現金支払い	毎期3～4回散布
稲刈り	現金支払い	
稲籾運搬	現金支払い	重量換算
脱穀	籾米支払い	稲束換算

---

6) 強酸塩性土壌でも栽培可能なチャム樹や耐乾性のあるユーカリ樹が戦後すぐの国営農場や現在でもドンタップムオイ地域一部で大掛かりに栽培されている。

一方，運転免許などが要求される農作業受託としては，耕運機やトラクターの操作である。大抵の場合，脱穀機のような農機具のリースと異なり，耕運機の所有者が作業を請け負うため，その分の労賃も上乗せされている。
　表4-4はゴーチャウマイ集落とタヌー集落の雇用労働状況を示している。農業雇用労働に従事する世帯は，ゴーチャウマイ集落で14件，タヌー集落で7件である。耕運機操作はタヌー集落で3件ある。その他，市場が近く，村の中心であるゴーチャウマイ集落は機械修理等の職工5人，バイクタクシー2人，トラック運転手5人と多業種にわたっており，商業性がより強くなっている。行政の中心ゴーチャウマイ集落はサービス業が優越するマチ的性格が強いことがわかる。
　実際に2001年3月の世帯調査では，ゴーチャウマイ，タヌー集落とも世帯単位ではいわゆる農村内雑業世帯の多就労形態が多く，必ずしも「土地なし農民」と呼ばれる農地を所有しない世帯のみに限定されず，恒常的雇用員を抱える世帯においても複数の経済活動を行っている。逆に，「土地なし農民」においても必ずしも最貧困層とはいえず，多就労形態による現金収入では専業農家以上，あるいはそれと伍する世帯もある。
　職種別獲得収入を見ると，もっとも多い農業雇用労働では，2001年当時のタヌー集落の回答で40代半ばの男性が日当1万ドンと換算して月収を回答している例があがっており，年齢・作業内容・労働市況による差異はあれ1万〜1万5千ドンが平均値と思われる。重労働とみなされる荷担ぎは農作業よりも高く2万ドンである。職工の一人当たり月収は10万〜25万ドンである。
　機械操作の技術職系では，耕運機操作で30万ドン〜120万ドン，自動車運転手で20万ドン〜450万ドンと同業種内の格差が大きい。臨時雇用種に分類されているが，操作機械を自前で所有している自営業ではないかと思われる。

表4-4　農業・非農業雇用労働

集落	総人数	農業雇用	荷担ぎ	その他	職工	耕運機	バイクタクシー	運転手
GCM	25	14	1	1	5	0	2	5
TN	10	7	0	0	0	3	0	0

2-5　稲作収支

　それでは 2005 年時点の稲作農家の経営収支についてみていこう。この時点では，すでに土地の値段が高騰し，村内で新たに買い足すことは極めて困難な状況にあった。そのような状況で 2000 年代に土地を購入できる層は，主に稲作から得た収益を土地に投資することができる富裕層であり，一方 1ha にも満たないマージナルな経営をする層も存在している。同調査の結果によれば，最も広い経営面積を保有する農家は 25ha で，バオセン集落に住む「地元民」である。一方，最も狭い経営面積は 0.5ha で，カーチョット集落とバオセン集落に 1 世帯ずついる。このように，辺境の村の農業経営は格差の大きなメコンデルタの一端を反映している。

2-5-1　稲作収入

　前述したように，カインフン村の稲の収量は全般的に夏秋作よりも冬春作の方が若干多いが，地片によってもかなりばらつきがある。夏秋作で最も収量が低いのはバオセン集落の 1.25 トン /ha で，最も収量が高いのは同じくバオセン集落とサイザン集落の 6 トン /ha であった。一方，冬春作ではバオセン集落の 1.75 トン /ha が最も低く，同じくバオセン集落とサイザン集落の 7 トン /ha が最も高かった。このように，一般的傾向として冬春作は 2 割ほど収量が高いが，図 4-4 では 1 期当たりの平均販売量を示す。

　大方の農家は収穫した籾米を全て売却し，現金に換えるが，中には飯米用

図 4-4　1 期当たりの籾米販売量　　単位：トン

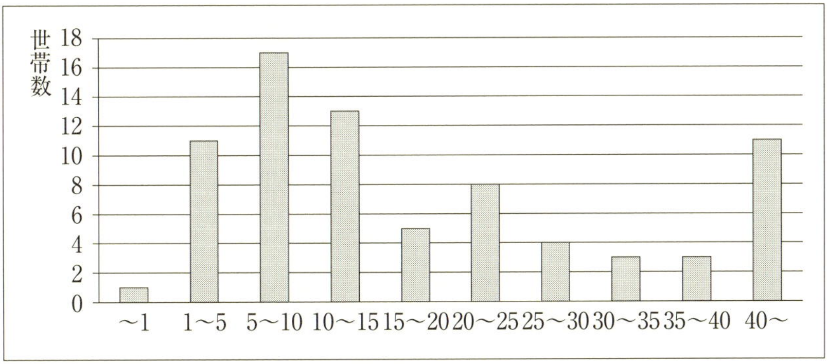

出所：2005 年家計調査に基づく（以下の図も同様）。

と次期の種籾用に備蓄する農家もある。大別すれば，両居型の出稼ぎ農家は前者がほとんどで，地元民と北部出身入植者の中に後者を選択する者がかなりいる。

さらに，籾米の買い取り価格も収入に大きく影響してくる。籾米の多くは業者が農家と直接交渉し価格を提示する。作柄にもよるが，同じ品種の場合，乾燥の程度に応じて価格が決まる。よく乾燥していれば高く，生乾きであれば低い。価格帯はほぼ2,000ドンから2,400ドンの間に集中しているが，中には1kg当たり3,600ドンの高値で売却する農家（サイザン集落）もいる。この籾米は主に種籾用に作付けされ，飯米用の平均価格の2倍の付加価値が

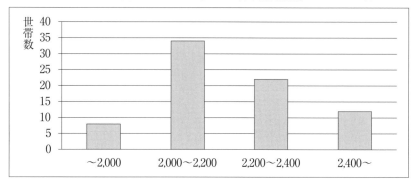

図4-5　1キロ当たりの籾米販売価格　　　　単位：ドン

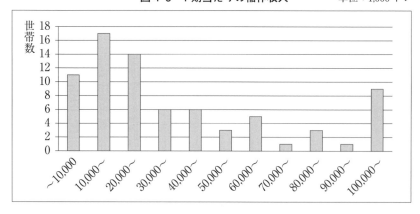

図4-6　1期当たりの稲作収入　　　　単位：1,000ドン

ある。この農家は，後に第Ⅱ部第6章で触れる「種籾生産協力チーム」を主導した人物である。

したがって，図4-6に示すように，農家の稲作収入もかなり大きな開きがでてくる。基本的に，稲作モノカルチャーの新経済村においては，経営面積に応じた稲作収入の違いが農家の階層を分ける。

稲作収入が3,000万ドン未満の農家は全体の過半数を占める（54%）のに対し，稲作収入が1億ドン以上にも上る農家も全体の12%を占める。興味深いのは，25haの最大の経営面積によるスケールメリットを享受する農家が最も収入が高いのはわかるとして（1期当たり約2億5,700万ドン，年間では5億1,400万ドン），その金額に迫るのが，経営面積が10haでしかないものの，付加価値の高い種籾販売で収入を伸ばすサイザン集落の農家の収入（1期当たり2億1,000万ドン，年間4億2,000万ドン）である。スケールメリットのメコンデルタの「地元民」，そして紅河デルタではお馴染みの，集約農業に勤しむ北部出身移住民の特徴がよく表れている。

2-5-2 稲作支出

2005年農家経済データによると，稲作支出は図4-7の通りである。稲作支出の内訳は種苗，農業薬剤，農機具使用料，農業雇用労賃である。農家支出で大きな差が出る要因としては，バオセンとサイザン集落の農家の多くは

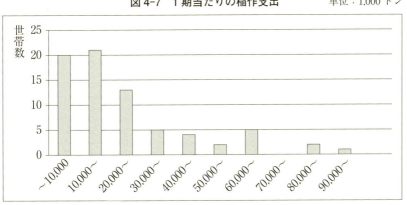

図4-7　1期当たりの稲作支出　　　　単位：1,000ドン

注：76世帯の農家のうち，支出データが不明な3世帯を除く73世帯の分布を示す。

種籾を備蓄し，次期の作付けに回すことで種苗代を抑えているということである。種苗は1ha当たり200～250kgが必要であり，飯米として販売用の籾米価格に比べて割高である。

また，多くの農家から得た回答は，農機具（耕運機や脱穀機）使用料と労賃を合わせたものが多い。種苗や農業薬剤は自分で代理店から購入しなければならないが，機械のリース（操作者も含む）も農業雇用労賃も彼らの中ではサービス経費として認識されている。一般的な農作業は，直播，苗の間引き，除草，農薬・化学肥料の散布，収穫，籾米の運搬など稲作全般に及ぶ。

収益でみると，先ほどのバオセン集落の最大土地保有者（25ha）は1期当たり1億6,525万ドン，年間では3億3,050万ドンを上げるのに対し，サイザン集落の集約農業で種籾を生産する農家は1期当たり1億84750万ドン，年間では3億6,950万ドンに上り，前者を凌いでいる。

一方で，稲作経営だけで見ると明らかに赤字経営となっている農家も73世帯中12世帯（16％）ある。これらの農家では，野菜栽培，養豚や漁労などの諸収入，そして農作業受託（農機具リースを含む）などの農業サービス収入を得ている。さらに，全般的にみると，後述するように商工業・俸給などの農外収入を得て生計のバランスをとっている兼業農家が多い。これらの現象は，農地取得が困難な状況における所得向上の戦略を表しているとみてよい。

〈3〉生業の多角化

世帯内で複数名がそれぞれ別個の生業に従事する，あるいは個人が複数の農外就業に従事する兼業形態は東南アジア農村に一般的に見られる形態であるが，それはカインフン村にも当てはまる。むしろ兼業が，このドンタップムオイ地域に定住する条件ともなっている。生業の多角化は，当該地域における稲作のリスク分散と水の季節の失業を避けるために欠かせない。極めて短期間で業種が遷移することや世帯毎に多様な複合形態が見られるため主生業を見定めることは難しいが，本節では賃金や俸給を獲得する手段としての農外就労形態を中心にその実態を概観していく。

3-1 公職との兼業

　職種として村幹部，教員等の公職従事者を含む世帯が，ゴーチャウマイ集落で20例，タヌー集落で12例ある。世帯主年齢は30歳代12戸，40歳代6戸と30～40代に集中し，男性が多く，女性は6名しかいない。村中心で集住区を主体として構成されたゴーチャウマイ集落と隣村フンディエンA村集住区と水路を隔てて近接するタヌー集落はいずれもカインフン村内の「マチ」となっており，「農村ホワイトカラー」層が居住する空間である。彼らは恒常的雇用による現金収入が定収として保障され，傍ら農地を委託し，その多くは家族あるいは自身が自営業を営んでいるため複数の現金収入をもち，生計の余裕があり，いわば村のホワイトカラー層を形成している。

　全ての公職世帯が屋敷地をもっている。ゴーチャウマイ集落では購入が17例，支給・賃貸が2例，開墾が1例，購入はとくに98～99年に集中し，12例が屋敷地面積800m^{2}にほぼ平準化され，分譲型の集住区居住が明瞭である。タヌー集落でも，購入4例，支給・賃貸4例，屋敷地面積は2,000～3,000m^{2}とゴーチャウマイ集落より広いものの平準化され土地利用計画による区画へ居住していることが窺われる。

　これら公職者世帯の経済状況を以下に考察する。

3-1-1　兼業農家型：公職＋営農

　農地所有最大規模は，ゴーチャウマイ集落で18ha，タヌー集落で12haであった。土地法基準の3ha以上所有がゴーチャウマイ集落で8例，タヌー集落で4例である。しかし，最大所有規模は両集落とも地元民出身者である。

　カインフン村では成立当初から90年代初めにかけて農地支給優先枠というインセンティブを設けて，幹部・技術者などテクノクラート層を積極的に勧誘していた。表4-6に示すように，「優先枠」で土地を取得した世帯がゴーチャウマイ集落で7例，タヌー集落で2例ある。農地の支給年の内訳は，ゴー

表4-5　公職兼業農家の農地所有規模

農地保有	ゴーチャウマイ集落	タヌー集落
最大規模（ha）	18	12
平均	3.2	2.6
3ha以上	8例	4例

表 4-6　公職兼業農家の農地集積傾向

	GCM	TN
農地あり	15	9
支給	7	2
支給年	88/90/91/94/97	80/82
農地なし	5	3
屋敷地あり	20	12
購入	17	4
購入年	89/91/95/96/98/99/2000	75/85/87/97
支給・賃貸	2	4
開墾	1	2
相続	0	2

　チャウマイ集落の7世帯の場合，村成立期の1988～91年，すなわち政策移住に伴う時期に集中するが，それ以外の90年代半ばにも支給されるケースもみられる。一方，地元民タヌー集落の場合は，それ以前，すなわちカンボジア紛争が終結した1980～82年に遡り，カインフン村の前身フンディエンA内の一集落として形成途上であった頃に支給されている。興味深いのは，地元民も優先枠という国家政策の恩恵を受けていたということである。2001年世帯調査では，他の地元民バオセン集落にアプローチできなかったが，おそらく同集落出身の幹部たちもタヌー集落と同様な傾向がみられたと思われる。カインフン村成立以前の国境に接する行政村のあり方を理解する上で有益であろう。

3-1-2　非農家型 ── 公職＋農外就業

　公職世帯のうち，農地をもたない世帯の多就労状況は表4-7に示す通りである。公職世帯のうち，農地をもたない世帯はゴーチャウマイ集落で5例，タヌー集落で3例の合計8例である。

　公職では県レベル機関が直接雇用する郵便局や給水公司職員の給与は35万ドンと村レベル25万ドンよりも高い。主たる生計を公職に依拠している世帯は1例のみであり，それ以外は日雇いあるいは何らかの自営業を行い，生計の3～5割を稼いでいる。8例のうち4例が自宅もしくは市場周辺で常設店舗を構え飲食材販売を行っている。

表 4-7 非農家公職世帯の多就労状況　　　　単位：ドン

	世帯 No.	俸給	商売	労賃	総収入	内容（公職除く）
1	GCM 1	250,000	0	600,000	850,000	農業雇用（4）
2	GCM 2	360,000	400,000	4,500,000	5,260,000	飲料水販売，運転手
3	GCM 3	350,000	650,000	0	1,000,000	飲料水販売
4	GCM 4	242,000	0	300,000	542,000	農業雇用
5	GCM 5	242,000	300,000	300,000	842,000	生鮮食材販売，農業雇用
6	TN 1	242,000	0	300,000	542,000	農業雇用（3）
7	TN 2	242,000	0	0	242,000	養魚
8	TN 3	242,000	100,000	100,000	442,000	飲食業，農業雇用

3-2　自営業

　本項では商工業と零細加工業は自営業種として一括する。しかし，自営業といっても市場周辺やメインロード沿いなどに店舗を構えた自営業，村市場内に出店する自営業，市場や路上で仮設の小店を出す行商など，その形態は極めて多様である。主に店舗の有無と規模，それに関連して恒常的活動か否かによって大きく異なる。店舗はおおむね自宅兼用である。市場内やその周辺で商いをする場合，村人民委員会の許可を必要とし出店料を支払う必要がある。前項で挙げた公職者世帯が市場周辺で商売を行うのも，公職故に許可が得やすいからである。

　「マチ」的空間としてのゴーチャウマイ集落の発展を示すのが，表4-8 に示した農外収入である。ゴーチャウマイ集落の方がタヌー集落よりも高所得傾向にある。最低所得は20万ドン台でゴーチャウマイ，タヌー集落とも大差なく，平均所得ではゴーチャウマイ集落の方がタヌー集落より30％近く高い。最高所得ではゴーチャウマイ集落の方がタヌー集落の4倍以上の高所

表 4-8　農外収入の比較　　　　単位：ドン

	ゴーチャウマイ集落	タヌー集落	全体
最高金額	5,260,000	1,200,000	5,260,000
最低金額	200,000	242,000	200,000
平均	804,483	565,067	804,483

得を示しているが，これはゴーチャウマイ集落に突出した高所得世帯がいるためである。前章でふれたように，村の中心ゴーチャウマイ集落，隣村集住区に隣接するタヌー集落のマチ性に対し，その他3集落はいわば郊外農村を呈しており，その集落間経済格差は無視できない。

3-3　多角経営

　カインフン村において最も安定した家庭経済を営むパターンは，同村の基幹産業である稲作の単一経営を行う傍らで，多様な農外就業を組み合わせる多角経営のパターンである。同地の生態的環境が農業の複合経営には不向きであることから，多くの世帯は不確実なリスクを回避するため，努めてなるべく多種多様な農外就業の機会を得て多角経営に乗り出そうとする。あるいは，公務員としての俸給を得ながら商売を手広く展開することで，安定的に現金収入を得るというパターンがある。

　表4-9は，ゴーチャウマイ集落とタヌー集落において多角経営を行っている公務員32世帯の多角経営状況を示している。生計を公職のみに依拠する世帯は上記したタヌー集落の1戸だけであり，その他は営農あるいは商業・加工業・農作業受託（農業雇用労働と農機具運転）など幾つか農外就労に携わっている。業種としては，ゴーチャウマイ集落では商業・零細加工業が大半を占めており，公職者は村市場周辺の営業権，集住区区画を優先的に取得可能なため，夫が公職に就き，妻が村市場周辺で商業活動に従事するパターンが一般的であることが分かる。一方，地元民タヌー集落では農業雇用労働が多い。この表からは，農地をもたない世帯が必ずしも最貧困層に位置づけられるとは限らないものの，収入源が多い世帯ほどより高収入を獲得しているという傾向が窺える。

　すなわち，農村内ホワイトカラー層を成す公職者世帯は農地を集積し，生計に余裕がみられ，公職＋営農＋自営業という生業の多角化を常態としていることが看取される。

〈4〉　家族の経済戦略としての移住

　本節では，「移住」が及ぼした家庭経済の影響を考察していく。前述したように，カインフン村村民は，本村出生者を除きほぼすべてが移住者で構成

表 4-9 公務員世帯の多角経営状況　　　　　　　単位：ドン

	世帯 No.	農地 (ha)	公職	商業	手工業	農作業	総収入
1	GCM 1	2	242,000	0	0	0	242,000
2	GCM 2	1.3	300,000	0	0	0	300,000
3	GCM 3	2.5	350,000	0	0	0	350,000
4	GCM 4	3.5	400,000	0	0	0	400,000
5	GCM 5	0	242,000	0	0	300,000	542,000
6	GCM 6	5.5	600,000	0	0	0	600,000
7	GCM 7	1	350,000	450,000	0	0	800,000
8	GCM 8	3	317,000	0	500,000	0	817,000
9	GCM 9	0	242,000	300,000	0	300,000	842,000
10	GCM 10	1.5	242,000	600,000	0	0	842,000
11	GCM 11	0	250,000	0	0	600,000	850,000
12	GCM 12	0	350,000	650,000	0	0	1,000,000
13	GCM 13	1	1,000,000	0	0	0	1,000,000
14	GCM 14	3	400,000	1,000,000	0	0	1,400,000
15	GCM 15	1.1	400,000	1,000,000	0	0	1,400,000
16	GCM 16	12	1,100,000	0	300,000	0	1,400,000
17	GCM 17	4	600,000	900,000	0	0	1,500,000
18	GCM 18	5	500,000	800,000	600,000	0	1,900,000
19	GCM 19	18	100,000	0	0	4,000,000	4,100,000
20	GCM 20	0	360,000	400,000	0	4,000,000	4,760,000
21	TN 1	3.5	140,000	0	0	0	140,000
22	TN 2	0	242,000	0	0	0	242,000
23	TN 3	2	260,000	0	0	0	260,000
24	TN 4	0.9	300,000	0	0	0	300,000
25	TN 5	12	300,000	0	0	0	300,000
26	TN 6	0.7	170,000	0	0	150,000	320,000
27	TN 7	0	242,000	100,000	0	100,000	442,000
28	TN 8	0	242,000	0	0	350,000	592,000
29	TN 9	5	150,000	0	0	500,000	650,000
30	TN 10	2.7	100,000	0	0	600,000	700,000
31	TN 11	0.3	600,000	0	0	400,000	1,000,000
32	TN 12	4.5	850,000	500,000	0	0	1,350,000

されるからである。移住は家族の経済戦略である。移住は家族経済にとってどのような変化をもたらしたのだろうか。個々の入植者世帯の移住による成否を前出2001年3月世帯調査の結果から検討してみよう。

4-1 移住前後における経済状況の変化

　移住による経済状況の変化を示す指標として，農地の資産価値については，面積はもとよりその市場価値を勘案せずに単純な比較はできないが，農地占有規模の増減が一定の目安としてあげられる。表4-10に示すように，移住前後における農地面積の増減をみると，「移住経験あり」と回答した139世帯のうち，移住前より農地面積が増加したのは79世帯で，全体の6割近くを占めた。この79世帯のうち58世帯（73％）が移住によってはじめて農地を取得している。また，移住元の農地を売却し，おそらくは移住元を完全に離村したであろう例が12世帯あった。その一方で，依然として移住元に農地を保有し家族の一部を住まわせ，自らは循環移動する両居形態にある例が4世帯となっている。他方，80年代後半以降では「集団農業制解体の際に旧地主あるいは合作社に返還した」と回答した世帯が合わせて9世帯になっている。農地面積が増加した世帯のうち，最大の増加面積は17.9haで，平均

表4-10　移住前後の農地占有面積の変化　（戸）

全体	139（世帯）
増加	79（56.8％）
うち，農地なしから取得	58
移住元で売却	12
返還	9
移住元で占有	4
増減なし	40（28.8％）
うち，農地なし	39
移住元で占有	1
減少	18（12.9％）
うち，売却	11
放棄	5
子へ分与	1
不明	1
不明	2

2.9ha, 最小0.2haとなっている。

　「農地面積の増減なし」と回答したのは, 移住前後とも農地を持たないいわゆる土地なし農民がほとんどである。一方, 農地面積が減少した例については, 「移住元の農地を売却した」と回答した例が11世帯あり, タヌー集落住民で75年前後に移住してきた5世帯は, 「戦乱のためカンボジアで占有していた農地を放棄した」と回答した。

　移住前後の世帯経済に係る変化要因として, 農地のほかに屋敷地の資産価値についても考慮しなくてはならない。家屋については, 茅屋ニッパ葉屋根葺きの簡易タイプから「恒久家屋」と呼ばれる煉瓦・セメント塗り家屋建築が定住指標となる。表4-11に示したように, 全世帯が現在何らかの屋敷地上に家屋を建築しているものの, 水路脇土手上杭上家屋とゴーチャウマイ集住区区画では市場価値をまったく異にする。前述したように2001年3月世帯調査はゴーチャウマイとタヌー両集落集住区近辺で行われた。屋敷地なしと回答した世帯には堤防上に住んでいたからと回答した例が2例あった。

　表4-11によれば, 移住元で自身の住宅があったと回答したのは107世帯で, 大別して現存しているのが48例, 売却・放棄など処分したのが61例となっている。複数回答があるので, 単純に比率を比べられないが, 6割近くの世帯が農地だけでなく住宅も処分して移住をしてきたものの, 半数近くが住宅を何らかの形で維持している。特徴的なのは, 以前の住居を「親・きょうだいが居住している」と回答した世帯が4割近くを占める点である。すなわち,

表4-11　移住元での住宅の状況

全体	139（世帯）
あり	107
うち親が居住	37（37.4%）
うち弟妹が居住	3
うち維持	5（7.5%）
うち子へ譲渡	3
うち売却	34（31.8%）
うち返還・放棄	27（25.2%）
なし	13
不明	19

拡大家族で同居していた夫婦が移住をきっかけに世帯分けし，独立したとみることができる。このように，移住による経済状況の変化において重要な移住誘因は独立であり，とりわけ増減なし世帯が顕著に示しているのは世帯分けによる独立住居の獲得であることが窺える。

4-2　農地取得手段

　前項でみた移住元の農地を売却しカインフン村で農地を買い替えた例に見られるように，同村が開発年数を経るにつれて農地獲得手段は支給から購入へ，現在は代替りを迎えて相続というように推移している。

　移住者である村民の農地取得は，開墾，支給，購入，相続による。開拓移住には，前章で述べたように，あらかじめ支給された一定規模の土地を開墾する政策移住形態と，開墾後に土地占有の申請を行う自由移住形態があった。本節では前者を「支給」，後者を「開墾」と呼ぶ。「支給」には政策移住のほか，村成立当初の人材確保のために軍属，公職，教職，医師や技師等の専門技術職に就任した者に対して行われた土地支給も含まれる。

　移住に際しての農地取得手段をみてみよう（図4-8）。

　2001年3月世帯調査結果にみる農地取得では，ゴーチャウマイ集落において購入歴をもつ例が45例で，農地取得方法の58%を占めている一方，タヌー集落では11例，22%と少ない。うち，購入のみはゴーチャウマイ集落で25例，タヌー集落で5例であった。その他は「開墾」「支給」「相続」で獲得した農地に追加購入した事例である。ゴーチャウマイ集落は政策入植者の入植地として設立され，村中心として公共機関が集中している経緯を反映し，「支給」が17例ある。一方，タヌー集落では，「開墾」が主であるが（29例），「支給」も8例ある。

　世帯単位の家族形態は核家族が圧倒的であるため，3世代以上の拡大家族による土地集積という現象は顕著には見られない。農地を所有しない世帯が多く滞留する，農地経営規模の偏差が大きい，購入による農地取得が多い，の3特徴はメコンデルタ農村の土地集積について通常言及されるものである（高橋2006，山崎2004）が，カインフン村においても同様の農地集積が発生していることを意味するだろうか。メコンデルタで一般的に言われる大規模占有は近年まで盛んに行われていた開墾事業による農地集積が大きな要因となっている。しかしながら，カインフン村ではすでに開墾による農地取得

図4-8 移住後の農地取得方法

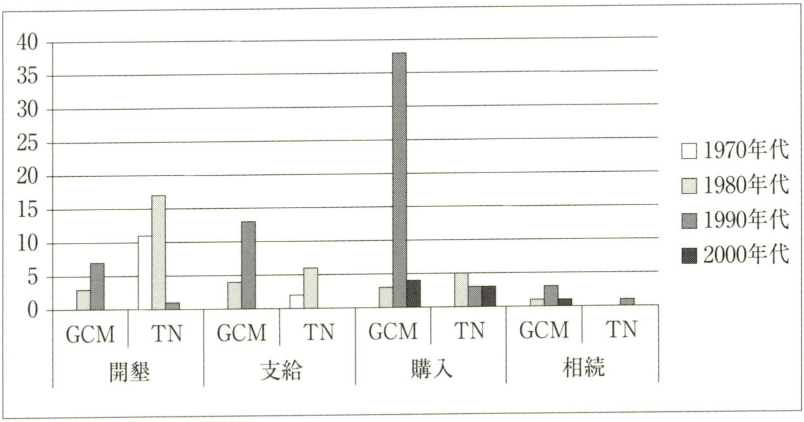

は過去の歴史となり，新規参入者は購入が大半を占めている。また，入植第1世代から子どもたちへ世代交代が始まっていることが，相続による農地取得が表れていることから窺える。

いずれの移住形態においても労働力の余裕に応じて「いくらでも開墾できる」時代が90年代前半まで続いたが，90年代半ばになると村内未耕地の減少，土地登記の徹底化，農業税・水利税徴収の開始が相まって，新規参入者による土地取得は開墾から購入へと転じた。

村内における農地集積の結果としても，カインフン村の農地割当面積4,665haのうち実際の作付面積は4,000ha前後であり，水利等生産条件が悪いとはいえ開墾の余地がまったくないとも思われない。1997～98年にゴーチャウマイ集落で開墾の例が世帯調査にあがっていることから，これら農地を保有しない世帯はむしろ他の経済要因によって営農を選択しなかったと推測される。

また，相続による農地取得という移住世帯の世代交代が表れ始めている。

4-3 離村・新規参入・人員交替

2001年3月の調査結果を2005年村が行った現住悉皆調査と照合すると，そのわずか5年間に挙家離村した可能性があるのは14世帯であった。2001年の世帯調査は網羅調査ではなかったし，他の3集落については照合のデー

第4章 経済生活 147

タがないので,実際に離村した世帯は全体でかなりの数に上ると思われる。2001年,2005年世帯調査とも調査時点で村内に現住している世帯が対象となっており,住民登録,戸籍とは必ずしも合致しない。ゴーチャウマイ集落で9世帯,タヌー集落で5世帯が5年間のうちに離村しており,その割合は2001年調査対象世帯の1割に及ぶ。移住年から10年以上経過して離村している。

表4-12及び表4-13で離村世帯の2001年当時の経済状況を検討する。

ゴーチャウマイ集落では,農地を所有し公職あるいは代理店などを経営する定住志向が高いと思われる世帯からも離村が発生している。表4-13では定住志向の指標の1つである住居状況において,集住区区画を購入している可能性が高い世帯も5例ある。

一方,タヌー集落の離村世帯はすべて農地を所有せず,主たる生業を零細商業,臨時雇用に寄っていた。

表4-12 2001年から2005年の間に離村した世帯

	世帯No.	世帯員数	世帯主 性別	世帯主 年齢	移住年	農地 (ha)	宅地 (m^2)	住宅 (m^2)	家屋種類
1	GCM 1	3	女	47	1995	0	80	80	ニッパ葦屋根葦屋
2	GCM 2	3	男	34	1990	0	28	28	煉瓦家屋
3	GCM 3	4	女	53	1987	0	150	150	ニッパ葦屋根葦屋
4	GCM 4	3	男	57	1993	0.6	200	75	ニッパ葦屋根葦屋
5	GCM 5	3	女	29	1995	1.5	80	80	トタン葦屋根葦屋
6	GCM 6	4	男	31	1992	2	90	90	煉瓦家屋
7	GCM 7	4	男	36	1991	2	80	80	トタン葦屋根葦屋
8	GCM 8	3	男	35	1990	2	80	56.4	トタン葦屋根葦屋
9	GCM 9	2	男	43	1993	8.85	180	80	煉瓦家屋
10	TN 1	7	男	59	1995	0	400	40	ニッパ葦屋根葦屋
11	TN 2	7	男	42	1975	0	4,000	30	ニッパ葦屋根葦屋
12	TN 3	2	男	47	1997	0	100	30	ニッパ葦屋根葦屋
13	TN 4	4	男	31	1991	0	100	60	ニッパ葦屋根葦屋
14	TN5	7	男	42	1975	0	3,000	60	トタン葦屋根葦屋

表 4-13　2001 年から 2005 年の間に離村した世帯の生業形態

世帯 No.	生業形態		
	1	2	3
1	GCM 1	農業労働	バイクタクシー（2）	
2	GCM 2	衣料，医薬品販売	飲食業	
3	GCM 3	農業労働	農業労働	床屋（3）
4	GCM 4	営農	農業労働（2）	
5	GCM 5	営農	飲食業	公職
6	GCM 6	営農	飲食業	縫製
7	GCM 7	営農	大型耕運機賃借	雑貨，衣料販売
8	GCM 8	営農	公職	
9	GCM 9	営農	肥料代理店	
10	TN 1	漁労	飲食業	船舶エンジン
11	TN 2	雑貨商		
12	TN 3	左官・大工		
13	TN 4	車両部品販売	耕運機運転	船舶エンジン
14	TN 5	ガソリン		

　このような農地を所有する世帯は離村しているとはいえ，必ずしも農地を売却・譲渡して離村しているとは限らない。農地を委託，賃貸し，母村と循環移動する両居世帯の可能性がある。例えば世帯 No. GCM 9 は父と成年に達した息子が省内南方県から移住してきた例であり，母村に妻子を残す典型的な両居世帯であった。この 5 年間で世代交代があったと推察される。両居世帯の状況は第 II 部第 5 章で後述する。

4-4　動産 ── 定住の指標
　定住志向は居住環境への投資として表れる。具体的には，屋敷地については盛り土・集住区区画の購入，家屋については恒久家屋の新築・修築，そして耐久消費財の購入である。本項でもこの例を見てみよう。
　動産としての耐久消費財は，村内の経済階層のみならず定住志向を表す指標となる。その中でも定住志向を示すもっとも良い指標はテレビである。カ

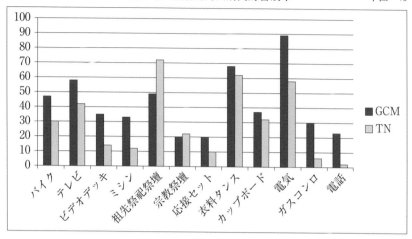

図 4-9 集落別耐久消費財普及率　　　　単位：%

　インフン村では電化以前から蓄電池を利用してテレビを視聴することが夜の最大の楽しみとなっていた。2000年以降村は徐々に電化され，2005年に村のほぼ全域が電化された。電化と同時にカラーテレビを購入あるいは白黒テレビから買い替えした家庭は多い。
　バイクは図4-9に挙げた耐久消費財の中でもっとも高価であり，ベトナムでは90年代まで金に替る資産として扱われた。2000年代以降外国との合弁や，純国内メーカーによる生産が開始され，比較的安価な国産品が市場に出回ってからは，資産よりも純粋に交通手段としての側面に比重が移ったが，農村部では依然として換金性の高い「貯金」でもある。バイクは交通・運搬手段，ときにバイクタクシーの生業手段として必需品であり，経済的に余裕がある世帯では，1人1台と複数台を購入している。
　祖先祭祀または宗教関連の祭壇は，線香立と個人の写真を木彫の箪笥やサイドボード上に飾るタイプから，板を壁に吊り下げて線香立を置くだけの簡易なタイプまでさまざまであるが，将来的定住志向と年数を経た生活歴を示す指標となる。
　衣料タンス，カップボードはそれぞれ衣類やガラスコップ類を収めておくだけではなく，鍵のかかる引き出しがついており，重要書類となる人民登録証や土地登記書を保管する場所となっている。

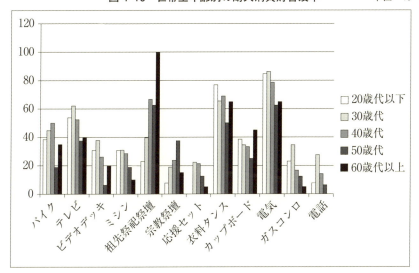

図4-10 世帯主年齢別の耐久消費財普及率　　単位：%

ガスコンロはプロパンガスを利用している。籾殻，干したココナッツ殻や購入した細木，練炭を燃料とするよりも火力が強く調理時間が節約できるため，電気炊飯器とともに女性の希望となった。

調査時2001年はカインフン村中心部がようやく電化されたばかりで，荒天時の停電も多かったため，この他の電化生活のシンボルとなる洗濯機，冷蔵庫はほとんどなく，近年ごく一部の経済的に余裕がある層で冷蔵庫を買い始めたばかりである。洗濯機は給水設備が整っていないためまだ普及していない。

電話は2001年で携帯電話がまだ普及せず，自家に電話を引いている世帯は極めてまれで，村民の多くは郵便局に出かけて電話をしていた。2005年頃になるとごく一部で携帯電話が使われ始めたが，電波状況が良くなく戸外に出て送受信する光景がちらちらと垣間見られるようになった。近年村内ほぼ全域で送受信が可能になると急速に普及したが，村幹部，自営業者など村外と頻繁に接する人々が主である。

耐久消費財全般の所有率は，所得水準の差に応じてゴーチャウマイ集落の方がタヌー集落よりも高く，「マチ」性を示している。唯一祖先祭祀用祭壇についてはタヌー集落の方がゴーチャウマイ集落よりも普及しており，集落

第4章　経済生活　151

成立からの経過年数の長さと定住率の高さを窺わせている。村民はバイク，テレビ，衣料タンスと生活の必要性に応じた耐久消費財から購入するが，ある程度生活が落ち着き，定住志向が強まってくると，祭壇を備えていくと思われる。宗教関連では，越僑に多いカトリック教，南部出身者に多いカオダイ教，一部にホアハオ教の祭壇などが挙げられる。

　図4-10は世帯主年齢別の耐久消費財普及動向である。耐久消費財全般について30歳代〜40歳代に普及率が高い。

第Ⅱ部
辺境に移り住む人々

第5章
定耕すれども定住せず
―― 2つの故郷を循環する入植者たち

カインハウ出身の第2代人民委員会主席

〈1〉 南部政策移住民の短距離移動と適応過程

1-1 カインハウ村出身者の短距離移動

　私たちがカインフン村に目を向けるそもそものきっかけをつくったのは，カインハウ村である。1996年12月，私たちはカインハウ村ジン集落で世帯調査を行っていた。当時の調査世帯91世帯のうち13世帯がヴィンフン県へ入植し，うち5軒では冬春作の農繁期にもかかわらず，当の入植者本人が対面調査に回答した。私たちは，このとき初めて，80年代末南北デルタ農村における最大の変化ともいえる開拓移民政策を，また入植地と母村との往来を繰り返す出稼ぎ入植を知ることとなった[1]。

　本章では，冒頭に挙げたカインハウ村出身入植者に代表されるドンタップムオイ周辺地域からの短距離移動事例を分析し，その移住過程に見られた家族戦略を考察する。

　本章の結論を先取りするならば，開拓移民政策の先陣を切って入植したカインハウ村入植団は，いまやその他大勢の南部出身入植者の中に完全に埋没しており，カインフン村という村名にその名を残すのみである。

　87〜89年にかけてカインハウ村入植団は村役場から壮行式を終えて華々しくバスに乗って出発し，都合3回に分けてカインフン村に移住した。移住政策の先導モデルとして省の期待を一身に背負い，新開地に最初に乗り込む入植団はカインハウであらねばならず，新村にはカインハウの名をつけねばならなかった。しかし，その後の経緯を見ると，カインハウ入植団は，国家・省側の期待を大きく裏切る結果となった。カインハウ村出身で新立カインフン村の村政に参加した者は，地元民と呼ばれるバオセン，タヌー両集落民と比較しても極めて少なく，現在まで村政に留まっている者はいない。先住者としてカインハウ出身者であることがカインフン村社会の中で何らかの優位性を生みだす状況はまったく見られず，村政の最大多数派である「地元民」や住民組織化のイノベーター役を果たしている北部出身政策入植者たちの真逆に位置していると言ってよい。カインフン村名の由来となった同村の名を

---

1) 1995年より故桜井由躬雄を中心として行った共同調査。その結果は『東南アジア研究』（vol.39 no.1）を参照。

知る者も少なくなっている。

この無名性と埋没を作り出した要因は，カインハウ村入植者たちが母村カインハウと入植先カインフンを循環する出稼ぎ型入植に終始し，入植先に根付かなかったことによる。

1-2　カインハウ村出身者の現在

カインハウ村からの入植者実数は，関連行政当局による統計調査の不備もあって現在まで不明のままであるが，80年代末3次にわたる集団入植では200名前後が参加したとされ，また，冒頭の96年12月調査における移住比率を援用するならば，同村から1割強に相当する少なくとも180～200戸前後が入植していたと推定される[2]。同村からの入植者は，20代後半～40代後半の男性労働力を主として，単身（世帯主あるいは長子）あるいは核家族で構成されていた（表5-1）。

しかし，現在カインフン村に居住しているカインハウ村出身者は，世帯数121戸，人口296人である（表5-2，表5-3参照）。その居住分布を見ると，当初の入植地であったゴーチャウマイ，カーチョット両集落（及びそれに隣接するサイザン集落）に集中しており，村内他集落へと居住域を拡大していない。わずかに，地元民との婚姻による婿入り2例と村内移住1例がタヌー集落に見いだされるだけである。

入植からほぼ四半世紀を経た結果として，カインハウ村出身者の定着率は極めて低かったと言わざるを得ない。そして，現在は世代交代・子世代の独立期にはいっている。

表5-1　カインハウ村ジン集落入植者世帯

単身（世帯主あるいは男長子）	4（例）
夫婦のみ	1
夫婦とその未婚の子女	5
父親とその未婚の子女	4

出所：1996年12月調査に基づき作成。

---

[2]　1996年カインハウ村人民委員会提供データによると，当時の村の全人口8,247人，全世帯数1,784戸である。

表5-2　カインハウ村出身者世帯の居住分布

カインハウ村出身者を含む世帯数	121（戸）
うち，ゴーチャウマイ集落	81
カーチョット集落	35
サイザン集落	2
バオセン集落	0
タヌー集落	3

出所：村人民委員会提供 2005 年 12 月世帯調査表に基づき作成。

表5-3　カインハウ村出身者の世代別男女数

年齢	性別	
	男性（人）	女性（人）
＜ 20	31	33
20 〜 24	20	13
25 〜 29	32	15
30 〜 34	22	18
35 〜 39	24	11
40 〜 44	17	10
45 〜 49	3	6
50 〜 54	11	13
55 〜 59	6	4
60 〜 69	3	1
＞ = 70	2	1
	171	125

　その経年変化を裏書きしているのは，表5-3の年齢層別同村出身者数である（図5-1参照）。同村出身者数は，男性171人，女性が125人と，20歳代以上においては，いずれの年代でも女性が少なく，また，男女ともその半数以上が20代後半〜40代にかけてと働き盛りの世代で構成されている。しかし，若年層の20歳未満については女性がやや多く，生物学的自然増を示す一方で，男女とも労働年齢（男性60歳，女性55歳）を超えると一挙に人口が減少し，自然減ではない人工的な村外流出を想起させる。これらの特徴は，開拓社会の特徴を顕著に示していると言える。

　さらに，家族構成を見ると，30〜40歳代の核家族が78％を占め，うち夫

図 5-1 カインハウ村出身男女別年齢構成

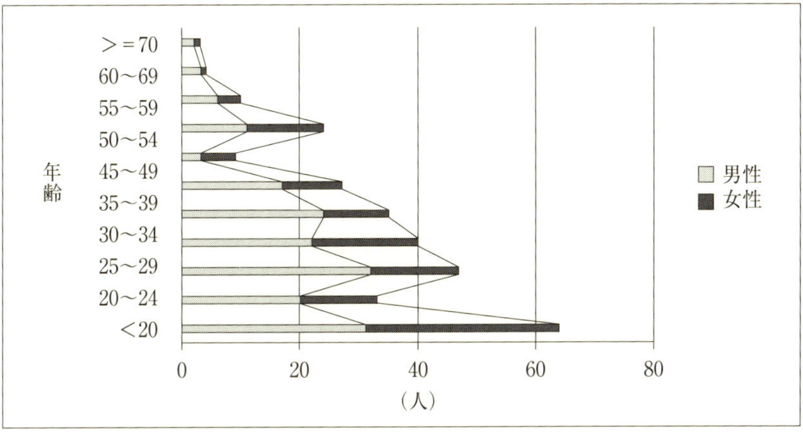

表 5-4 世帯内家族構成と世帯主年齢・性別

家族類型		< 20		20～24		25～29		30～39		40～49		50～59		60～69		>=70		計(人)
	年齢	男	女	男	女	男	女	男	女	男	女	男	女	男	女	男	女	
I	単身					1		1				2						4
II	夫婦のみ			1		1				1		1						4
	夫婦 + 未婚子			2		10	2	36	2	19		9	1					81
	父親または母親 + 未婚子							2		1	1	1	4					9
III	核家族 + 親							2		3	1	4	1	2		3		16
	核家族 + 親 + 未婚の兄弟姉妹					1		1		1		1	2	2				6
	複合家族: 親戚・複数の子供と同居																	
IV	兄弟姉妹のみ																	
	おじ(おば)とおい(めい)																	
	その他															1		1
	計	0	0	3	0	12	3	42	2	25	2	17	7	4	0	4	0	121

婦とその未婚の子女で構成される家族型が67％ともっとも多い（表5-4参照）。

　以上から一見すると，80年代末に入植してきた夫婦，あるいは単身もしくは親と共に入植した未婚子が，入植地で独立世帯を構えているように思われる。しかし，前述のように，労働年齢を過ぎた男女人口の顕著な減少と3世代家族数の少なさを考慮すると，集団入植の主体をなした入植者第1世代はきわめて少なく，世代交代が進んでいると思われる。

第5章　定耕すれども定住せず

表5-5 世帯規模

家族人員数 世帯構成	1	2	3	4	5	6	7	8	9	10	11	12	>12	計(人)
Ⅰ　単身	4													4
Ⅱ　核家族		5	24	49	9	6	1							94
Ⅲ　3世代家族			1	8	8	3	2							22
Ⅳ　複合家族		1												1
計	4	6	25	57	17	9	3							121

　この傾向を裏書きするのが，世帯規模とライフスパンである。世帯規模では世帯人数2～4名，主に夫婦と未婚子1～2名から構成される核家族が多く，全世帯数の77％を占める一方で，親世代を含む3世代同居が全世帯数の18％と少ない（表5-5参照）。

　核家族を基本単位とするベトナム南部では，夫婦は新婚時代夫方両親と一時期同居し，その1, 2年後第1子出生を契機にはじめて独立世帯を構えるのが一般的である。本章で後述する入植プロフィールの入植から定住へのプロセスでは，この世帯分けがライフサイクルのキーとなっていく。その慣行を援用し，以下の世帯構成員の出生年から抽出したカインハウ出身者のライフサイクル[3]上で第1子の出生地・出生年に注目すると，20～30歳代（60年代半ば～80年代半ば出生）の年齢層では，カインフン村における第1子出生数が31例，当該年齢世帯数の45％を占め，この年代のカインハウ出身者は入植先で独立世帯を構えたことが示されている（図5-2参照）。

　入植地での世帯独立は通婚圏にも窺われる（表5-6参照）。

　世代別通婚圏を見ると，40歳代未満において通婚圏拡大傾向が明示されている。カインハウ村の通婚圏は，1996年12月世帯調査によると村内及び隣村・隣接タンアン市区に集中していた[4]。この傾向は全世代を通じて踏襲され，同郷結婚が多い。しかし，30歳代以下では，より遠方出身者との婚姻が増加している。その内訳では，フンディエンA村・ヴィンフン県内・カンボジアといった「地元民」よりも，省内各県や南部各省出身者との婚姻例が多く，入植地が婚姻の契機となった可能性が窺われる。

---

[3]　生計を同一にする同居家族を対象にしているため，高齢になるほど出生数は正確に反映されない。
[4]　隣村タンホイドン村，タンフオン村やタンアン市轄アンヴィンガイ村，同市第4区。

図 5-2　カインハウ村出身者のライフサイクル

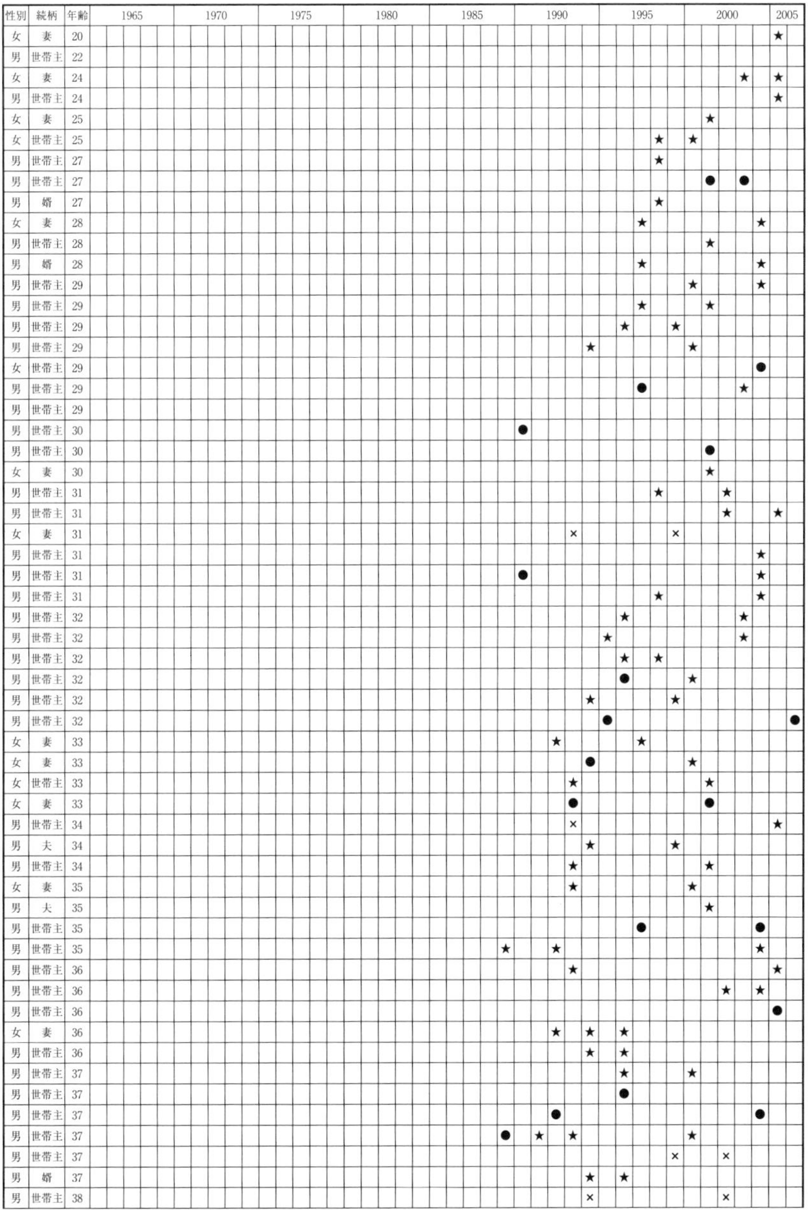

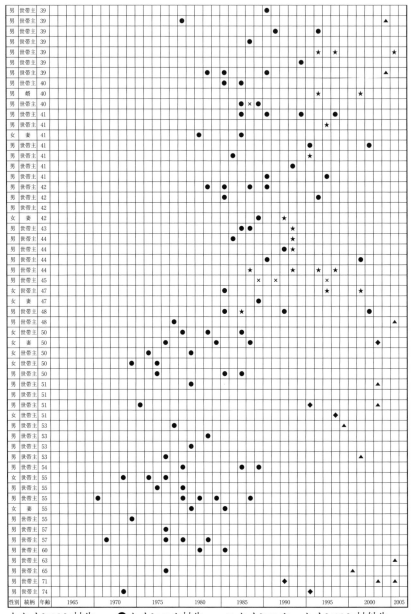

★カインフン村生　●カインハウ村生　×カインハウ・カインフン村外生
◆カインフン村生（孫）　▲カインハウ村生（孫）

表5-6 カインハウ村出身者の通婚圏

世代	a 地元	b ヴィンフン県県内	c ロンアン省内	c-1 カインハウ村	c-2 カインハウ村周辺	d 省外－南部	e 省外－北部・中部	f カンボジア	g その他
20～24	1	1		1		4			
25～29	1		3	8		9			
30～39	2	1	7	23	4	6	1	1	
40～49	1		7	11	3	4			
50～59				11	1				
60～69				2			1		

　カインフン村におけるカインハウ村出身者世帯における世代交代の傾向について，同村出身入植者も裏書きしている。

　　数年前からカインハウ村のものが増えた。彼らは独立世帯を構えるためカインフン村に土地を買ったひとたちで，30歳代から40歳代だ。（2001年3月聴取）

　入植第1世代の離村，新たにカインハウ村から来た入植世帯の登場の背景には，循環入植という移住形態を理解する必要がある。

〈2〉2つの故郷を循環する入植者たち

2-1　循環移動による出稼ぎ入植

　ベトナムでは，開拓入植を目的とする移民政策を定耕定住政策（chính sách định canh định cư）と呼ぶ。これには生計の資となる耕地と生活の場となる住居は不可分の関係との含意が反映されている。しかし，ここドンタップムオイ地域では，定耕定住政策がその本義とはまったく異なる意味で展開し，定耕は必ずしも定住につながるものとはならなかった。

　カインハウ村のような比較的近距離からの入植者は，1年のうち営農季9か月を入植先に居住し，農閑期は母村に帰村する。その多くは，単身，父子，あるいは夫婦の成人労働力を主体に構成され，労働の主体とならない女子・

図5-3 運河傍に建てられた
杭上茅屋

年少者や高齢者は母村に残る。母村の家屋敷を手放して入植地に挙家移住する例は極めてまれであり，母村と入植地の両方に家屋敷を構えている。

　入植者の多くは，農地傍や堤防上に簡易な茅屋を建てて居住する。彼らはカインフン村の住まいに手をかけない。住まいは藁葺小屋のまま，夜の暇をつぶすテレビも買わない。彼らにとって，カインフン村の住まいは仕事場であって家ではない。

　カインハウ村出身者は夏秋作の収穫を終えるとそそくさと帰村する。収穫は自家消費用を残して，あるいはすべてを換金し，その金を母村に持ち帰る。農閑期となる水の季節のみならず，農繁期であっても，作業が一段落したら，法事があったら，と合間合間に帰村を繰り返す。ときには農作業の大半を委託し母村に居住し続ける例もまれではない。カインハウ村に居住する留守家族は農繁期のみ農作業を手伝いにカインフン村まで出向いていたが，入植者人口が増加し日雇い労働者が容易に呼べるようになると出向くこともなくなった。カインハウ村民は，「女たちはカインフンへ行きたがらない」と，カインハウ村の女性たちが郷里を離れることを拒み，現地妻，離婚が発生していると話す。

　カインハウ村とカインフン村間の距離は90km以上，入植者はタンアン市から長距離バスで3～4時間かけてヴィンフン県都まで行きそこで小舟に乗り換えて30分くらいでカインフン村に着く。水が引いた頃を見計らって，三々五々近隣の入植者同士が誘い合って再びカインフンへ戻ってくる。入植者，とりわけカインハウ村からの入植者にとって，半日あれば母村に帰ることができ，そこでは家族や親戚知人に囲まれ，国道一号線をひっきりなしに車が通行し，町が近く，明るく賑わいにあふれている。彼らは，母村で冠婚葬祭・法事など村社会の社交に日々を費やし，ときに口があったら日雇いに

出かける。いずれもカインフン村にはないものである。

2-2 「水の季節」の過ごし方

　入植者は土地所有権を確保するためにカインフン村に単身で戸籍登録をし，故郷の家屋敷は妻子名義で登録している。行政上は居住しているものの，その生活実態は依然として故郷にある。生活実態はなくとも，公式統計上彼らはカインフン村民である。このような入植者・世帯は，2つの故郷をもつ者，2脚をもつ者（2 chân），一耕2郷（1 canh 2 quê）と呼ばれている（Quới & Dốp 1999: 306-309）。

　カインフン村人口における最大の特徴は，このような母村とカインフン村を循環する出稼ぎ入植者（＝2郷者，2 quê）が多いことにある。

　農事暦（第4章・図4-2）に示したように，カインハウ村のあるロンアン省内南方各県は通常3期作であり，一方カインフン村は2期作である。夏秋作収穫を終えた雨季から乾季にかけての3か月間，いわゆる「水の季節」は，農地が全面冠水するため完全な農閑期となる。カインハウ村出身入植者を代表とする80年代末以降に入植した新経済民は，開削した水路で排水・灌漑を行い，化学肥料を投入したIR系短期品種を作付けするという，あらかじめセッティングされた環境下において2期作稲作を前提として入植した。2期作ができない場合は営農放棄を選択し，「地元民」のように在来稲作による通年定住という選択肢はない，きわめて功利性の強い営農を志向していた。

　農閑期の副業もまったく視野の外にあった。2000年代に入り村内人口増加と線形集住区のインフラ開発が本格化するまで，カインフン村とその周辺地域では，「水の季節」とは暇つぶし程度の漁労しか仕事と言える仕事はな

図5-4　村のバスターミナル
午前・午後と2回タンアン市に向けてバスが出発する

い失業期間を意味していた。さらに,「水の季節」は暴風雨にさらされることが多い暮らし難い季節でもあり,通年定住している世帯であっても病気・高齢者を母村に避難させることが多い。カインハウ村出身者は,子どもの教育,病気,出産に際して,また,葬式・結婚式についても,近年まで母村でとり行うことを常としていた。

2-3　曖昧な共同体
2-3-1　母村と出作り

このような循環移動がカインフン村に与えた影響は,住民の定着性のなさ,そしてカインフン村に社会関係資本が蓄積しないことである。Quới & Dốpは,常住者以外の住民は極めて不安定で,その中には季節ごとに群集する構成員がいるこの共同体を仮に「曖昧な共同体（cộng đồng mở）」(Quới & Dốp 1999: 307) と呼び,その形成要因としてドンタップムオイ地域の特殊環境と省による労働力を先行移住させる移住政策を挙げている。ロンアン省は当初集団入植政策遂行にあたって,政府は「中央政府と省はこれまでの政策的失敗から入植先のインフラストラクチャー投資を重視し,人民委員会役所・小中学校・幼稚園・医療所・店舗を1か所ずつ建設する（ND No.12460 1988/8/24: 1)」方針を採用し,80年代集団農業期移民政策の失敗に鑑みて,世帯の成人労働力1～2名を先行移住させ,生活が安定した段階で残り家族を呼び寄せる方式を奨励した。

しかし,前節で述べたように,入植から四半世紀を経たカインハウ出身者世帯を見ると,1990年代後半からカインフン村のインフラが大きく改善されてもなお単身入植が残存し,また世帯分けや連鎖移住による世帯数増加をほとんど起こしていない。これは,必ずしも母村・入植地間の物質生活格差によるものとは言い難い。

そもそも循環移動による出稼ぎ型入植は,ドンタップムオイ地域に限定されない,東南アジアにおけるデルタ開拓のいわば伝統的形態である。このような新開地における出作り形態は,チャオプラヤデルタや紅河デルタにおいても報告されている（高谷 1987: 256-257, Gourou 1936: 222-223）。ドンタップムオイ周辺域の農民にとってお馴染みのものであった。カインハウ村出身者においてもベトナム戦争前からお馴染みの入植形態であり,実際に,同村ジン集落在住高齢の女性は,戦時中ドンタップムオイ地域での開墾をこのよ

うに語っている。

> 私は71年から84年までモックホアに自分で開墾した土地2haほどをもっていた。そのときは，家はここ（カインハウ村）にあって，収穫を終えるとここに帰る生活をしていた。一人で開拓に行ったのは，そこが私の両親の故郷で，兄弟姉妹もそこにいたから。ここでは土地が少なくて，生活するのに十分ではなかったし，開拓資金は少なくてすむ。たとえば，水路を引くときは兄弟姉妹が手伝ってくれるし，食べ物や何かのわずかなお金も彼らが貸してくれたし。（1996/12/14 聴取）

50年代末にカィンハウ村を調査したヘンドリー（Hendry）は，ドンタップムオイ地域への開拓入植事例について，同様の趣旨を報告している[5]。

> カインハウ村からドンタップムオイ地域や他地域への入植者数は少ないが，共通する特徴として，第1に彼らは村役場のポスターや親戚・友人の口コミで土地を獲得する機会があることを知っており，とくに親戚等の情報が未知の土地への移住を促す大きな要因となった。移住者のひとりはカインハウ村において農地を所有していなかったが，賃貸し用の水牛と農機具を所有していた。他の数名の例では，移住先に親戚がいた。これらによって移住先における困難をより軽減していた。第2に，移住者に共通してみられる態度は，移住によって財産をなし老齢になったら出身村に戻り引退するという過度的居住先であるという点である。そのため，村に妻や家族を残す。彼らは移住先で獲得した土地を開墾して子孫に継承させる希望を持っている。概括すると，移住に際して十分で正確な情報と移住者を援助する手段が存在することが重要な意味を持ち，中でも親戚・友人の手が移住先で適応を軽減する。また，移住者は移住を過度的なものと見なしがちである。（Hendry 1959: 79-86）

---

5) カインハウ村における75年以前の人口移動については，50年代末のヘンドリーによる概況調査がある。それによると，同村では調査対象者の69％が村から移住することを望まないと回答したが，その一方で44％が世帯内に移住者がいた。世帯内の移住者数は1名が61.4％，3名が13.6％，それ以外は不明である。ごく僅かであるが村民の中には当時政府によって奨励されていたドンタップムオイ地域への入植者がいた（Hendry 1959: 79-86, 84-86）。

2-3-2　離農による退去

　循環移動型入植は，入植当初の困難を軽減する受動的保護機能（auspice）に留まらず，離農も容易であり，また，ときに積極的な生計投資の元手ともなる。カインハウ出身入植者はその旨みを存分に利用していた。

　カインハウ村出身者がカインフン村を離農する際の特徴は，離農後にさらに新たな機会を求めて他所へ移住することがなく，カインハウ村に戻っていることである。これは，離農が収穫後に起こり，入植者は農閑期になると母村のカインハウ村に直接戻ることになるためである。

　離農者のほとんどは自身が離農しても家族・親族の誰かがその農地を受け継いで新たに入植し，あるいは同郷人へ売却・貸与（無償・有償ともあり）している。土地取引は家族・親族間における負債肩代わりか同郷人への売却がほとんどである。その背景には，正式な土地証書がないため私的売買に留まらざるを得ないことがある。口約束程度で済む同郷人間が簡単かつ容易である。土地売却金の用途では，累積債務の返済や家族内に病気治療の費用に充てる例があげられ，離農・離村は開拓地の放棄と必ずしも直結しない。家族・同郷入植者の中で顔ぶれが入れ替わるのみである。第1節で示したカインハウ村出身者の居住範囲が現在まで依然として入植当初のゴーチャウマイ，カーチョット集落に集中している理由もここにあると思われる。

　例えば，典型的な離農者が，下記のクエさんである（1947年カントー省生，1997/8/31 クエッタン集落にて聴取）。

> ここは妻の故郷，ここに徴兵されていて70年に結婚した。妻方両親と同居している。……88年7月ひとりでドンタップムオイへ行った，フンディエンA村，その当時はまだ集落なんかなかった。宅地は500㎡，国（から支給）だからお金は払っていない。1年目に耕作できたのは0.5ha，（土地は）国が割り当てた。2年目に2ha追加支給されたけれど，収穫できたのは0.5haだけ。2haは水路がまだだったから（耕作）できなかった。89年年末に放り出した。売りもしなかったさ，ただ放り出しただけ。まだ土地証書をもらっていなかったし。……肥料代も，種籾代も，精算していない。何もかも国から借りたから，国が精算したのだろう。行く前も今も村の幹部をしている。今は妻の親から0.3haを譲られたし，90年に700㎡を500万ドンで買った，家族でお金を出し合って，

4年払いだ。妻は商売している。

　入植が失敗に終わっても帰る場所が保証されており，仕事の当てがあり，将来的に農地を親から譲られる見込みがある。帰る場所があるなら，何もドンタップムオイで苦労することはない。

2-3-3　農地委託と循環移動

　母村と入植地の2拠点をもつことは，逆に開拓入植から積極的な利益を引き出すことができる。下記の例はその典型例である。

　カインハウ村トゥートゥー集落地付きで末子のカムさんは，88年集団入植したがすぐに営農を放棄した。しかし，カインフン村農地はそのまま所有し，96年水路が開削されて生産可能になるとあらためて営農を開始した。カインハウ村には親譲りの土地0.5haと新たに0.2haを購入した（1961年生，トゥートゥー集落にて2000/8/13・2001/8/28聴取）。

　　20日前に戻ってきたばかりだよ。7haで24トンだ。冬春作と同じく運んできて隣のカウ集落にある精米工場に預けた。精米してから米で売る。俺には舟という便利な手だてがあるから，（もみを）運んで来て米にしてより高く売る。カインフンから舟で直接工場に乗りつけて，それから帰宅する。1996年以来ずっと米で工場に売ってきた。……舟は10トン。夕方5時にゴーチャウマイを出ると朝の5時に村に着く。農季始めにはひとの肥料を運んだりもする。荷が100トンぐらい，ときによって2, 3人乗り合わせる。荷はトン当たり8万ドン取るが，荷物だけ，人は数えない。10回ぐらい往来する。……96年以前はヴィンフンで農業なんかしていなかった。96年に水田と舟両方を買った，銀行から1,000万ドン借りて，残りは家にあった金でまかなった。……受け取った1haの土地は小水路もないし，運河から500mも遠かった。120㎡掘れば誰でも1haもらえたが，あのときあっちの田んぼは悪すぎた，そのまま放り出したよ。毎年耕しては放り出して，でも土地だけはもっていた。借金が払えないのは放り出して離村していたよ。94年か96年になって，田んぼが生産できるようになったんだ。政府が大きい運河を掘ったので。今は5haになっている。……国の金を借りては少しずつ買った。こちらで借りることもある，地権があるからね。あちらでも2回借りた，合

わせて土地を買った。あちらでは毎年1回は借りる。

　彼の錬金術は，カインハウ村とカインフン村の土地を交互に抵当にして農業銀行から融資を受け土地を買い足す一方で，サンパン（小型船）で2村を往来しながら市場価格差を利用して利ざやを稼ぐことである。

　そして，循環移動による営農は，次第に，容易に，農地を他人に委託しアガリを得る形態へ変化していく。2000年代に入ると，カインハウ村では地代だけを受け取る「不在地主」が出現するようになった（カインハウ村トゥートゥー集落で2004年12月聴取）。

　農地はたまに見に行くだけ，普段は隣のひとが見てくれるから。

　カインフン村における若い世代による新規参入の受け皿となっているのが，上述した離農による農地譲渡や農地委託である。

〈3〉「世帯分け」における家族戦略

3-1　D一家の場合

　メコンデルタ農村では親元から独立して世帯を構えることを「家庭を持つ（lập gia đình）」よりもむしろ「個別になる（ra riêng）」と通称する。本章では，もっぱら「世帯分け」あるいは「独立世帯を構える」と意訳している。結婚は「妻を娶る（cưới vợ）」「夫をもつ（lấy chồng）」であり，「個別になる」と区別され，必ずしも結婚と同時に独立世帯を構えるわけではない。むしろ，新婚夫婦は第一子出生前後までの1，2年を親と同居することが多い。親は子世代の世帯分けに際して，屋敷地の譲渡など財産の生前分与を行う。親の土地に余裕がない場合は，女子については原則として婚出して夫方事情に与るものとされ金品の援助のみで土地は譲渡されない。

　本節ではカインハウ村出身者の入植事例を紹介するが，その「家族」範囲は親子関係を軸として，必ずしも単独の世帯単位ではなく，ときに複数の独立世帯を含んでいる。移住者リストに名を連ねるのが個人，もしくは夫婦・親子という世帯単位であっても，移住に際しての意思決定・移住過程に絡むのは親子2代の家族集団である。カインハウ村出身者は，個々の世帯単位としては挙家移住であっても，親子関係を紐帯とした「家族」として見ると必

ずしも挙家移住ではなく，カインハウ村を挙家離村した「家族」はいないのである。

　開拓入植という家族の事業では，子世代を独立させる父の義務が大きい。後述するD一家の例で，入植を契機に世帯分けしていく過程を具体的に見てみよう。

　カインハウ村の入植者を追いかけてカインフン村を訪れた2000年，私たちはカインハウ村出身人民委員会主席から「われわれの中の成功者」として誇らしげにダオ（1963年生）[6]を紹介された。正直当時の印象は他の入植者たちと身なりも物言いもほとんど大差なく，カインフン村初の代理店を開店した人物という聴取データのみが記憶に残った。

　ほぼ10年を経て久方ぶりに会ったダオは眼鏡をかけ，清潔な白シャツを着て，妻と自宅の応接ソファに座って私たちに接した。さながらオフィスで対峙しているかと錯覚するほど，この10年間で彼は企業家に変貌していた。事業は順調に発展し，代理店「ダオ」はカインフン村初の「株式会社」を看板に掲げている。

　ダオの店は28号運河沿いメインロードに面し，村の商業センターである市場からやや離れて店舗を構えている。彼の店が開店してまもなく，地元民の人民委員会幹部もやはり市場近くに代理店を開店した。ダオは左官として日雇いで働いているときにタンアン市近郊を往来し地利を知り尽くしており，ホーチミン市やカントー市とも取引を拡大し品揃えの良さで評判が高い。しかし，村幹部は同輩が経営する代理店を利用する。

---

[6]　紹介者の村人民委員会主席はD家の長男ダオについて「昔はとても貧しかったんだ」と力を込めて何度も繰り返した。その主席自身もカインハウ村トゥートゥー集落で「P家は貧乏」と村人に揶揄されるほど代を重ねた貧乏一族の出身である。P主席もダオも農地を持たない「日雇い農民」子沢山一家の長男に生まれたが，両者の経歴には，おそらくは親世代の経済社会状況によると思われる微妙な差異が反映している。18世紀に中部から移住してきた人々による開村伝承をもつカインハウ村では，紅河デルタ村落のゾンホほど明瞭ではないものの代を重ねた同姓が集団居住群を成し，張り巡らされた血縁・姻戚関係は各家の社会経済生活と密接に関連している。同村におけるD姓は1995年同村土地台帳で7戸/1,595戸と非常に少なく，農地の所有・小作関係からも外れていることから，同姓がカインハウ村に流入して代を経ていない，いわば新参者であることを示唆している。後述するP姓が32戸/1,595戸，トゥートゥー集落に同姓居住群を成し貧農と戯言されながらも地付きと見做されていることと対照的である。

D一家は，典型的な貧乏人の子沢山家族で，カインハウ村では屋敷地0.12haを所有するのみ，もっぱら左官として日雇いをしていた。これは，同村の経済階層として最下層に位置する。

　1996年12月カインハウ村で行った世帯調査では，当時中学生の末娘が留守を預かり，両親兄弟7人は移住したと回答していた。家族構成は，両親と5男子2女子，うち長女は村内に婚出し，長男家族が同居する3世代家族だった。現在（2005年），両親は引退してカインハウ村に戻り，女子もすべて婚出して同村内夫方に居住している。男子はいずれもカインフン村で世帯を構えている（図5-5参照）。

　集団農業期に農地0.8haを請け負う傍ら左官業を続け，86年請負地を旧所有者に返還し，翌年7月に入植団に参加しカインフン村へ入植した。ダオ一家の入植では，「親父さん」が一貫して家長として開拓入植を主導した。カインフン村入植はD一家にとって2度目の企てである。

　ダオは，中学修了後父に連れられて左官として日雇いをしていた。82年D一家は，ドンタップムオイに入植を企てたが失敗し，数カ月後に帰村せざるをえなかった。83〜86年集団農業期に一家は農地0.8haを請負った。この間にダオは近郊の女性と結婚し，翌年娘が誕生した。87年カインフン村入植前のダオの家では，両親と仕事先を探していた次・3・4男，就学中の5男・次女に加えてダオ夫婦とその娘，3世代10人が一軒家にひしめいていた。茅屋が建つ屋敷地0.12haは，5人の息子すべてに分割するには到底足りず，ダオ夫婦の家を建てる余裕もなかった。夫方両親との同居の苦しさをダオの妻はこのように語った。

> 義姉はもう家庭をもっていた。夫の下に8番目，9番目までずっと未婚のきょうだいがいて，私は全員と一緒に住んだのよ。お父さんお母さんはたくさん子どもを産み過ぎよ。私は子育てを手伝ったわ。……

　ダオは，カインフン村入植までの経緯を述懐して，以下のように語った。

> 82年に家族はタインホア県のトゥイドン村へ移住した。当時は行って家を建て開墾したばかりだったが，生活するのがたいへんで，何にもできなかった。開拓できず，何ヶ月かして逃げ出して戻ってきた。87年7月に（カインフン村へ）集団入植した，家族みんなで郷里から。飼って

図 5-5　D家の世帯分け

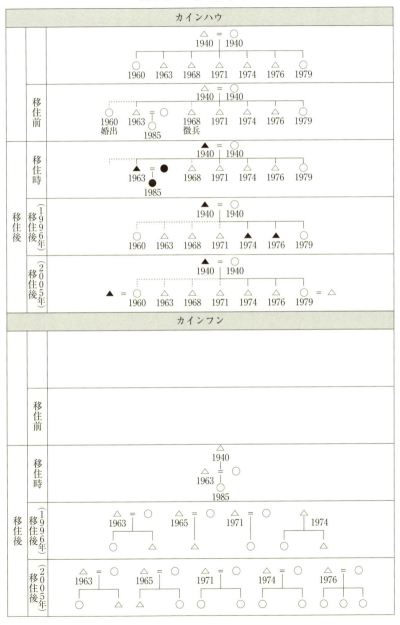

第 5 章　定耕すれども定住せず　173

図 5-6　D家の入植経緯

( )は推定

年	父	母	長女	長男	二男	三男	四男	五男	二女	家族動向
1940	出生	出生								
1950年代末	(結婚)									
1960			出生							
1963				出生						
1968				(就学)	出生					
1969～1971						出生				
1974					幼稚園就学		出生			
1975										
1976								出生		
1977				9学年修了						
1978						(就学)				
1979									出生	
1980			(婚出)							
1981						(就学)				
1982										第1回入植、失敗し数ヵ月後に帰村
1983										
1984				結婚 第1子出生	8学年修了			(就学)		
1985										
1986					徴兵					請負地0.8ha返還 カインフン村へ入植
1987						9学年修了				
1988										
1989					除隊・入植し土地を支給される					
1990							9学年修了	7学年修了		
1991					結婚					
1992				独立	独立・第1子出生	(結婚) 第1子出生				
1993～1996				第2子出生						
1997							(結婚)			
1998					家を新築		第1子出生			
1999								(結婚)	(婚出)	
2000								第1子出生		
2002							第2子出生			
2004					第2子出生			第2子出生		
2005						第2子出生				

集団農業期／生産物請負制

いた牛一頭，豚 2, 3 頭も，何もかも売り払って幾ばくかの金を持参した。ポンプ 1 台，脱穀機 1 台も持って行った。初めの年は，国から 1.5ha を支給された。それから俺もほかの奴らも一緒に少しずつ荒野を開墾して，数年後には 4ha になった。一家で土地も起こし，水路も掘った。

3-2 「親父さん」の入植と息子たちの「世帯分け」

　最初の入植とカインフン村入植の成否を分かつ要因として，第1に入植先受入条件の差が挙げられる。当時ロンアン省ではドンタップムオイ移住を奨励していたが，請負制下で開墾地が自己所有に帰することも約束されず，土地条件も悪く開拓に非常な困難が予想されるため，南方各県から応じる者はほとんどおらず，カインハウ村でもこれに応じるものはいなかった。親父さんが敢えて入植を企てたのは，当時結婚年齢を迎えつつあった長男に対する世帯分けが念頭にあったと思われる。第2に，初回の家内労働力は，父と長男ダオの2人であったのに対し，カインフン村入植時には家族内労働員数が増えていたことが有利な条件となった。成年男子労働力として父，長男に加えて三男が開墾に専従可能となり，下の子どもたちが就学年齢に達し留守を預かることが可能となったため，母や休暇中の弟たちが農繁期等の補助労働を担うことができた。第3に，農地請負の傍ら飼育していた家畜を売り払い，準備資金と用具の入念な準備をしたことも成功要因となった。入植数年後には徴兵・学業修了した弟たちが相次いで入植に参加した。

　カインハウ村出身初期入植者が口々に語る開拓の苦労話では必ず「生活するのがたいへん」が挙げられる。水路開削・土地起こしの肉体労働を終日行うと，持参した飯米を炊き近辺から摘み菜をしたり魚を捉えたりおかずを調達して食事の用意をする余力はない。入植者たちは兄弟，父子，隣人同士が一つ屋根に同居して共同生活を営んだり，娘をまかない要員として後追い入植させたりしてしのいだ。このように，単身あるいは省が推奨した2人型移住にとって，予想以上の困難となったのは開墾作業そのものよりも日々のまかないであった。

　「親父さん」は5人の息子たちという豊富な労働力を元手に土地を増やしていった。当初国から「親父さん」に1.5haが，次いで同行したダオたち家内労働力の余裕を勘案して2haが追加された。その後除隊後遅れて入植した次男分として1.7haがさらに支給された。これら支給分に加えて，91～92年にかけて早期離村や大鼠害で手放したカインハウ村出身入植者の土地を捨て値で購入していった。カインハウ村で会った離農者からは土地売却先として「D家の親父さんに売ったよ」と口にした。これらの土地はすべて「親父さん」名義となり息子たちが実質世帯分けした後もなかなか農地の名義を変更しなかった。92年長男ダオがようやく世帯分けを果たし，以後1，2年内

に次男，3男が結婚とほぼ同時にカインフン村で世帯分けした。5人兄弟のうち長男のダオ，次男，4男の3人は同郷あるいは近隣の女性と結婚し，3男，5男は入植地で知り合った女性と結婚している。

ダオは，92年自身と実父の資金2,500万ドンをもって，カインフン村初の肥料薬剤代理店「ダオ」を開店した。

> 当時需要があってやっていけると見てとって農業資材サービスを決意した。最初は倉庫もなく家しかなかったし，30袋の肥料を準備しただけだった。だんだんと手を広げ，倉庫を建設して，今は240㎡の家屋と倉庫がある。2000年夏秋作の営業利益は12億ドン，顧客は約300軒になった。今は信用があるので収穫季後に清算している。(2000/8/30 聴取)

2000年に会った際，ダオの戸籍はまだ「親父さん」元にあり，農地も「親父さん」名義のまま，脱穀機も「親父さん」所有を使用していた。聴取に際してダオは，「ウチの金」と「親父さんのモノ」を使い分け，代理店の利益によって増える資産が真に自分の所有と表現していた。ダオは92年世帯分けに際して，親父さんから開店資金と農地1haを譲渡された。以後自己資本を徐々に増やし，93年に5トンのサンパンを購入，98年に集住区の区画を購入して自宅を建設，2000年にタヌー集落の水田2.8haを購入した。その妻も代理店の帳簿つけを手伝う傍ら，自ら米の仲買を始めた。世帯分け後長男が誕生し，長女は近年バオセン集落地元民の元へ嫁した。結婚から10数年を実家に縛りつけられたダオ夫婦は，それぞれに「もう十分家族には尽くした」と吐露した。

嫁して11年を婚家に捧げた妻はとりわけその思いが強い。

> （結婚後夫方両親と一緒に住みましたか？）一緒に住んで，嫁として10年も，夫の家族も貧しかったし，子どもは多かったし，弟妹は小さかったし，だから嫁として10年も，その後ようやく独立して，それから徐々に何とかやれるようになってきた，独立したばかりは何にもなかった，幸運にも何とかなるようになった，あのときはお金にもひどく困っていたんだから。……嫁だったとき娘が生まれた，11年後ようやく息子が生まれた，ここに来てお金ができてようやく息子が生まれた。昔は私も家族計画をしていた，……この息子を産んだらもう30数歳になってい

たからもう産まない，それでやめたの，産むにはもう高齢になったから，その後はもう得ようとは思わない。だから2人の子どもだけ，最初の子は女，次の子は男。(2010/9/01 聴取)

　ダオ夫婦の事例では，貧困と狭小家屋における親世代との同居は，夫婦のライフサイクルに大きな影響をもたらした。入植は実質的に実家からの独立をもたらした。カインフン村に建てた家は当初水路脇の簡易な差掛小屋に過ぎなかったし，母村から家族が絶えず循環移動で出入りしていたが，彼らにとって新居となった。しかし，自前の家屋敷を構え，独立の生計を営むまでに費やした労苦は，世帯分けが深刻な問題となっていることが窺われる。

　D家の「親父さん」は2000年の5男の結婚を機に，ようやく実質的に引退しカインハウ村に帰郷した。カインフン村に残った息子達は紐帯となる「親父さん」が欠け急速に結びつきを弱くしている。兄弟つきあいはしているが，結束して事に当たるということはない。兄弟の中でもっとも成功した長兄ダオは冠婚葬祭や店で催す旅行や宴会に兄弟たちを招待する。弟たちは代理店「ダオ」から肥料を買い，返済時期や利息分に多少の融通を期待する。しかし，もはやそれぞれ世帯を構えた兄弟たちは血縁に由来する親密さはあっても別個の道を歩んでいる。

〈4〉故郷に戻る人々

4-1　P一家のそれぞれの決断

　前節で紹介したD家の「親父さん」は，5人の息子すべてが独立したことを見届けると，カインハウ村に帰った。現在，80年代移住政策の主役として入植事業をけん引した入植第一世代は，入植後20年近くを経て老齢期を迎えつつあり，カインハウ村へ帰郷しようとしている。

　カインフン村2代目の村人民委員会主席は，87年カインハウ村入植団の副リーダーとして入植し，現在ヴィンフン県交通運輸公司副局長へ栄転し，間近に引退を控えている。前主席の実家はカインハウ村トゥートゥー集落地つきであるが，代々貧農だった。郷里では，「P家は貧乏，L家は金持ち，（L家）連中には香火田[7]がある」と戯言される。前主席は73年に同郷の女性と結婚し，妻方親から分与された屋敷地で独立世帯を構えていた。合作社副

主任であった彼は，村人民委員会から調整委員会委員に任命され単身入植した。当時を振り返ってこのように語る（1954年生，2000/3/18カインフン村にて聴取）。

> 87年（村人民委員会に）要請されて調整委員会に入り，定耕定住でここに来た。合作社はまだ解体していなかったし，ウチはトゥートゥー集落で0.42haを請負していて，89年にその土地を返還した。

カインフン村では入植当初に1.5haを支給され，その後買い足して現在では7haを所有しているが，公務のため営農はほとんど雇用労働でまかなっていた。妻は学齢期の娘たち2人とカインハウ村からまったく動かず，前主席は省都タンアン市への公務のついでや週末を利用して足繁く帰村している。2003年カインハウ村に家屋を新築し，その後長女夫婦が結婚を機にカインフン村に入植して新たに世帯を構えたので同居し，単身赴任を続けている。

P家の父は，同時期に結婚したばかりの3男と共に入植した。実家では，母と学齢期の弟妹にあたる4子が留守家族となった。93年次男がベンルック県の教職を辞めて父を頼ってカインフン村に単身入植した。

P家の父は，息子たちが入植地で次々に独立してからも男孫と同居してそのまま定住し，近年タンアン市病院で亡くなった。彼らの母も婚出した3人の姉妹もカインハウ村に居住し，息子たちはその原因として両親の不和を囁いた。父の没後カインフンの農地は次男が売却して母の元に送金した。

前主席は定年を半年後に控えて，定年後はカインハウ村に帰郷すると語った（2010/8/30聴取）。彼は，長女夫婦にカインフン村の農地家屋敷を譲り，自身夫婦とその老後は師範学校を卒業し教員をしている次女夫婦に託す見込みでカインハウ村の家屋敷地をふりわけている。

> （今年定年ですが，タンカイン街区（旧カインハウ村トゥートゥー集落）に戻ったら，もうゴーチャウマイ集落に住まないのですか？）そう，あちらは病院に近いからね。何か病気になったときに病院に近い方がいい，あっちは近いだろ，どうってことない，あっちの方が健康にいい。あち

---

7) 祖先祭祀を行う資金となる農地。

図 5-7　P 実家の世帯分け

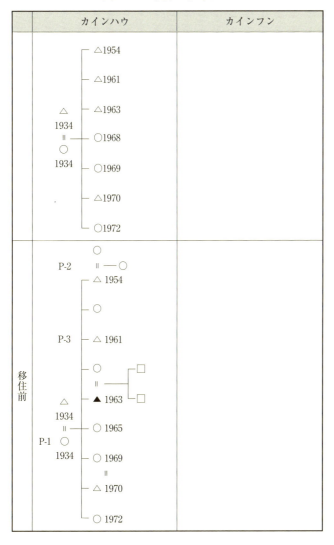

第 5 章　定耕すれども定住せず　179

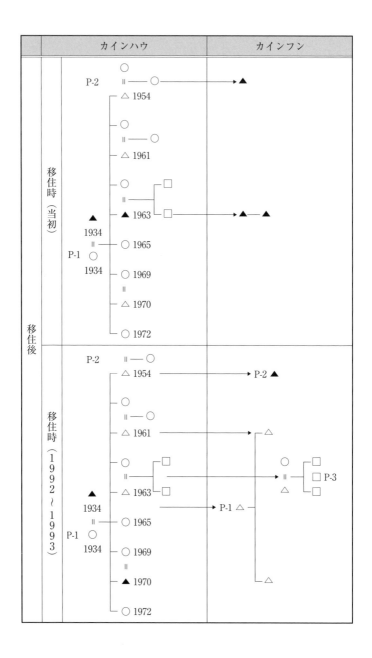

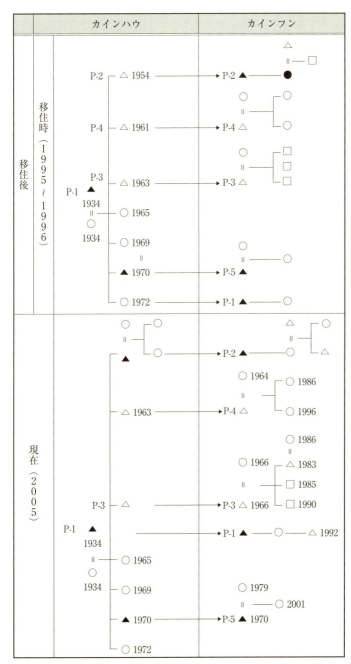

第5章 定耕すれども定住せず

図 5-8 P家の入植経緯

( )は推定

年	長男	父	母	二男	三男	長女	二女	四男	三女	家族動向
1934		出生	出生							
1950年代初		(結婚)								
1954	出生									
1961	就学			出生						
1963					出生					
1968				初等科就学		出生				
1969							出生			
1970					(就学)			出生		
1972	11学年修了			中学入学						
1973	小作農の両親を手伝い・日雇い								出生	
1974	(結婚)									
1975	生産集団幹部	第1子出生				(就学)				
1976							(就学)			
1977								(就学)		
1979									(就学)	
1980				師範高等学校入学	10学年修了					
1981										
1982	トゥートゥー合作社会計係				(結婚)					
1983				卒業 ベンルック県で教鞭	第1子出生					
1984										
1985	合作社副主任				第2子出生					
1986				職場結婚・第1子出生						
1987	調整委員会委員として入植									
1988		入植								
1989	請負地0.42ha返還					…(婚出)…	…(婚出)…	12学年修了		
1990					第3子出生					
1992	盛土して定住			休職					…(婚出)…	
1993										
1994	カインフン人民委員会主席に就任			入植、父と同居						
1995										
1996	再度盛土し、生活が安定	孫出生		妻が入植 住民登録・第2子出生						
1997				水利費・農業税納付 カインフン村に宅地購入 家屋新築						
1999										
2000								(再婚?)		
2001								第1子?出生		
2004	ヴィンフン県交通運輸局勤務									
2005										

集団農業期 / 生産物請負制

らじゃもう女房が年老いてしまったからねえ……ここに来て私は子ども
のために生業をたてた，田んぼをもっていなかったから，政府の公務員
として働き通した。その後子どもたちがここに来て生計をたてることに
なった。もう田んぼも子どもたちに譲った，あの子らが営農するように。
自分は引退して休むだけだ。これは以前からそういう風に思っていた，
生計を立てて田んぼをもってと。自分の方針ではここに来て受け取った
田んぼを耕す，もうやることもやりつくした，もう年をとったし。子ど
もたちが耕すようにして，戻って休む。つまり引退だ。戻って休むよ。

　一方，93年に入植した次男はどのように決断したのか。次男は以下のよ
うに私たちに自身の意向を語った（2000/3/24 聴取）。

　1986年6月6日に結婚した。学校で教えていたのでそのまま独立した。
妻も教員だった。92年休職し，93年初に移住してここに来た。父が87
年に来ていたのでそれに続いた。父と一緒に暮らし，父から1haを譲
られ，1年中定住した。

　彼は95年に妻子を呼び寄せ，あらためてカインフン村で独立世帯を構え
た。97年ゴーチャウマイ集住区に宅地を購入し，99年家屋を新築し，この
間カインフン村中学で再び教鞭をとる一方，農地も買い足し，妻はカラオケ
店を開店した。近年長女はバオセン集落地元民の有力者家族と結婚し，村社
会の位置づけを確固と築き，定住の意思を固めた。

　（戻らないのですか？）きっともう戻らない。……ここには家もあるし。
……できることなら自家用車を買って，そうしたら早く（カインハウに）
行けるだろう。……まったくのところカインハウはもう都市になったか
らね，街区になった。

4-2　もう1つの決断

　ダオや前主席と同時期に入植したティエンは，カインフン村でメインロー
ド沿いに飲料水卸店を構えている。生活の拠点はすべてカインフン村に移し，
ここ（カインフン村）が第2の故郷だと口にした。しかし，ティエンは祖先
祭祀と父母の孝養を継ぐべき末男子であり，故郷カインハウは将来引退して
戻るべき場所である。カインハウ村には実母が居住する屋敷地0.15haがあ

り，将来母から自分に譲られるだろうと断言する。

> 兄弟姉妹はたくさんいる，だけど俺は末子だ，だからきっと俺にだけ譲られることになる。……この新しい場所は生活する場所だ，カインハウの方は俺にとっては死に場所だ，俺はいまもそう思っている。……死ぬ話をするならまさに俺の根っこはカインハウにある，俺が死ぬときは必ずカインハウに戻る。……もっと言うんなら，この場所の祖先は俺の一族（dòng họ）独自の一族だ，だから俺は祖先が落ち着いている場所に戻りたい，祖先の上に一族の墓地をつくるというだけじゃない。
> （2010/8/25 聴取）

初期入植者の中には，入植時の困難がたたってかすでに亡くなった者もいる。2005年カインフン村には共同墓地が設置されたが，カインハウ出身者でここに眠る者はまだいない。カインハウ出身者は，病気になるとカインハウ村で療養し，ヴィンフン県よりはるかに設備の整ったタンアン市の病院に通院・入院することを選ぶため，自動的に亡くなる場所もカインハウ村となるためである。

カインハウ村出身者にとって，カインフン村は生計を立てる場所であり，戻るべき場所はカインハウ村である。

〈5〉新しい世代の登場

5-1 トゥイの再定住

カインハウ村出身者の新しい入植世代が2000年代になると出現するようになった。故郷カインハウ村では生計を立てることができずに，地縁のあるカインフン村に入植してきた世代である。前節でふれた前主席の長女夫婦も実父の農地を譲渡されて，新たにカインフン村に入植した。下記に紹介する女性トゥイも亡父の農地を継いでカインフン村に戻ってきた。

トゥイ（1980年生・女性）は，学齢期を終えるとカインフン村に住むようになった。亡父は初代カーチョット集落長で，亡くなる1, 2年前は人民評議会主席をしていた。一家はカインハウ村に農地をもたず，集団入植に際しては両親が入植し，就学中の子どもたちはカインハウ村に残った。年齢の離れた長男・長女はいずれも結婚して遠方に暮し，次兄が入植して世帯を構

図 5-8　トゥイのライフコース

年	出来事
1980 ～ 1986	出生
～ 1989	就学
～ 1993	父が入植
～ 1997	学業を修了し、カインフン村に定住
1998	父が死去、ベンチェー出身者と知り合い、結婚 第1子出産
～ 2000	第2子出産、カインハウ村に戻る
2001	タンアン市の工場に勤務
2002	
2003	↓
2004	
2005 ～ 2007	カインフン村に戻る、屋敷地をローンで購入
2008	農地を借りて営農、傍ら市場で行商
2009	↓
2010	

えた。

　トゥイは父の死後まもなくカインフン村で稲刈りの季節労働者として来たベンチェー出身者と結婚し、母からカインフン村の農地0.5haを譲渡された。2000年タンアン市病院で第2子を出産したのを機にカインハウ村に戻り、実家で実母と同居しながら工場に勤務するようになった。タンアン市近辺工場勤務はトゥイにとって楽しい思い出であり、ブンタウ、ダラットへの慰安旅行について語った。

　2005年トゥイは再びカインフン村に戻った。農業銀行ローンを組んでメインロード沿いに1区画を購入し家屋を新築し、兄から相場の半値で農地を借りた。3年前から元村人民委員会主席の農地を借りて営農し、その傍ら市場で夕から夜にかけてアヒル卵・とうもろこしを商い、1年前から青年団

の集落支部に参加している。カインフン村にUターンしてきた理由として，トゥイはカインハウ村の方が暮らしやすいものの，物価の高さに比較してまとまった収入を得にくいことを挙げている。

> あちらの方は両側にココナッツやドゥオンダン樹があって涼しいのは新農村[8]だから，ドゥオンダン樹の下にいるととっても涼しいわ。私がいるこちらは，暑苦しくてむしむしして，気温は高いし。あちらに戻ることは正しい，あちらにずっと住むこともできる。でもあちらでは，こちらのようなお金ではやっていけない，農地も少ないからお互いに融通しあってやっている，口があればどこにでも雇われに行って。こちらの方は，1日雇われて働きに行ったら5万ドンもらえて，せいぜい半日働くだけ，午後には家の掃除をしていれるわ。

彼女が指摘しなかったもうひとつの理由は，夫の存在であると思われる。ベンチェー省からカインフン村へ流れてきた夫は，幼児期に両親を亡くして姉夫婦に引き取られており，戸籍が整っていなかったことが結婚の際に初めて発見された。学歴や身元保証・知人の縁故など不利な点が多く，妻方母村カインハウ村内や省都タンアン市周辺で仕事を見つけにくかったと推測される。また，夫婦が妻方実家に長年同居していくことも弟妹がいるため難しく，一家は独立を迫られていた。夫はカインフン村においても依然としてマージナルな存在である。カインフン村の家屋・屋敷とも妻方の農地を担保にしたローンや親族からの借金でまかなわれ，農地の賃貸や行商の便宜もまた集落・村落行政に関与した妻方亡父との関係性において身元保証が行われている。

カインハウ周辺では男性の就職が困難であるためカインフン村における営農を選択せざるを得ない例は下記のヴィエットにも当てはまる。

5-2 ヴィエットの家族戦略

ヴィエット（1976年生・男性）もまた集団入植した亡父が残した農地0.5haとその後購入した農地併せて1haを営農する傍ら，日雇いをして暮らしている。私たちは，97年彼の亡父とカインハウ村で会っていた。前節のティ

---

[8] 新農村（nông thôn mới）は，文化・経済など基準を満たした村を新農村として承認する政府による農村改善運動。

エンの実兄にあたる亡父は，88年ティエン一家とともに集団入植し，農地2.3ha まで開墾した。ヴィエットは初等教育を終えると，父に従ってカインフン村の営農を手伝うようになり，父の死後営農を続けて通年定住するようになり，2007年ベンチェー省出身入植世帯の女性と仲人を介して結婚したことを機に独立世帯を構えた。夫婦が現住する屋敷地は賃貸である。

ヴィエットは，亡父の農地は1.5ha を譲渡された兄の取り分が多いと不満をもらした。兄は集団入植時に同郷の妻と結婚して両親と同居していたが，その後世帯分けをし，現在もカインハウ村から出作り稲作を続けて，堤防傍

図 5-9　ヴィエットのライフコース

年	出来事
1976〜	出生
1982〜	就学
1987〜	初等教育修了
1989〜	父が入植
1991〜	父子で住民登録，父の営農を手伝う
1999〜	父没　父から譲渡された農地で営農し，カインフン村に定住
2007〜	ベンチェー出身者と結婚，カインフン村に世帯を構える

図 5-10　ヴィエットの家族構成

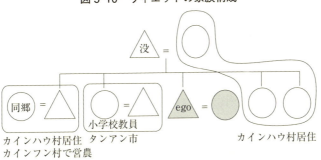

カインハウ村居住　タンアン市　　　　　　カインハウ村居住
カインフン村で営農

の杭上家屋で仮暮しをしている。カインハウ村の実家には，実母と未婚の妹2人が同居しており，小学校教員の姉は独立している。ヴィエットもその実兄も中学修了で技能をもたないため，雇用機会が農作業や単純労働に限定される。カインハウ村は3期作地帯であり以前ならば村内・周辺で何らかの農業労働雇用機会にあずかれたが，近年都市化が加速し農地そのものが減少する中で，国道一号線沿いに進出著しい工場が求めるのは若年・女性労働力もしくは高学歴である。いずれの求職機会にもマッチングしないため，兄弟ともカインフン村で営農を続けざるを得ない状況が窺える（2010/8/24 聴取）。

　　今あっちじゃ何にもすることがない，ここだったら誰かが要るというなら何かしらすることがあるからさ。ウチの兄貴は一時しのぎだから水の季節になるとこっちにいない，郷里に戻って妻子と一緒にいなけりゃならないから。

　しかし，ヴィエットも末男子であり，老親の世話と祖先祭祀を義務として負う身を認識している。現在もカインフン村に定住しながらも，テト，法事と足しげく帰郷し，将来的にもカインハウ村に戻るつもりである。カインフン村はあくまでも生計を立てる場所に過ぎない。

　　きっと郷里に戻ることになるだろう，あちらには祭壇があるし土地も残っているから。どこかで土地を買うにしても安くなければ，貧乏だし，雇われに行っているのにどうやってできるんだい。
　　（郷里に戻るとしたらどこへ？カインハウそれともベンチェー？）カインハウに戻る，あちらには家が残っているし，ここに来たのは生計をたてるため，水田をしに来ただけだ……今戸籍はこっちの方にあるがあちらにもある。どこにいるかは今まだ決められない。
　　（戻ったらお母さんと住みますか？）そうだ。
　　（あなたが戻ったらおかあさんは土地をどう分けますか？）いいや，俺は末子だから祭壇がある。
　　（カインハウが好きですか？）そうじゃない，今ここで土地を買う力はないし，あちらには家屋敷があるから。あちらに戸籍がないと捕まっちまう，もう大都市になってしまったし。……今，もし土地が買えるならここで食っていく，金がないなら帰郷するしかない。……

まとめ：新しい故郷を選択したのは？

　ヘンドリーは、50年代末カインハウ村民について、移住によって財産をなし老齢になったら出身村に戻り引退するという移住者に共通する態度がみられる。そのため、村に妻や家族を残す。彼らは移住先で獲得した土地を開墾して子孫に継承させる希望を持っている。移住者は移住を過度的なものと見なしがちである、と述べている（Hendry 1959: 79-86）。このカインハウ村出身者に共通して見られる態度は、50年代末も現在もほとんど変化していない。彼らは故郷のカインハウ村から離れたがらないし、他所に移住しても帰郷を希求する。

　80年代末省による入植の呼びかけは、「第2拠点建設運動」とも称されていた。

　前主席は第2拠点について以下のように語る（2010/8/30 聴取）。

> 拠点と言うのは食っていく拠点という意味だ、自分があっちでもっている拠点は第1拠点だ、これは通常人々がこのように隠語で話す、だからこの場所は食っていく場だ。……それは、拠点というのは故郷ではない、食っていく拠点だ。食っていくには自分に金が要る、だけどあっちには家しかないのだからどうやって金を得る、あちらじゃ何をするにも金がでていく。つまりこちらは食っていく、金を手に入れる拠点だ。……第2の故郷と言ってもいいだろう、けれども正確に言うならここは食っていく拠点だ、ここに来て水田をしてあっちに戻る、でも子どもらは、奴らはここにずっと定住する、やつらは居続ける。
>
> （子どもたちにとってここは第2の故郷でよいですか？）ああ、そうだ。ここにこのまま、あの子らはもうここに居続ける、戸籍ももうここにある。大きい子はここに来てこのままだ、あちらに戻るものか、あちらじゃ失業して死んじまうよ、あちらに戻るのは法事のときだけだよ、済んだらまた戻ってくる。世話をしにゃならん水田にも近いし家屋敷もあるし、財産だ。あの子らがあっちに戻ってもやれんだろう。

　何が彼らをしてカインハウ村に愛着させるのだろうか？彼らの語りからもれてくるのは、家族間の「規範」というべきものが彼らの行動を支配してい

ることである。末子は、親の家屋敷地を譲られ、親世代を看取り、祖先祭祀を受け継ぐべきことを信じている。親も老齢期における末子との隣接居住と看取り義務を疑わない。農地は単なる生計手段であり、家屋とその屋敷地が生活の基盤として重要である。継承は男系が優先とは言え、男系に限定されず男女両系に行われる。兄弟姉妹間に長幼序列は希薄で、紐帯となる親子関係が空白となると、兄弟姉妹間の緊密さは加速的に希薄化する。紐帯となるのは親子関係であり、末子の相続優先も親の扶養義務、年長子による弟妹扶養も親の意向と、それぞれ親子間の規範が前提となっている。

　ベトナムの家族の基本単位となる核家族（親とその未婚子）間の関係性がこのような規範に現れている。

第 6 章
長距離移動と文化的適応

ハイフン省出身の「新経済民」家族

〈1〉 北部政策移住民の長距離移動と適応過程

1-1 北部政策入植者の長距離移動と国家の庇護

　第1章でみたように，ハイフン省はロンアン省と姉妹省協定を結んでおり，両省の間で政策入植計画の立案が進められてきた。ロンアン省が北部紅河デルタから計画的に受け入れた移住民の出身地は，ハイフン省とハバック省の2省だけである。しかも，ハイフン省からは1990年から1992年までの計3回のみで，合計およそ180世帯である。したがって，全体的に見ればハイフン省からの開拓入植者は規模としては大きくないものの，まとまった時期に，1か所の集落に集中的に居住することによって，一定の影響力をもちうる立場を獲得するに至ったと思われる。

　国策としての開拓移民事業を成功裏に実施するためには，現場の地方幹部の力量が問われる。例えば，各農村を回り地道な宣伝活動を行い，農民たちに移住を促し，安全，無事に移住先に送り届けるなど，きめの細かい対応が求められる。一般的に，地方レベルでは，送り出し側の省の移民局が計画を策定し，規模や予算を算出し，国に申請するので，実際の一連の送り出し作業は県レベルの専従幹部が主導した。

　ここでは，その重要な役割を担った，1人の県幹部からの聴取に沿って移住のプロセスを見てみたい。

　図6-1に示したように，ハイフン省ニンタイン県移民調整室専従職員のT.T.Tによれば，ハイフン省移民調整局から割り当てられた地域と受け入れ予定世帯総数が通知されると，3段階で計画が実施された。①1月から5月の間，県幹部が数回受け入れ先の現地視察を行い，送り出しに必要な交通機

図6-1　政策移住の年間スケジュール

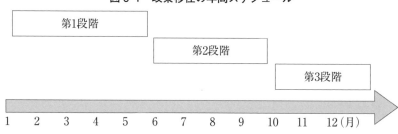

関の確保，現地受け入れ機関との日程調整，住宅建設の手配など，事前準備を行う。②県内の村々を回り，説明会を数回開く[1]。約3か月をかけて登録を確定する。③夏春米の収穫後の10月になると，いよいよ引越しの準備が始まる。移住を決めた家族は，まず農地を合作社に返し，宅地や家財道具などを売却するか，親族に譲るなど処分して，支度金などを揃える。そして，12月移住先が乾季になり，移動しやすい時期に県幹部のガイドのもと，集団移住する。

　すなわち，ハイフン省出身の移住民たちは，自分たちで現地の下見をすることなく，自分たちの命運を国家に任せたのである。それほどまでに国家への信頼は厚かった。

　図6-2はハイフン省の出身村落からカインフンへの移動経路を示している。T.T.Tによれば，カインフン村への道程は2泊3日であった。まず，県がバスを貸し切り，移民室の専従幹部と医療スタッフが各村を回って移住民をピックアップしていく。全員そろったところで，ハノイ駅まで送り届ける。その後，ハノイからホーチミン市のトゥドゥック駅まで統一鉄道で48時間

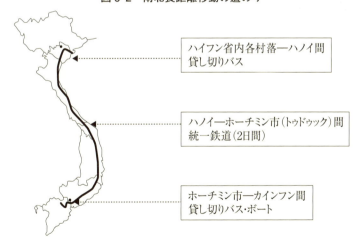

図6-2　南北長距離移動の道のり

---

1)　関心のある村人は，どのような補助が受けられるのか，現地の天候や生活がどうなのかを尋ね，家族と相談する。

をかけて南下する。ホーチミン市の郊外で，終点のサイゴン駅のひとつ手前に位置するトゥドゥックではすでにバスが待機しており，人びとをヴィンフン県都まで送り届ける。ヴィンフン県都からは，当時まだ道路がなく，水路のみだったため，数台のボートに分乗して，1時間ほどでカインフン村に到着した。

表6-1 カインフン行政村における政策入植・定住過程

	ロンアン省タンアン市カインハウ村	ハイフン省ニンタイン県・ザーロック県の村々（＊1）
入植世帯	215世帯	約180世帯
条件・背景	土地なし農家 10号決議の後に土地返還	北部合作社メンバー（1人当たり約400m²） 人口稠密
入植先の選定	村人自身が視察	県幹部が視察
入植時期	1988年	1990-92年（3波）
開墾地	世帯あたり1.5ヘクタール	世帯あたり1.5ヘクタール（宅地込み）
公的補助制度	中央：不明 省：不明 市：不明 行政村：不明 その他：国家銀行の融資：農業生産財購入	中央：6割（家屋・生活インフラ投資*2） 省：3割（交通費：バス・汽車） 県：1割（交通費補助） 行政村・合作社：適宜 受け入れ省：6ヶ月分の食糧支給 その他：国家銀行の融資：農業生産財購入
移住スタイル	短距離移動・循環型移動 母村と頻繁な往来：農閑期に長期帰省 生活基盤も母村にある：冠婚葬祭 主に夫婦・男性のみ農閑期営農	長距離移動・定住型 数年に一度帰省する（墓参りなど） 数回母村の家族・親族が訪問したことがある 家族（夫婦＋未婚の子女）で構成
居住集落	ゴーチャウマイ（村の中心地）	サイザン（低湿地）

注：＊1 現在はハイズオン省ニンザン県に属する。
　　＊2 家屋は，あらかじめ建設されており，移住民はすぐ入居できる。
　　　　生活インフラの内容は主に学校（幼稚園・小学校）建設，井戸・道路の敷設など。
出所：2004年調査および［大野：1998］に基づき作成。

到着後，人々はすでに建てられていた住宅に家族ごとに入居し，現地の公安に戸籍登録をする。同行した県幹部が行う業務はここまでである。

表6-1 に示したように，開拓移民政策を実施する際，ベトナム中央政府は長距離移動の場合（南北間）と，中・短距離移動の場合（域内・省内）と大別して補助金を支給している。したがって，ハイフン省出身世帯に対して，中央6割，送り出し側の省3割，県1割という内訳で公的補助金が支給されることになる。これらの補助金は，移住民に直接支給されるものではなく，中央と地方の負担の割合を示したものである。この算定基準に従って，中央政府は村落規模を確定し，学校や診療所など生活に必要な社会インフラを整備する。一方，送り出し側の地方政府はより個別レベルの便宜提供を図る。行政村や合作社など基礎レベルにおいて，ようやく個別世帯への具体的な便宜が図られる。

ハイフン省では，独自に「5年分生産物前払い（bán sản phẩm 5 năm）」制というインセンティブを設けた。この制度により，対象世帯は，農地を合作社に返還する代わりに，自身の農地で受け取るはずの5年分の収穫物（現金払い）を支度金として合作社から支給された[2]。

また，受け入れの地方政府は，乾季に入植し，次の収穫が迎えられるまでの半年間の食糧援助と，一世帯一艘のカヌーを提供した。

1-2 移住理由

我々が行ったインタビューによれば，ほとんどの移住民世帯が移住の理由を「生活苦」と答えている。出身地での暮らしぶりを尋ねると，現金収入を得る機会がほとんどない，人口が多く食べていけるだけの農地がない，と答えた。そこで，私たちは最も多くの農民が移出したニンタイン県（現ニンザン県内）の2つの村，ドンスエン村とギアアン村を2005年夏と2006年夏に訪問した。

ニンザン県はハノイから国道5号線をハイフォン方面に走り，ハイズオン省都で右折し，ルオック川に突き当たる地域に位置し，以前はフンイエン市

---

[2] 中でも比較的多くの政策移住世帯を輩出してきたドンスエン村で行った我々の聞き取りによると，移住民たちの多くは宅地も処分したが，中には親族に預けていつ戻ってきてもよい態勢を整える者もいた。

を経由し，紅河沿岸のハノイに通じる河川交通の要所として栄えたが，幹線道路から離れた内陸にあるため，近年は陸路交通の発達に取り残された農業専業地域である。
　2つの村では，1人当たりの土地面積は2サオ（約720m^2），1世帯あたりの土地片は通常で7～8筆，最も多い世帯では14筆にも及んでいたが，2003年の交換分合で，4～5筆にまで整理された。2期作で栽培される米は主に主食と養豚で消費される。ほとんどの場合，移住の際，農地は村の合作社に返還し，宅地・菜園は個人の財産として処分または親戚に譲るなどが許された。インタビュー結果によると，宅地の扱いに違いがみられた。1つの方法としては，宅地も全て処分し，それで得た収入を移住の支度資金にする。もう1つは，移住先での生活を断念して戻ることも考慮し，売却せずに親や兄弟に託すという選択肢である。危険分散的に考えれば，後者が多くなるが，必ずしもそうとは限らず，大半が前者であった。現地で離村した人たちの状況について聞くと，営農に失敗しても，故郷に帰らず別の場所に親戚や知人を頼って移住するケースが多いことが分かったが，このことは故郷を離れる際にすでに想定されていたと考えられるかもしれない。
　ハイフン省出身の政策移住者の最も多い理由が「経済的困窮」である。「土地が狭く人が多いので，村の中だけでは仕事がなく生計が成り立たない」という理由が圧倒的多数を占めた。この理由は，まさにランボーがタイビン省の農村で見た光景（Rambo 1993）と重なり，紅河デルタ村落の典型的タイプを示している。この理由は全ての北部出身移住者が共感するプッシュ要因であろう。
　それでは，なぜハイフン省の農民たちは，新しい定住先としてはるばるメコンデルタの「新経済村」を選んだのか。我々は大抵の移住民に「ここに来る前に，ニンザン県の移民室の幹部から，他の「新経済区」，例えばハイフン省からは中部高原のザライ＝コントゥム省にも多くの人びとが移住しているけれど，あなた方はそこを選ばなかったのですか」と尋ねた。彼らは，「乾燥した土地は慣れていない。コメも作れない。稲作ができる水のあるところがよかった」と答えた。

1-3 ハイフン省出身世帯の適応過程
1-3-1 入植初日：農地分配と入居

　ハイフン省からの政策入植3波は移動人数，世帯も，受け取る農地面積も，それぞれ異なっていたようである。

　1990年に入植した移住民世帯の場合，土地がまだ多く，一世帯当たり幅20m奥行き50mの農地面積1haと宅地用の約500㎡が分配された。しかし，翌年，最も多くの世帯が集団移住した1991年になると，一世帯あたり7,000㎡に半減したという。土地片は入植前にすでに建造されていた家屋の裏手に広がり，どの世帯も土地7,000㎡と家屋一棟のセットを受け取った。当時，ゴーチャウマイ集落からKT6運河までの間に伸びる村内道路と小運河の両側に農地と家屋が並んでいたが，道路から直接家屋に入れる片側は17m間隔で敷地が区切られており，一方，小運河を挟んだ片側は19m間隔で敷地が区切られた。したがって，17m幅と19m幅の2種類の土地片が造成されていたことになる。到着後，64世帯はくじ引きで割り振っていった。農地は，基本的に世帯の人数に応じて分配されたので，2人分の標準労働力に対する農地面積7,000㎡の他，同伴した扶養家族，大抵は子ども2～3人であるが，その成員に半人分の農地面積3,500㎡が支給された。扶養家族用の農地は，すでに造成された農地区画の外側に隣接させて支給したため，かなりデコボコが生じたようである。そのため，分配後，改めて世帯間で農地の交換や買い取りなどが行われて，耕作しやすいように工夫された。

　サイザン集落は，北部移住民を受け入れる前に，南部ロンアン省内の政策移住者が先行的に入植していた。南部ロンアン省内から2つの地域，タン

図6-3　北部入植世帯（1997年）

第6章　長距離移動と文化的適応

チュー県内の複数の村々とタンアン市ビンタム村，そして隣接するティエンザン省チャウタイン県の村々からも1989年に集団入植していた。そのため，他の集落同様，集落長は先行入植して土地にも慣れた南部政策入植者が行政村の任命で就任した。集落長のプロフィールの詳細については，第4節で述べる。

1-3-2　適応の段階・種類

　家族の適応プロセスについて，ある農民の回想を基に時期区分しておこう。
① 1990～1995年：投資コストを払う試練の時期
　洪水と1992年と1993年に襲った鼠害で不作が数年続いたときは，バオセン集落まで行って，日雇い仕事がないか聞いて回った。あそこは雨季でも水に浸からないから，何とか現金収入にありつけた。酸性土壌の稲作も，見よう見まねで習った。水の季節は，一面の海さ。すべてが水没するから，どこにも行かず，じっとしてたよ。魚がよくとれたなぁ。
② 1996～2000年：投資コストの回収→経験の蓄積，失敗の回避，定着期
　ようやく土地に価格がついた。それが担保になったんで，農業銀行から農業投資用の融資を受けられるようになった。北部の村では銀行から借りたことなんてなかったから，最初は心配だったよ。でも，こちらでは化学肥料や農薬を買う費用が必要だから，毎年借りては返すというやり方に慣れていった。
③ 2001年以降：投資コスト＜利潤→生活水準の向上，発展期
　なんとか安定してきた。昔は土地を手放して離村する者が後を絶たなかったから，いくらくれると言っても，到底経営できそうもないから断ってたけど，今じゃあ土地の値段が吊り上って集落内はおろか，村内の土地は入手できない。

　以上の時期区分の特徴を大雑把につかむと，「水のあるところ」すなわち水稲耕作地域を選んだ北部農民にとって，メコンデルタは全くの未知の地域ではあっても，中部高原と比べれば条件のよい入植地であった。しかしながら，強硫酸塩土壌・雨季と乾季の氾濫原の生態的特徴に不慣れで，鼠害による不作のため，ひたすらコストを払い続ける忍耐力を要した。そのコストがようやく回収され始めたのが1996年以降ということである。現地での農業

経営にも慣れ、収穫したコメが市場に流通することで土地に価格がつき、農業銀行が融資を始めた。生活が安定し、定着する決心がついた時期である。そして2000年以降になると生産利潤が増えることで貯蓄が可能となり、生活水準が向上した。それに伴い、現地社会への帰属意識が強まったといえるであろう。

1-3-3　入植後の農地の拡大

それでは、実際のところ、移住によって経済状況がどれくらい改善されたのであろうか。表6-2は、サイザン集落に居住するハイフン省出身政策入植22世帯の農地保有面積の変遷を示している[3]。

同表で明らかなように、ほとんどの世帯で農地面積を大幅に拡大している。現在の農地面積がゼロの2世帯については、移住時から調査時の間に15年程度が経過しているために、すでに子どもに土地を分割し、譲渡しているという事情がある。移住前の故郷での農地面積と現在の農地面積で最も開きが大きいのは、世帯番号15の約32倍であろう。移住前の北部出身地における農地面積は、前述したように1人平均720㎡で、家族世帯員数に応じた分配に沿っていたが、入植時においても1世帯7,000㎡から15,000㎡までの画一的な農地分配の原則が貫かれている。しかし、その後の経営才覚の差などによって、農地面積にもばらつきがみられる。移住時に合作社に返還した故郷の農地と異なり、現地での農地は、彼らにとって極めて市場価値の高い私有財産である。

〈2〉ハイフン省出身移住民の生活世界

2-1　ハイフン省出身世帯の分布状況
2-1-1　全村レベルの分布

ここでは、まず現在のカインフン村に在住する北部出身家族の社会・経済生活について概観し、北部出身移住民が集住するサイザン集落の位置づけを

[3) 第3章第2節で、サイザン集落では45組の北中部出身同士の夫婦が居住していることに触れた。このうち、ハイフン省出身同士が37組であった。さらに、その中で移住時にすでに婚姻していたのは、22組の夫婦（その他、母子世帯2）であった。

表6-2 ハイフン省出身政策入植世帯の農地保有面積の変遷　　　　単位：m²

番号	移住年	移住時の農地面積	移住時人数	移住前の農地面積	現在の農地面積
1	1990	15,000	5	4,000	30,000
2	1991	不明	4	2,880	0
3	1991	13,000	5	2,160	45,000
4	1991	不明	4	2,880	30,000
5	1990	7,000	7	2,160	7,000
6	1990	12,000	4	2,520	24,000
7	1992		4	2,160	50,000
8	1991		6	3,600	50,000
9	1992	不明	6	2,160	28,000
10	1991		8	2,160	0
11	1991	10,000	5	2,000	24,000
12	1991	10,000	3	4,320	25,000
13	1991	10,000	5	1,800	15,000
14	1991	5,000	3	1,440	10,000
15	1991		4	2,520	80,000
16	1991	12,000	4	7,200	28,000
17	1991	13,000	4	3,600	13,000
18	1991	15,000	4	3,600	27,000
19	1991		6	3,240	40,000
20	1991	不明	3	3,240	6,000
21	1990	11,500	3	2,160	11,500
22	1990	不明	3	1,260	11,000

出所：2004年，2005年に行った世帯調査の結果に基づき作成。

しておきたい。そして，その結果，どのような社会関係が現地において立ち現われてきているかを検証してみたい。

　2005年世帯台帳によると，夫婦双方，あるいはどちらか一方が北中部出身で構成された世帯は全体で90組となっている。その内訳は，サイザン集落が52組で全体の半数以上を占め，その他，ゴーチャウマイ集落13組，カー

チョット集落12組,バオセン集落8組,そしてタヌー集落が5組である。

　表6-3は,以上90組の全村レベルの北中部出身者の婚姻相関分布を表している。その内,(e)グループをさらに出身地別の2つのサブ・グループ(e-1)と(e-2)に分けて表示している。(e-1)はハイフン省出身者のグループで,(e-2)はそれ以外の出身者グループである。グレーで色分けされている部分は,ハイフン省出身者の婚姻組み合わせで,合計61組となっている。一方,夫婦の少なくともどちらかがハイフン省以外の北中部出身者で構成されるサブ・グループ(e-2)で分類されている婚姻は30組である。その具体的な出身地を北部と中部に大別すると,北部25世帯,中部5世帯となる(夫婦どちらかの場合,多数者の出身地を優先的にカウントした)。北部出身者の内訳を見てみると,最も多いのがタインホア省出身11組で,続いてハイフォン省出身世帯で9組,バックザン省出身世帯3組,ハタイ省1組,北部山岳地域のティエンクアン省1組である。また,中部出身者の内訳をみてみると,ダックラック省2組,ハティン省出身1組,ダナン省1組,フーカイン省1組となっている。

　ここでは,2つのサブ・グループの婚姻相関分布の特徴について,より詳しくみていくことにしよう。

　まず,ハイフン省出身者で構成される(e-1)サブ・グループ61組(グレー部分)についてみると,45組が同じハイフン省内出身者の夫婦で占められており,まとまった1つの同郷集団を形成している。後述するが,配偶者が別の地域出身である残りの16組は比較的若い,子ども世代カップルであり,

表6-3　全村レベルの北部出身者の婚姻相関

夫＼妻	a	b	c	d	e-1	e-2	f	g
a					1			
b					1	1		
c					3	2		
d					3	2		
e-1			3	1	45			
e-2	2		2	2	5	18	1	
f								
g								

出所:2005年全村世帯台帳を基に作成,一部を筆者のインタビューで補正。

現地で成人した後に結婚しているため,同郷者同士のカップル集団(親世代)の外延に位置づいている。

以上のように,最大の北部出身集団であるハイフン省出身者は極めて限定的に居住しているのに対し,比較的古くから居住しているタインホア省出身者はサイザン集落以外の集落にあまねく居住しており,ネットワーク的な広がりをもっているのが特徴である。自発的に後から入植しサイザン集落以外の集落にあえて居を構えたハイフン出身者たちにインタビューしてみると,同じ郷里であるとはいえ,彼らはサイザン集落居住者との日常生活上の交流をほとんどもたない。国家政策を背景に共通の体験をしてきた政策移住者たちと,自力で現地にたどり着いた自発的移住者では,異なる社会関係が取り結ばれているようだ。

2-1-2 サイザン集落におけるハイフン省出身世帯の分布状況

それでは,サイザン集落の居住状況をみることで,その集落の中核を担うハイフン省出身移住民の生活世界を描写していきたい。その中には,以前同集落に居住していたが,村の幹部となってゴーチャウマイ集落に住まいを移したものの,土地はまだサイザン集落に保有しているハイフン省出身移住民も考察の対象として含めている。

表6-4はサイザン集落内の北部出身者の婚姻相関を示したものである。2005年世帯台帳によると,52世帯が居住している。表6-3と同様,(e)グループを2つのサブ・グループ,すなわちハイフン省出身者(e-1)とそれ以外(e-2)に分けて表示している[4]。

サイザン集落内のハイフン省出身同士41世帯の中には,すべて政策入植

---

4) 第3章で示したサイザン集落内の表3-4と比べると,数値が一部一致しない箇所があるが,我々の個別インタビューで得られた情報をもとにクロスチェックした結果に基づいて補正したためである。この齟齬の原因は2005年台帳作成作業にあたった調査員の聞き方にあったと思われる。調査員が「以前,どこに住んでいたのですか」と聞けば,故郷ではなく,現地に来る前の住所を答えることになる。段階的の場合,その点があいまいになるだけでなく,調査員によっては遠方の土地勘がないため,記入に明らかな誤りがみられる。したがって,おそらく全体的に見た場合,2005年世帯台帳の原貫地については,かなりの割合で誤記が存在すると思われるが,完全に補正することは不可能である。わかった範囲での補正にとどめている。

表6-4　サイザン集落の北部出身者の婚姻相関

夫\妻	a	b	c	d	e-1	e-2	f	g
a								
b								
c					2			
d					2			
e-1			1	1	37			
e-2					3	6		
f								
g								

出所：2005年世帯台帳を基に作成，私たちのインタビューで照合し一部補正。

移住民ではなく，同時期に自発的に移住し，サイザン集落成立時に戸籍登録して，政策移住者と同様に土地を分配された数世帯が含まれている。

以上の全村およびサイザン集落の分布を照合すると，北部出身者の中ではハイフン省出身同士の夫婦が圧倒的多数を占め（全村で45組），その大半はサイザン集落に集住している（37組）ことがわかる。同集落以外に在住する8組は，元居住者で，全てゴーチャウマイ集落に転居していた。構成は，行政幹部に登用されゴーチャウマイ集落の分譲地を購入して移り住んだ世帯，親と移住しサイザン集落に定住したが結婚を機に新居を構えた子世代，90年代後半に親戚・知人を頼って自発的に連鎖移住した世帯などである。彼らは，何らかの形でサイザン集落のハイフン出身政策移住世帯と関わりのある家族である。一方，カーチョット集落やバオセン，タヌー集落に居住する北部移住民世帯は，政策移住世帯とはほとんど接点を持たない自由移住民である。

ハイフン省出身者の37組のうち，政策入植世帯を頼って，その後に連鎖移住した自由的移住世帯が3世帯いる。

2-2　世代による婚姻関係の広がり

以下ではハイフン省内婚姻カップルの世代について分類してみたい。カインフン全村内45組と，サイザン集落の37組の世代と出身地の内訳をみてみたい。ちなみに，2005年世帯台帳では，1980年代生まれのハイフン省出身同士のカップルはいなかった。

表6-5　全村内のハイフン省出身カップル（世帯主）の世代および出身村構成

生年	人数	移住時の婚姻状況	同村内	同村外
1930年代	1	既婚	0	1
1940年代	5	既婚	5	0
1950年代	8	既婚	8	0
1960年代	15	既婚	14	1
1970年代	16	未婚15，既婚1	6	10
合計	45		33	12

注：1970年代生まれの既婚者は2001年に移入した自発移住者である。
出所：2004，2005年のインタビューに基づき作成。

表6-6　サイザン集落内のハイフン省出身夫婦の世代および出身村構成

生年	組	移住時の婚姻状況	同村内	同村外
1930年代	1	既婚	0	1
1940年代	4	既婚	4	0
1950年代	7	既婚	7	0
1960年代	11	既婚	10	1
1970年代	14	未婚	5	9
合計	37		26	11

出所：2004，2005年のインタビューに基づき作成。

　全村レベルの世帯台帳が作成されたのは2005年12月であり，北部出身の移住世帯が入植してからすでに15年が経過している。その間に家族構成も大きく変化している。当時親とともに移住した未婚の子どもたちは現地で成人し，配偶者を見つけている。

　移住の経緯と家族形成のサイクルを関連させて分類すれば，以下の3つのグループに分かれる。①第1（親）世代：故郷で生まれ，故郷で結婚，②第2（子）世代：故郷で生まれ，現地で結婚，③第3（孫）世代：現地生まれ，現地育ちということになる。

　いわゆる故郷で結婚した親世代は表6-6でいえば1960年代以前に生まれた23組であることから，移住当時は20～30歳代の若い夫婦であったことがわかる。彼らの多くは，故郷で子どもを1人か2人生み，子どもが学齢期

に達する前の幼児期に移住している。中には，移住後に第2子，第3子をもうけているケースも少なくない。結婚直後の夫婦のみで移住したケースは皆無である。つまり家族の規模が，極めてコンパクトであることが特徴的である。

　この背景には，1960年代から開始された家族計画プログラムが北部農村社会において実効性をもったことが窺える。特に二人っ子政策が実施された1980年代に結婚適齢期を迎え，出産を経験した1950年代後半から1960年代にかけてのカップルに及ぼした影響は大きい。1960年代にはそれは，同時期の南部ロンアン省内移住世帯の子どもの数に比べると，その差は際立っている。短距離の移動で，しかも農閑期には母村に戻る循環移動を繰り返す南部出身の移住世帯にとって，現地は家族の外延にあるため，子どもの数の抑制力は働かない。むしろ従来型の家族周期を継続させるために現地社会がある。見知らぬ土地への長距離移動を試みた北部出身の若いカップルにとって，新しい生活を一から始めるにあたってコンパクトな家族規模が必須条件であったことは間違いない。

　この親世代の夫婦の特徴として，もう1つ指摘できるのは，その婚姻圏がほぼ出身村内に限られているということである。これは，出身村落が極めて同質性の高い，換言すればほとんど流動性のない社会であったということを示している。

　一方，親や既婚の兄弟世帯とともに移住し，現地でも同郷の配偶者を選んだ1970年代以降生まれの子世代の夫婦は14組で，内訳は出身村同士が5組，出身村以外が9組という結果となっており，結婚相手を見つける際に，同郷という社会的要因に規定されているのがわかる。

　ここで興味深いのは，同世代の配偶者選びのバラエティである。子世代の婚姻に限って言えば，同郷以外の配偶者を選んだ夫婦は9組で，その内ロンアン省内およびメコンデルタ域内の南部出身者を配偶者に選んでいる夫婦が6組を占め，移住後新たに南北間のハイブリッド婚夫婦が誕生していることを示している。さらに興味深いのは，子世代の配偶者の選択に関して，息子と娘では異なる傾向を示していることである。すなわち，息子の配偶者が南部出身者であるケースが2組であるのに対し，娘の配偶者が南部出身者またはハイフン省以外の北中部出身者であるケースは7組と，娘の婚姻圏の方が広い。この数値については，少ない事例で断定はできないが，有意差である

と考えられる。娘を介して現地で広がる他地域出身者との交流については，第4節で詳述する。

　以上が主に2005年世帯台帳からわかるハイフン出身農民の全体イメージであるが，私たちが同時期に行ったインタビューと世帯調査をカバーすると，以下のようになる。まず，2005年台帳を作成する調査時には集落に居住していたが，その後村を離れてインタビューを行えなかった世帯が3世帯いた。また，以上の婚姻相関抽出から漏れた，母子家庭2世帯には対面世帯調査を行っている。さらに，運河開削で隣村のヴィンチに住民登録したために2005年台帳には記載されていないハイフン省出身者2世帯，そして村の公職に就くためにゴーチャウマイ集落に移住した2世帯（ともにサイザン集落に農地保有）にも対面世帯調査を行った。

　その結果，サイザン集落に居住・農地を保有するハイフン省出身世帯に我々がインタビューすることができたのは全部で49世帯になり，ハイフォン省およびトゥエンクアン省出身の6世帯を加えると，総計55世帯に達する。

2-3　コアグループの世界：第1世代の長距離移動と適応の経験
2-3-1　政策入植：VGV：子どものために

　ここでは北部集団入植旧世代の家族のプロフィールを詳しくみてみよう。まずは，政策入植世帯の中では最年長（当時50代）の移住・適応過程から詳しく見ていきたい。

　1934年生まれのVGVは，他の世帯と異なり，唯一57歳になってから一家で移住を決めたケースである。集落の会合には必ず出席し，経験豊富なまとめ役，調停役として一定の威信を持っている。

　VGV家族は1991年にハイフン省の村から夫婦と4人の子どもの一家6人で移住した。移住した理由を，耳が遠くなっている夫に代わり，彼の妻が回答した。

> 皆さんに報告すると，こうなります。夫は長らく仕事で家を留守にしていましたが，退職して帰郷するころ，当時私が4人の子どもを抱え，経済的に大変だったのですが，ちょうど共産党が人々に新経済区への営農を呼びかけていたのを聞いたのが始まりです。幹部の情報によると，国境付近の新経済区域には広大な土地があり，農民を入植させていたとい

うことでした。私たち家族にとっては，夫がようやく退職したばかりだし，誰も行きたくはなかったのです。ですが，私が移住を決意しました。

我々が「どうしてですか？」と問いかけると，

> 当時向こうでは土地が不足しているのに，子どもは4人もいて経済的にとても苦しかったんです。だから，私が自ら決意し，申請しました。私の村からは2世帯だけでした。移住後，もうひとつの世帯はもうここにはいません。ビエンホア（ドンナイ省）にいるようです。ずいぶん前なのですが，たしか1993年です。

妻の回答に対して，VGVは以下のように引き受けた。

> 円満退職だったし，私は行きたいとは思わなかった。だが，妻が申請して，親子揃って行くことになれば，従わざるを得ないだろう。

それを受けて，妻が続ける。

> 以前夫は道路や橋をつくる労働者でした。南北大動脈の幹線道路をつくる事業だから，戦争中は何度も死にかけた。カオバンやランソン（中国国境地帯）で2度も死亡通知が出されたくらいだから。ハノイのドンアイン（空港）では敵に早朝4時5時に空襲されて，家の下敷きになり，ようやく救出されて生き延びたんだよ。
> 2番目の子ができて社会活動ができなくなってから，私は仕方なく党生活も休んだのです。経済条件が許さなかったから，不本意でしたが活動休止しました。昼間の会合でも冬は寒いし蒸し暑いと蚊に刺されるので，子どもを連れていくことはできません。今のように暇な夜に寄合があるわけではないですから。夫は党歴46年ですが，私は休止して大衆の1人になりました。

つまり，夫は乗り気ではなかったようだが，妻が押し切った形で移住を決めたようである。妻は18年の党歴をもつベテラン共産党員で，故郷の村では青年団活動に従事していた。

見知らぬ土地への入植後，一家の暮らしは苦労続きだったようだ。どこに行くにもカヌーに乗って行かなければならず，市場もヴィンフン市までいか

図 6-4 　VGV 氏の家族関係と世帯構成 (2012 年現在)

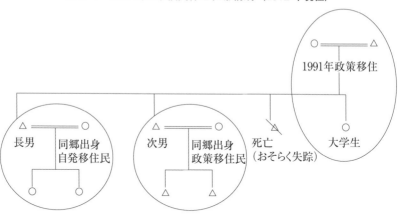

なければならなかった。酸性土壌の改良方法を教えてくれたり，鼠害で不作のときに農業労働者として雇ってくれたりしたのは，地元民であった。当時は，直播も稲刈りも全て手作業だった。最も困難だったのが 1993 年で，暮らし向きがなんとか安定したのは，1995 年以降のことである。

> 農業投資するお金がなくて大変だっただけで，空腹ではなかったのよ。国の幹部も，講習会を開いてくれて，こちらのやり方を学んでいったし，地元の人からも経験を教わって，すぐ家でも応用してみました。例えば，畔に座ってる人を見かけたら話しかけて，情報収集をやってみるのです。地元民だけではなく，南部の人で先に入った人たちも経験があるので，後から来た私たちに広めてくれました。

入植後，VGV は農地を買い足し，2006 年までにその保有地は 8ha に拡大した。彼によると，北部の農民は南部の農民に比べてより倹約的であり，「農地によって貯金をする」ので，「お金に余裕ができると農地を買うことで発展できる」。保有地拡大について，不動産「投資」という発想よりも，むしろ不測の事態に備える「貯蓄」という意味合いが強い。そして，VGV は 2006 年に 2 人の息子たちに自分の農地を譲り，自身は隠居生活に入った。兄弟はそれぞれ 4ha ずつを相続し，VGV 夫婦は長男の自宅と隣に建てた次男の自宅を行ったり来たりする生活を送っている。

図 6-4 に示したように，長男と次男はそれぞれ同じハイフン出身の女性と

結婚しているが，知り合った場所はカインフン村内ではない。長男は，出稼ぎに行ったドンナイ省で，やはりハイフン省から家族と自由移住してきた妻と知り合い，一方，次男は隣村に住む昔からの知り合いの家族で，1991年に共に政策入植した女性と結婚している。

2-3-2 政策入植：NVN：篤農

　図6-5は，第3派（1992年）でハイフン省から移住したNVNの家族構成を表している。NVNは1960年生まれで，郷里の村で近所の女性と結婚し，2子をもうけた。彼の家族が政府の開拓事業に応じた際，夫は32歳，妻は30歳，2人の子どもはそれぞれ3歳と0歳であった。彼の故郷の村は，ハイフン省の中でも特に，自給用の稲作以外にさしたる農外雇用機会がない人口稠密な紅河デルタの典型的な農業専業村である。彼が移住を決意したのは，「人口が多くて農地が狭いから」という一般的なプッシュ要因の他に，「以前従軍して偶然このあたりを通りかかった時に，土地が良質で，ほとんど手つかずの状態だったのを見たので申請した」という，個人的経験から得られたプル要因も働いたようである。彼が移住を決意した際，同じ村では71世帯が同時にカインフン村に集団移住した。村を去る際，NVNの家族は，他の移住家族と同様，農地を合作社に返却している。

　入植当初，最も困難だったのは，酸性土壌のために飲用水の確保が難しく，

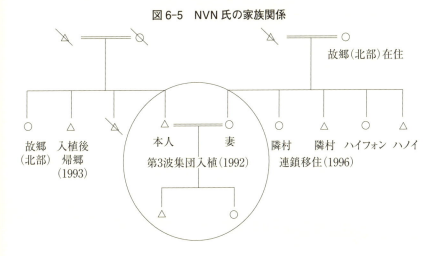

図6-5　NVN氏の家族関係

日常生活に支障を来したということである。2番目に、酸性土壌の改良の方法が分からず、稲が十分に育たなかったため、今のような高い収穫が得られなかったことである。そのため、多くの農民が現地に馴染めずに離れていったという。NVNによれば、北の故郷と違う点は、彼の地ではトウモロコシや雑穀類、トウガラシ、煙草などの多毛作で、商品米の単作である現地とは農業経営の方法が異なるということである。

なぜドンタップムオイを選んだのか？

> 中部高原やタイニンは、入植すればすぐ収穫できる点が優れている。しかし、まずい点は、長く耕作すればするほど地味が痩せてしまうということである。一方、この土地は逆で、入植当初は大変骨が折れるが、後には耕作すればするほど土地が肥えるということであろう。

つまりNVNは現地を選ぶ積極的な理由があった。しかし、同じ時期に入植した実姉夫婦は耐えられずに1か月余りで帰郷してしまったという。

> 初めの数年は、大量の鼠にやられて全滅してしまった。1992年は、あと数日で刈り取りという時に、奴らがきれいさっぱり食い荒らしてしまった。93年はもう少しましになったが。

実は、この年NVNの家族も、あまりにも過酷な生活環境のために一時故郷の村に帰った時期がある。彼自身は現地に残ったものの、妻と2人の子どもたちが正月を故郷で過ごすために帰郷したのである。彼にとって、この2年が最も困難な時期だったという。

> 結果的に数か月だったが、本当はもう戻ってくるつもりはなかったんだ。蚊が多くて、酸性水だから炊事も本当に大変で、子どもたちがかわいそうだから、と妻に言われて。私が1人残って、日雇い仕事は何でもしたよ。ユーカリを切ったり、稲刈りしたり、水路を掘ったり。翌収穫期が豊作だったので、妻に手紙を書き、再び呼び寄せたんだ。

彼を雇った農家は、主にカーチョット集落在住のカインハウ出身者だったようである。バオセンやタヌー在住の地元民ではなかった。水の季節は91年、94年、96年、2000年が洪水に見舞われ、大洪水の2000年には農地の地面から3mまで冠水したという。

その時，何をしていたのですか？

　網を張って魚を捕ったよ。自分たちで食べるだけさ。当時のことばで，貧しい者は魚を食べ，金持ちは野菜を食べるといわれてたよ。当時，空芯菜や小松菜などの野菜は1kg 5,000～6,000ドンしたけど，魚は数百ドンだったんだから。はは。当時，野菜を見かけなかったわけじゃないんだが，自分たちは金がなくて買えなかった。

　-足がなくて苦労したな。ちょうど2000年の大洪水で国が小舟（xuồng ba lá）を緊急援助してくれたよ。それに乗って，網をかけて魚を捕ったよ。

　彼が入植した頃は，まだカインフン村は成立していなかった。当時は，ドンタップムオイ第1経済建設団に種籾や肥料など生産物資を前借し，収穫後にコメを売却して返済したという。さらに，当時は銀行がまだ融資していなかったために，全てを同経済建設団に依存せざるをえなかった。その後，90年代後半から農業銀行の融資が始まり，農民が個別に同銀行から生産投資用資金を借りる方式に変更された。いずれにせよ，北部政策移住世帯が入植当初から今日まで国家権力の圧倒的な影響力の下で商品米生産してきたことは明白である。

　図6-5にみられるように，NVNの実姉家族は1993年に故郷の村に帰り，一方妻側のきょうだい2世帯（実兄と実姉それぞれの家族）が同じ故郷の村から1996年に連鎖移住している。またこの図には示していないが，夫の母方の従妹家族も2000年に連鎖移住し，NVNの敷地内で暮らしている。このように母方・妻方の親族が移動する現象は，後に詳述するように，北部からの連鎖移住に共通する特徴を備えている。

　数回のインタビューを通して私たちが印象深く感じたのは，NVNは極めて明確に入植当時を記憶しているという点である。第4節で詳述するように，篤農として同郷出身農民の信頼が厚く，自身も農業発展に対する熱意が高かった。しかし，彼は村の公職に全く関心を示さなかったようである。むしろ，1990年代後半に種籾生産チームの拡大を図るPVYに協同経営者として協力し，同郷出身者への加入を促す重要な橋渡しの役割を果たす中核的人物であった。おそらく共通の困難を味わい成功した彼が説得し，積極的に後押ししなければ，リスクを恐れる北部出身農民が種籾生産という新しい挑戦

に乗り出すことはなかったであろう。

〈3〉 サイザン集落に形成される新たな社会関係

3-1 集落長の世代交代
3-1-1 1990年代の集落長
　これまでサイザン集落では5人の集落長が就任してきたが，全ての集落長に共通するのは，政策入植者という点である。しかし，図6-6において点線で仕切ったように，2000年を境に世代交代が進み，彼らを取り巻く状況が大きく変化していることがわかる。1990年代は親世代（開拓第1世代），そして2000年代は子世代（故郷で生まれて現地で結婚）が就任している。集落長の世代交代が何を意味しているのかを考察してみたい。
　まず，はじめに親世代の集落長についてロンアン省およびヴィンフン県の

図6-6　サイザン集落の歴代集落長のプロフィール

	氏名	出身地と移入時の婚姻状態	妻の出身地と居住形態
初代	NVK（南部） 在職　1989-1991	タンチュ県DT村 既婚	同県内の別の村 季節循環移動
2代目	NVL（南部） 在職　1991-2000	タンアン市BT村 既婚	同村 季節循環移動
3代目	MVL（南部） 在職　2001-2003	タンチュ県DT村 結婚後、同村に定住	ハイフン省 姉夫婦が集団入植
4代目	NVT（北部） 在職　2003-2006	北部ハイフン省 集団入植で同村に定住	北部ハイフン省 編入[注]
5代目	NHD（南部） 在職　2007-現在	タンアン市BT村 結婚後、同村に定住	北部 姉夫婦が集団入植

注：編入は政策入植形態の1つで，旅費などは自弁だが，現地で土地は配給される。
　　DT村はドンタム村，BT村はビンタム村を指す。
出所：2004年から2007年にかけて行ったインタビューに基づき作成。

強い意向を受け，1989年の初代サイザン集落長は南部出身政策入植者が就任した。続く2代目の集落長も南部の別の地域出身者で，やはり上位機関である村人民委員会主席の任命によって就任した。それは，新経済村の入植政策ではまずロンアン省内の人口稠密地域が先行したため，サイザン集落内ではタンチュ県ドンタム村やタンアン市ビンタム村出身者が新しい下位組織のコアを形成するよう期待されていたことによる。

　それでは，ここで初代サイザン集落長のNVKのプロフィールについて簡単に触れておこう。彼は，ロンアン省内で最も人口密度が高いタンチュ県ドンタム村出身の農民で，カインフン村の人民委員会が組織されると，それに伴い政権から任名され，1989年から1991年まで3年間サイザン集落長を務めた。

　NVKの略歴について簡単に触れておこう。NVKは1954年にタンチュ県ドンタム村に生まれ，6人家族である。自身と2人の息子たちがカインフン村で営農し，妻と2人の子どもは故郷ドンタム村に残っている。

　ドンタム村で募集された開拓移民事業に参加することをNVKの家族が決意したとき，2人の息子が正式に戸籍登録をした。しかし，実際はNVK本人と長男が入植した。本来の開拓移民政策によれば，2人の労働力を擁する世帯が入植の条件となっていたが，登録者が必ずしも居住しなければならないとの規定は明記されていなかった。彼によれば，「登録は形式さえ満たせば，実態が異なっても問題はない」という。いわば，新たな家産が加わったと捉え，その管理はNVKが行い，誰を登録するかは状況に応じることが自明の理となっている。同郷の村からは全部で117世帯が同時期に集団入植したという。

　NVKは1970年代後半から1987年まで故郷のドンタム村で実施された農業集団化の際，生産隊の管理部門に参加した経験をもつ。その経験を買われて，入植後サイザン集落長に任命された。母村から入植する際，開拓入植調整委員会と呼ばれる組織が結成され，現地視察をしたり，移住を希望する住民への説明会を開いたりするなど，作業準備が行われた。91年に集落長を辞任した後，カインフン村人民委員会の職員に昇進し，数年後退職した。その後も，彼は長男とともにカインフン村に留まり営農している。農繁期などの人手が必要な際には，故郷の村から下の息子が手伝いに来る。「2つの故郷」の循環移動を繰り返しているため，居住形態としては，入植当初から今日ま

で，母村に残した妻と就学年齢の子どもと年間数か月別居しているが，家計は1つである。いわゆる「出稼ぎ型営農」が完結するのは，年少の子どもたちの教育費を賄う必要がなくなり，年長の息子が結婚して世帯分けすることになったときであろう。

　この2代にわたるサイザン集落長の共通の特徴は，①基礎レベルの土台づくりのために村行政の上層部の強い意向で集落長に就任した，②入植する時点ですでに結婚して家族をもつ40～50代の既婚者（第1世代）で，労働年齢に達した息子とともに現地で営農し，③出身村が比較的近距離にあり，妻と学齢期の子どもはそのまま村に住み続けるため，季節ごとの循環移動と両居形態をとる，④家族は主に出身村と現地で2つの世帯に分かれ，現地は収入を得るための生産単位であり，母村は社会生活を送るための家族の消費単位となる，などであろう。

　彼らの移動・居住パターンは，現地において新たな社会関係を結ぶ必要性を限定し，住居や家財道具なども必要最低限に抑える生活形態をとるという点で，出稼ぎ型の農村間移動の形態と捉えることができる。彼らの意識や関心は常に家族が住む出身村に注がれ，従来の社会関係を継続することができることから，現地での彼らの行政幹部としての働きは形式的で，断続的なものにならざるをえない。おそらくインフラも整備されず，移出入が激しく，人々が適応に集中していた村落の創成期においては，このような不在期間が数か月にも及ぶ半定住型の移動・居住パターンも許されてきた面はあったのであろうが，ようやく生活も安定してきた移住世帯の実質的な行政管理が必要となってくると，状況も変化してきたのであろう。2000年の大洪水はその対応を迫られる大きな出来事であったと考えられる。

3-1-2　転換点

　2000年の住民投票で選出された3代目集落長は，それまでの旧世代の集落長とは異なり，子世代の男性が就任した。

　これまでの5代目集落長までの出自を検討すると，2000年以降に就任した新世代に属する3人の集落長の特徴は，子世代であるということと，その配偶者がハイフン出身の政策入植者の娘や妹という点である。彼らは家族とともに一年中現地に住みつき，その厳しい自然環境の中を生き抜いてきた。一方，親世代の集落長は水の季節には故郷に半年近く帰省し，現地にほとん

ど足場を築かないため，集落内の日常の業務にも支障を来す。集落が出来て間もない頃はともかく，1990年代後半以降は日雇い仕事を求めて多くの流民が仮寓申請をし始めたり，農業銀行の融資が開始されたり，行政的に本格的な始動期となった。

その後，2000年以来集落長選が住民による信任投票に変更されると，世代交代が進み，新集落長は1970年代生まれの子世代が担うようになった。この流れは不可逆的で，3代目集落長以下，全て現地で結婚した子世代が占めている。その内，2人（3代目と5代目）は南部出身であり，4代目だけが北部出身であるので，一見すると4代目集落長のみが突然変異のように現れたかのように見えるかもしれない。しかし，前者の南部出身2人と，後者北部出身の集落長には共通点がある。それは，配偶者が全て北部ハイフン省出身者であるということである。つまり，3代目と5代目集落長とその妻は，南北出身の組み合わせカップル（本書では「ハイブリッド婚夫婦」とする）ということになる。彼らは，結婚を機に両居型の循環移動をやめ，年間を通して現地に定住した。

つまり，サイザン集落における2000年以降の集落長の世代交代と南北ハイブリッド婚夫婦の登場は新しい発展段階を示している。それは，一言で言えば北部出身農民たちの現地定着化であり，新しい社会関係の土台構築の形成といえよう。

3-2 世代交代：女性が変える地域社会
3-2-1 南北ハイブリッド婚夫婦の出現：つながる北と南

子世代にみられる南北ハイブリッド婚姻形態を検討することによって，どのように北部農民が南部社会とつながりを持ち始めたかをみていきたい。表6-4でみたように，サイザン集落では，9組のハイブリッド婚夫婦が存在するが，その内妻がハイフン省出身で夫がそれ以外の地域出身者の組み合わせが7組であり，その逆で，夫がハイフン省出身で妻がそれ以外，表によれば南部出身の妻という組み合わせはたった2組にすぎない。ハイフン省同郷同士の結婚14組に比べれば少ないが，北部出身の政策移住民の娘の結婚相手の多様化は，彼らの在地化の表れだと捉えることができるだろう。

以下，具体的なハイブリッド婚夫婦の態様を見ていこう。

【事例　第5代集落長 NTD】

　世代交代を果たした南部出身の集落長のプロフィールを検討したい。
　2010年のNHDは1970年にロンアン省タンアン市ビンタム村に8人きょうだいの6番目として生まれた。高校を卒業した後，営農を決意し1988年村で組織された開拓移住計画に登録して，同年に村内40世帯とともにカインフン村に入植し，2haを支給された。当時，末弟と2人世帯で登録したが，弟はまだ就学中であったため，実際には1人でやってきた。2haを分配された。その後弟が加わり，2人で営農した。他の上の兄弟たち5人はすでに故郷で結婚し，親の耕地を共同で稲作しており，下の妹は結婚で他出していた。その結果，独身の2人のきょうだいが現地での稲作を担当し，初代集落長同様，収穫後にコメを売った現金を手に故郷に戻り，家族の家計に入れた。
　NHDの家族に限らず，南部出身の移住世帯は，現地での世帯構成員は極めて柔軟に決定された。例えば，父と息子，労働年齢に達した兄弟，結婚したての夫婦，叔父と甥，などの組み合わせである。すなわち，この両居型の循環移動パターンは，故郷の親元の家族を中核として，独身の子どもたちが出稼ぎによって家計を補完するという家族形態に近く，世帯は異なるものの，1つの家族として捉えられる。
　両居型の循環移動は1993年にNHDが結婚するまで続いた。その後，末

図6-7　NHDの家族圏

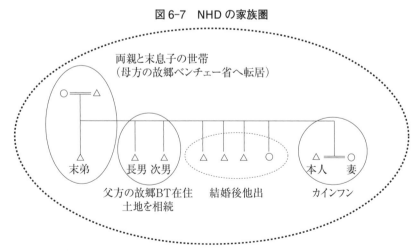

出所：2007年および2010年に行ったインタビューに基づき作成。

弟はホーチミン市に出て縫製工場で勤めた。父親の故郷ビンタム村の1haの農地を相続したのは長男と次男で，それぞれ5,000㎡であった。その他の兄弟たちは村を離れ商売などをしている。末弟はベンチェー省の母親の故郷で母親が農地を相続するのに伴い，父親とともに転居した。

　NHDが結婚相手に選んだのは，故郷の女性ではなく，現地で出会った北部出身の女性であった。後述するように，彼の妻は政策入植していた姉家族に子どもが生まれ，その子守のために呼び寄せられた。近所に住むNHDが彼女を見初め，声をかけたのが馴れ初めである。そのときの様子を彼は，以下のように回想する。

> それは……なんて言っていいのかなぁ，運命だよ。縁というか，出会いなんだから。お姉さんの家に遊びに行って会ったんだ。（夫）
> 当時は，道路もなくて往来がとても大変だったんですが，（姉の家に）遊びにいったら，彼に会いました。姉の家は橋のたもとにありました。彼は野良仕事に行くとき，姉の家の前を通るので，そのたびに会うのです。それで，話をするようになりました。（妻）

「初めて現地に来たときの印象はどうでしたか？」という私たちの質問に，妻は以下のように回想した。

> 姉夫婦のところに下の子どもが生まれて孤軍奮闘している姉を助ける人手が必要だということで，私たち2人の姉妹が両親に厳命されました。1,2年したら帰郷するつもりでした。2人だけでバスと汽車を乗り継いでたどり着きました。来たばかりの頃は，すごくホームシックにかかりました。当時は何もなく，ただ荒野が広がるばかりだったので。毎夜寂しくて，泣いていました。

　結婚式は南部式で彼の家で行った。両家とも出席者は少なかった。夫の側は父親と末弟のみ。一方，妻の側は3女家族と4女のみで，北部の故郷から家族は来なかった。2年後には妻の両親も移住してきたので，結局夫が妻の故郷を訪ねたことはない。妻は，結婚後に初めて夫の実家を訪ねた。結婚に際し，両家とも「本人の問題」として，反対しなかった。

　南部出身の夫との結婚に関連し，妻は以下のように語った。

> 来たばかりのときは，現地のことばが聞き取りにくかった。
> それに南部人と北部人が交流するのはむずかしいと思ったし，彼の実家に行くのも怖かった。習慣とかわからなかったから。

彼女は，すぐ言い添えた。習慣の違いとは具体的に何か。彼女によれば，日常生活用語の違いに表れている。

> 例えば，こちらでchén（丼）は北部ではbátと呼ぶ。北部でxẻng（スコップ）をこちらでは giá cạp dất と呼ぶ。あるときgiáを貸してほしいと言われ，コメの軽量カップを渡して全く勘違いしたことがありました。とても奇妙（bỡ ngỡ）に感じたし，理解するのが難しいと思いました。後は，お金の使い方です。南部の人よりも北部の人の方が節約します。子どもたちは，南部弁を話します。私は北部弁のままです。だって母語なんですから，今さら混じることはありません。

夫の方はどうか。

> 今は慣れたけど，当初は少し聞き取りにくかった。お互いに知り合えば，すぐ慣れる。当初，様々な地域からやってきたから，コミュニケーションはかなり困難だった。言語も違うし，お互いに全く溶け込め合えなかった。時間をかけて同居してみて，ようやく理解し合えて溶け込めた。

農業のやり方についてはどうか。妻が答える。

> 北部は田植えですが，こちらでは直播です。でも全く難しくありませんでした。私が担当するのは，苗の間引きと除草です。

3-2-2 母方・妻方の連鎖移住の誘発

さて，先にも触れたように，NHDの妻は，1990年に集団入植していた姉夫婦を頼ってカインフンに来て，そこで知り合った夫と結婚し，定住した。図6-8に示すように，妻のきょうだいは7人で，長姉以外の家族全員が連鎖移住している。ここでは，その態様を明らかにしておきたい。

1990年に3番目の姉がカインフンに移住したのを皮切りに，その後3回に分けて段階的に家族全員が連鎖的に移住した。連鎖移住の最初は①1991年に4女と5女（NHDの妻）で，続いて②1994年に末弟が1人で，最後に

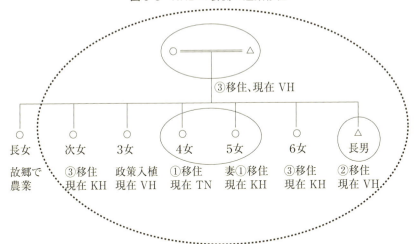

図6-8　NHDの妻側の連鎖移住

注：連鎖移動の順序として①1991年，②1994年，③1995年を指す。KHはカインフン村，VHはヴィンフン市，TNはタイニン省を指す。
出所：2010年2月のインタビューに基づき作成。

③1995年に両親と2女，6女が移住した。①の2人は当時未婚者で，4女はその後，父親の姉が在住しているタイニン省の村に遊びに行き，そこで今の夫と出会い，結婚している。伯母の夫は以前戦争中に北部に「集結」した革命戦士で，北部で出会い結婚した。南部解放後に夫婦で夫の故郷に戻ったという。次に②1994年に単身で現地に来た末弟（長男）はタンチュ県のドンタム出身の女性と知り合い，ヴィンフン県都で教員をしている。③1995年に移住した両親は，故郷ですでに家庭を築いていた次女と6女とともに，それぞれ同郷出身の夫と子どもを伴って移住してきた。次女の家族と6女の家族はともにサイザン集落に居住している。次女は移住時，すでにヴィンフン県都に転居していた3女から土地を譲り受けていた。両親は先行して移住した末弟（長男）夫婦とともにヴィンフン県都で同居している。3女の家と末弟の家は近く，3女は養豚と地酒を作って販売している。

NHDの妻に，すでに北部の村で家庭を築いていた次女と6女が移住してきた経緯について尋ねると，以下のように回答した。

姉や妹の家族だけが移住しました。彼女たちの夫方の家族は移住してきませんでした。妻方(bên ngoại)だけです。姉夫婦が移住を決めたのは，家族がとても多く，土地も狭かったからです。現地での生活ができそうだと知って，こちらにすぐ移住してきました。

なぜ妻方で移住するのでしょうか，という私たちの問いに対して以下のように答えた。

妻方の両親やきょうだいの方が親密だから。

つまり，次女の夫の家族から見れば，彼らが妻方で移住するのは構わないが，自分たちがそのネットワークで連鎖移住するという発想はないということであろう。夫方（bên nội）親族は常に村落内で動かないが，妻方は常に行動範囲を広げて動くという彼らの行動パターンは極めて興味深い。

以上，父系同族原理が強い北部農村から連鎖移住に見られる社会関係は，明らかに妻方の姻戚ネットワークを基盤にしている。一方，3女の夫側の家族は誰一人移住していていない。1990年代前半，現地での生活がまだ不安定で変動がある中での遠い故郷からの連鎖移住は，当時からすれば相当リスクの高い選択であったと思われるが，新開地での新しい可能性を求めて各地に分散している。次女，5女，6女はカインフンで営農し，ヴィンフン県都には3女と両親と同居する末弟（長男）が住み，近隣のタイニン省の村には4女が住む。つまり，独身で移住した3人の子どもたち（4女，5女，長男）はともに南部出身者と結婚し，家族を築いている。このように娘の移住をきっかけに，一家の軸がほとんど全て南部に移行したことになる。

つまり，現地社会に形成された北部農民の社会関係は，北部農村で一般的に言われている父系親族を中心とした社会関係の形成原理とは大きく異なっていることがわかる。あえていえば，連鎖移住する家族にとって父系出自はほとんど意味を持たず，むしろ妻方・娘・姉妹のネットワークが重要な役割を果たしているといえよう。さらに，そのような双系的な家族関係を生み出し，現地において南部出身者との婚姻を通して，父系出自が希薄化している。すなわち，現地でダイナミックに溶解しながら双系的親族集団を北部農民たちが形成しているのである。

以上のように捉えれば，2000年を境に変化した点は，結婚を機にカイン

フン開拓村を自分の新しい故郷として定住を決意した南部出身の入植者と，第1世代からこの新しい故郷で根を張り，生き長らえて来た北部入植家族の第2世代が集落長として登場し，実質的に現地の地域行政に影響力を持ち始めたということを意味している。2000年の大洪水以降の村落行政機能の強化と集落長の世代交代，そして南北ハイブリッド婚の出現は，全く偶然に起きたことではない。すなわち，婚姻を契機につながった南北間の社会関係がハイフン省同郷社会に埋め込まれる形で進化を遂げたといえるのかもしれない。

〈4〉 社会関係資本の形成

第2章第3節で論じたように，カインフン村では住民の組織化が進み，集落レベルの社会団体支部への加入が奨励される。そこでは，党や国家からの指示・宣伝工作，各種キャンペーンへの動員が図られると同時に，住民メンバー同士の情報交換や交流，親睦の機会にもなっている。

1975年以前の北部村落社会において，農民会，退役軍人会，女性連合，青年団など，官製の社会団体は祖国戦線の下に統括され，農民のあらゆる社会生活面に深くコミットしてきた。したがって，このような組織への参加は，ハイフン省出身の農民たちにとっては極めて自然であるだけでなく，このような活動を通して党・国家とのつながりを保つことは，遠く故郷を離れて慣れない辺境で暮らす彼らの心の拠り所ともなっていく面がみられる。

循環移動を繰り返しながら，足場を故郷に置く南部出身農民たちと異なり，現地に留まらざるを得なかった北部出身者にとって，メンバーがいずれかの社会団体支部に所属しながら家族ぐるみで交流し親睦を深めあう場が存在することは，彼らを取り巻く相互の生活支援システムが個人的なネットワークや親族の枠組みを超えて地縁的に形成されることを意味した。

4-1　女性連合会支部の相互扶助
4-1-1　頼母子講の運営方法

サイザン集落内で活動が最も活発な女性連合会支部の頼母子講（quỹ góp vốn xoay vòng）の運営を取り上げ，集落における社会団体の役割についてみていこう。

第2章第3節で触れた社会政策銀行の無担保融資は，家畜飼育や農業生産投資など使途に厳しい制約があるが，集落内で運営される頼母子講の使途は原則無制限である。どのような目的で使うかは本人の裁量に任され，厳しい外部の審査もない。

　頼母子講は集落の下部機関である組レベルで1990年代後半から運営され，サイザン集落では基金チーム（đội quỹ）と呼んでいる。基金隊員は年間20万ドンを積み立て，2012年の時点で基金総額は9,000万ドンに達している。同年には40人の会員に貸し付ける実績を残した。同支部長の話では，サイザン集落では64名の会員全てが既婚女性で，年齢は27歳から65歳くらいである。建前上は支部会員全てが基金チームメンバーに登録しているが，実質的に積み立て預金をしているのは会員の63％程度である。

　しかし，2006年の時点で，基金チームは会員数16名で積み立て総額が248万ドンであったことから，この6年間に会員数は4倍に増え，積み立て総額が約36倍に飛躍的に拡大したことになる。利子は2006年時点では年率1.5％であったが，2012年には1％に引き下げられた。利子を付ける理由は，女性連合会支部の親睦のための宴会の経費に充てるためである。第1回は3月8日の「国際女性の日」で，チームリーダーの自宅で行われる。第2回は10月20日の「ベトナム女性の日」に行われる支部の活動報告会の後に開く。また，病気や事故で療養する会員やその家族へのお見舞い金もここから支出される。

　チーム内で誰が優先的に融通されるかは，特に規定はない。1年単位の融資だが，1人の会員が何度でも更新することが可能である。掛け金総額が全てのメンバーに一巡するという本来の頼母子講の運用とは異なり，共有積み立て貯金の意味合いが濃い。現に支部長は，自身が参加する頼母子講では積み立てるばかりで，利用したことがないという[5]。したがって実質的な「常連」対象者は貧しい母子家庭である[6]。余裕のある人は「より困窮した人に優先

---

[5]　支部長は，両親と共に移住した子世代で，同集落内で同じハイフン省出身の男性と結婚した。夫は2012年現在，村レベルの退役軍人会主席で，将来を嘱望されている。
[6]　先にみた貧困層向け小規模金融の融資も受けている家庭も多く，彼女たちは主にこの2つの財源を基に生活水準の向上に努めている。実際，融資を受けた女性は，主に養豚または化学肥料購入などの資金に充てたという。

的に回せばいい」という行動原理で組織が成立している。これまで期限通りに返済できなかった例はない。大抵は，米の収穫後にコメ取引業者に売った利益から返済に充てるが，手元に十分な金額がない場合は親戚か近所に借りて必ず返済するようである。

　ここでは，互いに家族構成や関心などをよく知る間柄にある女性たちによって信用と利益が共有されている。自分たちの集落から困窮世帯を出さないことが自分たちの生活の安定性や確実性につながり，数年に一度見舞われる大洪水など，予測不能の自然災害被害を最小限に食い止めたり，その後の生活再建をスムーズにしたりすることができる。ある意味，「皆で助け合う」という規範意識が共有され，リスク回避の保険として彼女たちの安心を育てているといえるかもしれない。

4-1-2　発展の要因

　女性連合会支部がこのような共助グループとして機能することができるのは，先ほど触れたような親睦の共食を定期的に持つなど，世代を超えて情報交換したり交流を深めたりして，メンバー同士の結合を強める活動を行っているからである。

　例えば，娯楽のない辺境地において，サイザン集落支部では独自の健康増進プログラムの一環として「体操クラブ」が2005年に自発的に設立された。この「体操クラブ」は，その後カインフン村に認可され，空き地をグループ体操用に提供された。同クラブの設立に先立って2004年にヴィンフン県に正式に認可されたが，同様のクラブはカインフン村内の他の集落には見られないという。私たちが参与観察した2006年の会合の席では，「家が遠くて，グループ体操の場所に行くのが大変な人もいる。そういう場合には是非なるべく1人1台携帯ラジオを提供していただきたい」という要望が年配のメンバーから発言されていた。この後,「のど自慢大会（楽しく一緒に歌いましょう）」のレクリエーションが催され，彼女たち手作りの料理が総勢5テーブル（50人）用意され，私たちもご相伴に預かった。この日，集落内の各種社会団体の幹部メンバーと，他集落に住む女性連合会主席など村幹部数人が招待されていた。このような会合は年に2回，その他3月8日の女性の日にも，同様のカラオケパーティが催される。

　その他，同支部では，メンバー本人が病気になったり，その親が年老いて

介護が大変になったりした家庭に対し，それぞれ2万ドン相当のお見舞いを贈る。

女性連合会支部の主力メンバーは，いわゆる現地で結婚した子世代の女性たちである。彼女たちはハイフン省出身の政策移住民で，現地でも同郷の男性と結婚し，いわゆるコア集団の中心的存在である。2000年代前半の加入率はそれほど高くはなかったようである。年配の支部幹部は，主に20代後半から30代前半の第2世代の既婚者の実情を以下のように説明していた。

> 彼女たちは普段，自分の生活に忙しい。家族の細々とした用事で手一杯なので，社会活動に参加する余裕がない。

まず女性連合会支部に加入し，活動を始めたのは40代以上の女性たちであったが，世代交代が進むにつれ，30代の既婚女性たちにも広がっていったようである。このようなサイザン集落の活動を他の女性連合会支部はどのように見ているだろうか。地元民集落の支部長は，「あそこは団結力があるからね」と語り，その要因として「どの世帯も皆土地を持っているし，貧富の差があまりないから」という点をあげた。南部地元民の目には，彼女たちの「まとまり感」は相当奇異に映ったようである。

しかしながら，移住社会に生きる北部女性たちにとっては，社会団体という容器の中で自身の姉妹や母・姑のような疑似的家族関係をメンバー間で構築することは，とりもなおさず自分たちの生活安定の基盤を固める上で不可欠の要素なのである。

図6-9 女性連合支部の活動

4-2 新しい慣習法の制定
4-2-1 集落の規約制定

　サイザン集落は，「規約」と呼ばれる慣習法の制定でも，他の集落に先んじて，党・国家の指示を忠実に受取り，実現させている。規約づくりは，集落住民間の相互理解と結束を図ることを目的として，中央政府が「新文化集落」というキャンペーンの一環で推進したものである。和解組が個別具体的な個人間の利害対立の調整，係争解決を目的とするが，規約は社会の秩序安寧のための合意形成の意味合いが強い。

　サイザン集落の規約は 2004 年に党・国家の呼びかけに応じ作成されたカインフン村内で最初の規約であった。当時のハイフン省出身の祖国戦線集落支部長によれば，カインフン村では各集落に「規約」と呼ばれる慣習法を制定することを呼びかけたが，実際に作成まで至ったのはサイザン集落だけだった。単なる上からの強制であれば，様式通りに文言を整えるだけで終わるが，同集落では，制定を担当する「文化的生活指導委員会」と同時に，ハイフン省出身者による「同郷会」が結成され，彼らが自主的に動いた。具体的には，同じハイフン省出身の政策移住世帯が多く住む，ヴィンフン県内の複数の村々を回り，「規約」を集めて研究し，独自の「規約」づくりに役立てたという。その時点では単なる草案のレベルにとどまり未認可であったが，その後行政村レベルで「規約」作成の指示が公表されると，何度か検討を重ねた結果，正式に認可されるにいたった。

　このように，2000 年代初めにサイザン集落で制定された「規約」は，近隣の村や町で相次いで結成されたハイフン省出身者の「同郷会」や彼らの住集落で制定された「規約」に積極的に呼応する形で実現している。行政村の枠を超えてドンタップムオイの広大な地でつながる同郷人同士のネットワークはサイザン集落の人々を元気づけた。国家の「新文化村」「新文化集落」キャンペーンは，このように集落レベルで新たな「共同性」を模索する彼らにとっても無理なく受け入れられ，時空を越えた「想像の共同体」が形成されつつあるように思われる。すなわち，党・国家の下での新たな「ムラ」の建設は，ハイフン省出身同郷集団にとっても「われわれ」意識を涵養していくための自発的な取り組みであったと思われる[7]。

4-2-2　規約の中身

　2004年「規約」には，「サイザン集落住民の先進的居住区建設に向けて」というサブタイトルがついている。全体は9条構成で，シンプルである。ここには，彼らの理想とするコミュニティのイメージが凝縮されている。

　内容としては，主に2つのカテゴリー，①円満な家庭生活と②コミュニティ・国家への貢献に分類されている。まず，①にある家族の規定についてみてみよう。内容については第1条から第5条までの条項に述べられている。家族・婚姻法の遵守，「文化的家族」生活（家族計画の推進），「祖先への仁義や孝行」（伝統的道徳の奨励）などがその主な内容である。

　次に，②にあるコミュニティの規定についてみてみよう。文言で極めて興味深いのは，làng（自然村）やxóm（集落）という北部村落の基礎単位をそのまま「規約」に当てている点である。メコンデルタの場合，フランス植民地時代に新田開発で次々につくられた村落社会ではそもそもlàngは存在せず，集落もxómではなくáp（邑）を使う。つまり現地の実態にはそぐわない北部的世界を型式的に借用しているのであるが，彼らの実感としてはしっくりくるのであろう。

　最後に，規約を破った者に対して「公衆の面前で行いを正される」という制裁措置がある（第6条から第9条）。サイザン集落の帰属意識を規定している点が興味深い。さらに，「この規約は居住区内の全住民間で一致し，直ちに実効される」という規定が付加されているが，本来ならばサイザン集落内の南部出身の移住世帯にまで周知され，集会にも出席することで「集落メンバー全員」となるはずであるが，おそらくその点はあいまいにされているように思われる。日常生活でほとんど接する機会もなく，近距離の母村との社会関係の方が緊密な南部移住世帯は，ほとんど関心を示さなかったようである。

　興味深いのは，集落の規約に想定されている集団意思が，党・国家の指示・政策に対して連帯責任をもつという姿勢を鮮明にすると同時に，住民間の共

---

7) サイザン集落では，2011年に改定版が作成されている。この時点では，「新文化村建設キャンペーン」がより強化され，他の集落も一斉に「規約」を制定している。内容的には，家族計画や「文化的家族」の普及など，党・国家の住民管理・動員の意図がより鮮明になっている。

感，意志の疎通を図り，個々の利害を超えて全体利益を優先させたいという願望が体現されている点である。規約の各条項は，法的な拘束力はまったくないものの，住民の行動規範に訴える一定の精神的拘束力をもつ。皆で討議し，決めたのだから，皆で遵守するという原則が成立する。

　ここにも，社会団体と同様，地域組織の二面性が表れている。権力から発動される様々なキャンペーンにうまく応えられれば褒賞され，違反すれば処罰されるというように，サイザン集落は党・国家の「王法」への動員装置として働く一方で，家族間の結束力やコミュニティ基盤の強化を図る主体でもある。

4-3　協同生産組織の設立と消滅
4-3-1　設立の経緯

　PVY は，1990 年代半ばにカインフン村に自発的に入植してきたイノベーターである。いくつかの村を視察した後に，1995 年にサイザン集落に家族と共に移住してきた。サイザン集落在住の同郷の集団入植者のコミュニティに依拠した移住者であり，なおかつ同村人民評議会副議長という行政幹部も歴任した。彼のリーダーシップは，市場経済対応型の商業米生産にさらに付加価値をつける「龍の血」と呼ばれる在来種を交配したハイブリッド種の生産農地の拡大と，認可に必要な行政手続きの実現である。後述するように，この種籾生産プロジェクトは 2006 年に一旦実現するものの，3 年後の 2008 年に解体し，PVY 自身は自身の土地をいとこに譲り，村の人民評議会副議長の任期が終わった後，2011 年にホーチミン市に移住している。生産組合はなぜ継続しなかったのか，ここでは，その設立の経緯から解体までのプロセスを述べ，その失敗の要因について考察してみたい。

　まず，PVY が組織した「種籾生産協力チーム」と呼ばれる生産組織の設立の経緯についてみてみよう。最初は彼が母方のいとこを呼び寄せ，試行錯誤を重ね，1998 年に 2ha の農地から設立にこぎつけた。その後，集団入植して農地を拡大していた NVN（第 2 節で詳述した）ら数人のハイフン出身農民に協力を依頼して 2000 年に規模を拡大した。彼は元々農民ではなく，農業技術を専門とするエンジニアであった。カインフン村に家族で移住したのも，元々種籾生産に適した土地を探して起業するという目的があったからである。彼自身もサイザン集落に農地を購入するが，その経営方針は，それ

ぞれの農地保有者が自発的に参加し，技術を共有し生産に協力することで，より高い利益を得ようという互酬的な関係を構築することであった。そのためには，同じ歴史的文化的背景をもつハイフン省出身の農民たちに依拠し，協力を呼びかける必要があった。彼とハイフン出身農民たちをつないだのはNVNである。第2節で紹介したように，成功した篤農として集団入植者の信望も厚かったNVNのメンバー参加は，ハイフン出身集団入植者との間を取り持つ重要な役割を果たした。

　PVYは独学でインターネット通信技術を習得し，国内の稲作技術では最も有力な専門機関の1つであるカントー大学稲作センターなどと農業技術に関する情報交換をすることで，現地の生態環境に適した種籾生産に必要な情報を収集するとともに種籾の市場価格や販売ルートなどの確保を担当する。一方，NVNはPVYとサイザン集落の区画予定地に土地をもつ主にハイフン省出身農民との「橋渡し」役を買って出て，種籾生産の効果の高さを力説し，熱心に参加を説いた。

4-3-2　試行と中止

　2006年夏には，6年間の成果を踏まえ，種籾生産協力チームの15世帯の参加を得て，作付面積も25haに拡大しようと，サイザン集落の集落長（第4代目，ハイフン省出身の第2世代）の自宅で会合が開かれた。この日の議題は，種籾生産への参加呼びかけの他，電力ポンプステーションの開設のための人民委員会への陳情であった。カインフン村行政からはPVYの他，共産党書記長，人民委員会主席（ともに南部地元民）が出席している。

　種籾生産に関する審議では，サイザン集落住民の5人が発言したが，その口火を切ったのがNVNの以下の言葉である。

> 現在我々は商品米を生産しており，その市場販売価格は1kg 2,600ドンである。一方国家の種籾買い付け価格は1kg 3,200ドンである。種籾生産の方が高い技術を要求され，生産コストも高くつくので，両者の利益はほぼ互角である。種籾生産農家に高いインセンティブを与えてほしい。

これに続き，

> もし国家が少なくとも1kg 3,400ドン以上の価格で買い取ってくれれば，

> 種籾生産農家は高い利益を得ることができると認識している。
> 我々は決死の覚悟で種籾生産に転換してようやく社会に応じた発展を達成することができる。我々は協力チームを結成して，チームリーダーと副リーダーを選出すべきである。そうしないと，我々は長期的に生産することができない。
> 商品米生産に比べると，肥料代は10％高くついたが，その代わり収量が1haあたり1〜1.5トン増加したので，私の得た収益は通常の飯米生産に比べると200万ドンから250万ドン増えた。

などと，具体的な数値に裏打ちされた説得的材料が示され，種籾生産への転換を強く推奨する発言が上がった。住民の発言者の中では，唯一ある女性出席者が，技術的および経済的問題から種籾生産に踏み切れない旨の発言をしている。

それを受けて，PVYは以下のように語った。

> 技術的には，収穫後の保存状態に応じて3つの販売価格が設定されている。第1に12.5度で乾燥させるだけで，価格3,200ドン以上，2つめは乾燥させずにくずを取り除きそのまま出荷すれば飯米価格との差額300ドン，最後に機械で刈り取れば飯米市場価格との差額は200ドンとなる。順調にいけばロンアン省農業促進センターが長期契約をしてくれるだろう。

彼は，つづけて「初めてでも安心してほしい」と力づけた。

一方，地元民のカインフン村人民委員会主席は，以下のように提案した。

> あなた方はお互いに理解し合っているし，種籾生産という1つの共通の目標を持っている。村指導部としては条件を整え，皆さんを支援する。サイザン集落委員会が協力チームの名簿を作成し，法人資格を十分満たしたら，人民委員会の承認を得てほしい。

また，党書記は以下のように，合理的判断を促している。

> 皆さんは起動資金のことで逡巡しているようだ。皆さん，飯米生産と種籾生産とではどちらが高い収益性があり，安定性があるか比較してみてほしい。実施すべきではないか。

PVYは2005年と2006年のインタビューの中で，サイザン集落住民間で共有されている共感，すなわち最初の5年間を生き抜いた苦難の経験と故郷を同じくする移住者同士の郷里への愛着が彼らを固く結び付けていると強調した。

> 成功の鍵は，仲間意識なんだ。もし私が土地を買い占めて現地の農民を小作として同じことをさせたのでは，事業は成功しない。それに反して，南部の農民は後ろ向きで，飲み込みが遅くて，新しい技術や考え方を学ぼうとせず，非協力的だ。要するに，愚かなのだ。分かるか，愚かとバカは違うんだ。理解する能力がないのではなく，理解しようとしないのだ。

「北部の文化様式を現地に適用して，協力チームを実現したのか？」という私たちの問いに，彼は以下のように答えた。

> もちろん，そうだ。それぞれの地域に独自のやり方がある。それを尊重しなければ，すぐダメになる。文化的要素を無視すれば，遅かれ早かれ失敗する。経済効率性の観点から見れば，文化要素は当初は阻害要因になりうる。しかし，社会的要素を無視すると，経済性は高いものの，安定性は低くなる。だからこそ，文化的要素は守らなければならない。経営における文化的アイデンティティや伝統文化は極めて大きい[8]。

図6-10 種籾生産協力チームの会合

彼はより意識的に「北部性」の優越性を説くとともに，種籾生産協力チームへの参加に応じない南部出身移住者を非難した。ただ，やはりここでの「北部性」とは，故郷に住む北部農村の人々一般を指すのはなく，生態的環境に適応し，市場経済に対しても柔軟に対応できるようになった，ある意味文化的に進化を遂げた「北部人」に限定して言及している点に留意しておく必要がある。

　種籾生産協力チームはその後順調に加入農家を増やし，農地面積は 25 ha から 45 ha, 55 ha と拡大し，2007 年には最大 65 ha にまで拡大した。しかし，2008 年の生産を最後に解体し，その後種籾生産チームは彼といとこの 2 世帯に戻り，規模も 15 ha に縮小していた。すなわち，このプロジェクトはハイフン出身の政策移住民たちに背を向けられてしまったのである。

4-3-3　失敗の原因

　2010 年 3 月にインタビューした際の PVY は，共同事業の失敗で「憔悴し，老けた」と意気消沈し，悔しさが滲んでいた。PVY は決して「失敗」を認めなかったが，プロジェクトが頓挫した客観的および主観的要因を以下のようにまとめている。

　まず，客観的要因である。第 1 に現地特有の生態環境の問題がある。カインフン村を含むドンタップムオイ地域一体は雨季に冠水する地域である。自然相手なので常に状況を見極める迅速な判断が求められる。冠水してしまえば，稲作できない。水が引いたらすぐに，冬春作をすぐに始めなければ，次期の夏秋作との間隔が短くなる。冬春作の穂をつけるのをまって時期を延ばすと，夏秋作が水に沈む。この自然条件は決して人間が改良することはできない。そうすると一斉に作業を調整する必要があるが，個々の農家の事情もあり難しい。さらに，実際に種籾だけでなく通常の飯米も栽培する農家も多く，何を作付けるかは毎期変動するし，決定権は個々の農家にあるため，足並みが揃わない。

　次に，種籾交配に関する技術的問題である。何万年も自然交配を繰り返し，

---

8)　当時，中国系の業者がカインフン村を含め辺り一帯を買占め，コメを輸出するという計画が持ち上がっていた。PVY によると，この計画は，農民から土地を収奪し，小作化するというものであった。

環境に適応していった種籾の遺伝子を何代にも渡り人工交配していくと、最後は突然変異を起こし種は「退化」する。この人工的遺伝交配は全部で4段階があり、最終ステップにたどり着くまで極めて多くの労力と細心の注意を要する。このような過程を一般農民が理解し管理するためには、相当の技術講習を受けなければならない。

　最後に、主観的要因である。彼は高い経済効率性を発揮するには、それを支える文化的共通様式が必要であり、サイザン集落のハイフン出身農民を中核とするコミュニティの力に大いに期待していた。しかし、実際にスタートしてみると、互いの利害が必ずしも一致しているわけではないことが顕在化し、継続に支障を来したという。彼は以下のように語る。

　　例えば、映画館としよう。ある映画が上映され、見知らぬ人々が同時に映画館に集まってくる。ある人は監督が好きだから足を運んだ。ある人は映画の内容が好きだから、また別の人は好きな女優が出演していたから。ある映画評論家は職業柄、鑑賞に来た。皆、同じ時間に、同じ場所で、同じ映画を見るという共通の行動を起こしたわけだが、それぞれの需要は全く異なる。協力チームも同じだ。このような住民コミュニティの中でも、ニーズはそれぞれ異なる。

　一方、参加したハイフン出身の農民たちの反応はどうだったであろう。まず、集落のご意見番のコア農民VGVによれば、2年一緒にやってみて、「収益が少ない割に、支出が多かった」という。また、「手間がかかり大変だった」とも付け加えた。これは、当時熱心に参加を呼び掛けた篤農のNVNの認識とも一致する。NVNは「あまりにも手間がかかる割には、儲けが少なかったので、このまま続けるのが苦痛になった」と語った。

　以上のように、PVYが期待した「共通のニーズ」はハイフン出身農民の間で生まれなかった。協同組合の組織化によって大きな利益を生み出すには、一定期間苦難に耐え、支え合う必要があるが、PVYがいう北部同郷の「文化的要素」は現地では十分発揮されず、むしろ農民たちは時間的および労力的な拘束力を嫌い、失敗しても何の補償も期待できないリスクを回避したということであろう。VGVの事例で見たように、自身の才覚と努力で土地を集積することが可能であること、そして子どもたちへの土地相続を伴う世代交代など、個々の家族の複雑な事情を考えれば、万が一大損して土地を売却

しなければならなくなるようなリスクを嫌ったことなどが，経済活動での協同化を阻む主要な要因であったと考えられる．当時，村落評議会副議長の要職にもあったPVYが，種籾生産協力チームにハイフン出身移住民たちを継続的に動員することができなかったのは，彼が期待した受け皿としての北部的な密度が不十分であったためであり，結果的に彼らとの間に確かな信頼関係を築くことができなかったからに他ならない．

まとめ

　それでは，ここで南北長距離移動を果たした北部ハイフン省出身者の適応過程とコミュニティの形成について，以下5点にまとめてみよう．
　まず，誰が移動したのかという点については，20代後半から30代にかけて独立したばかりの核家族が大半を占めていたということである．彼らにとって新経済区への移住は決して苦難ではなく，「新しい生活の希求」「生活水準の向上」，すなわち，より豊かになるためのステップアップの選択肢だったということであろう．「王法も村の垣根まで」と言われるほど強い共同体意識や閉鎖性に支えられた北部村落の伝統的社会関係を断ち切って新たな生活を始めようと一歩踏み出したのは，主に結婚して間もない若い夫婦である．
　彼らを移住に駆り立てたプッシュ要因は「生活の困難」であった．彼らは決して「貧しかったから」とは表現しなかった．少なくとも彼らの主観では，「貧しかったから移住した」と説明することに違和感があるのだろう．なぜならば，「貧困」という概念は，他人と比べて初めて成り立つ概念だからである．あるいは部外者から見た一面的な表現にしかすぎない．同程度の北部村落の生活水準において，北部農民がどのように自らの生活水準の向上や改善を目指すかは，それぞれであろう．開拓移住も，その選択肢の1つである．彼らが目的としてあげた「新しい生活」とは，彼らのライフコースのステップアップを意味し，彼らにとって最も好ましい成功の含意である．
　彼らの生活改善への希求は，人口稠密地域から過疎地域への開拓移民政策を進める国家の思惑と一致した．農民側の視点に立てば，見知らぬ辺境の地への不安を払拭し，移住を決意させたのは，国家への絶大な信頼である．
　次に指摘できるのは，ハイフン出身者が集団入植したサイザン集落の変容である．全く新しい環境や過酷な自然条件のもとに暮らす彼らにとって最も

重要なことは，生活基盤の安定・安全である。現地で結婚年齢を迎えた子世代の婚姻関係をみると，主に娘を中心に南部出身者とのハイブリッド婚によって現地社会での姻戚関係が結ばれていった。一方で，北部出身村からの呼び寄せや連鎖移住も起こるが，そのルートは妻方あるいは母方の親族が大半であり，夫方あるいは父方の親族はほとんどみられなかった。

　このように，サイザン集落の内部では，核家族による移住，妻方・母方親族の新しいメンバーの参入，そして娘のハイブリッド婚による南部社会との接点によって，外延的に広がる新しい北部社会が形成された。この世界は，彼らの故郷で広範に見られる父系的同族集団を軸とした社会関係とは異なり，母方・妻方の親族関係を軸に拡大する緩やかな親族集団と位置づけることができる。

　第3に，この新しい北部社会の形成は，南北ハイブリッド婚をした南部政策移民の2000年の集落長就任を後押しし，大きな転換期をもたらした点も指摘する必要がある。村の任命方式から住民による信任選挙に移行したことを受けて，集落人口比からすれば少数派であるはずの北部出身集団にとって，彼らの意向を集落の「民意」として示す場が確保されたことは大きな意味をもつ。すなわち，ハイブリッド婚夫婦を自らのコミュニティへ埋め込むことで地域への適応が促進されたのである。一方，ミドル世代の南部出身の集落長から見ても，姻戚を通じて広がる北部社会の継続的なサポートを得られるということは，集落の安定化に大きく寄与する。集落内の社会関係を基盤に集落長に押し上げられていったとすれば，彼らは旧世代の初代・第2代集落長とは全く異なっている点に注目する必要がある。

　第4に，以上のような新しい血縁・地縁関係の上に醸成されたコミュニティがある種の社会関係資本を生み出す原動力となっているということである。北部村落のような長年の慣習や父系同族集団が存在しない新開地では，共産党や国家のキャンペーンや政策の末端の受け皿となることで，組織基盤を意識的に強固なものにしていく取り組みがみられる。例えば，サイザン集落の女性連合会支部の頼母子講は党のキャンペーンの一環であり，決して彼女たちの内発的な活動ではない。しかしながら，キャンペーンを通じて党・国家とつながり合い，その任務を全うしながら，日常的な交流や相互扶助を促進していく社会団体の二面性が機能している点も見逃すことができない。このような集落レベルの活発な活動は，行政村レベルに集約され，その成功が一

種の規範性として他の集落にフィードバックされていくのである。

　最後に，PVYが北部世界の文化的同質性に期待して立ち上げた種籾生産協力チームの失敗は，様々な要因が背景にあるが，明らかなのは，新開地における北部出身農民たちの危険回避の意思表示であろう。もし大損した場合，それを補塡してくれる親族や国家のサポートも当てにできない。国家による強制で始めた事業でない限り，それを拒む権利も生まれる。メンバー間で利害が対立すれば，組織として機能しない。PVYが望む「共通のニーズ」を育む信頼関係は十分育たず，それゆえ集落内の社会関係資本も十分に蓄積されていない。ここに立ち現われてくるのは，PVYが見た北部村落の「幻影」である。北部性は，その地域を離れれば変質する。つまり，閉鎖性の程度は無限ではなく，境界の設定は移住という変数により大きく変わるのである。

第7章
「地元民」が生まれるとき
―― 開拓居住地から行政集落へ

「地元民」集落の住居

はじめに ── 「地元民」の世界へ

　1997年12月私たちは初めてカインフン村に足を踏み入れた。ヴィンフン県都から28号運河を高速艇で10分余り遡行し，カインフン村の端に上陸した。運河脇には茅屋が延々と立ち並び，樹影もなく，埃っぽい土が露出し，ひたすら荒れ果てた印象であり，私たちはその開拓最前線の光景に息をのんだ。上陸の直前に，私たちはヴィンフン県人民委員会で10年前の入植政策とカインフン村について聴取していた。カインフン村には「新経済民」と呼ばれる入植者と「地元民」と呼ばれる先住民が住んでいるとの情報は，上陸を急ぐ慌ただしい聴取の中で耳を素通りしていった。

　2000年以降カインフン村を実地に調査し始めた当初，外国人である私たちは村内を自由に歩き回って調査することは許されておらず，村人民委員会の中での聴取に限定されていた。村人民委員会では，「新経済民」は80年代末の開拓移民政策による入植者であり，「地元民」は隣村フンディエンA村から編入されたバオセン，タヌー両集落に昔から居住していた人々であると聴取していたが，そもそも私たち自身が，調査当初から「新経済民」に目を奪われ，村の奥地に住む「地元民」にほとんど関心を払っていなかった。同時期に並行して調査していたカインハウ村でも「地元民」の噂を聞くことがあった，「昔から住みついているので土地をたくさん持っている」と。

　2004年一定範囲内で村内を歩き回ることがようやく許された私たちは，初めてカインフン村の奥地「地元民」の世界に足を踏み入れた。

　「地元民」が住むバオセン，タヌー集落は，ゴー (gò) と呼ばれる自然の高み，ドンタップムオイ地域が海底にあったときに形成された沿岸砂丘の名残に立地している。

　28号運河沿いにヴィンフン県都からカインフン村へ通じるメインロードを走り，傍らに整列する小学校，村人民委員会，船着場，市場の門を通過し右折する，市場近くのバスステーション前を道なりに北進していくと，頭上にバオセン集落入口の門があり，道路傍から村共同墓地へ通じる小道が見える。徐々に土地が高くなり，景観が変化していくことに気づく。赤土道路に接して広い屋敷地と窪地・池がブロック断片の凸凹状をなしている。ユーカリ樹で囲まれた屋敷地は，灌木の垣根を設け，籾干し場を兼ねて庭先の正面

図 7-1　バオセン集落を貫き
　　　　タヌー集落へと続く赤土道

図 7-2　「地元民」の家屋と屋敷地

にはテラスが設けられた木造家屋が建っている。窪地には，畦道の先に茅屋の杭上家屋が点在している。道路は砂丘の頂点を縦走し，バオセン集落を抜けると，かつては蓮池であった低湿地が道路両脇に広がっている。さらに道なりに進むと両脇を灌木の茂みが迫り，ふたたび灌木に隠れるように家屋が垣間見える。細い道を抜けると，カインフン小学校のキムドン分校が建つ草地が眼前に広がり，運河を隔てて隣村フンディエン A 村のタヌー集住区が見える。カインフン村側のタヌー集落は，灌木の陰に散在する家屋群とカイコー河からフンディエン運河沿いにかけて立ち並ぶ家屋群の 2 つの居住地からなる。ユーカリ，桐と灌木が茂る高燥な景観を見ていると，自分が広大低地ドンタップムオイに立っているとは思えない。

〈1〉ベトナム南部に係るフロンティア社会・南部村落論言説の再考

　本章は，カインフン村成立以前にこの地に先住した「地元民」と呼ばれる入植者たちについて，その移住経緯と開拓居住地から集落が形成されるまでの過程を考察する。その目的は，ベトナム南部開拓史で語られるフロンティア社会とそこに生じる南部村落像の言説を再考するためである。
　東南アジア史においても，ベトナム史においても，フロンティア空間に自成した開拓地が行政村落へ編成される過程については，村落史のレベルでは看過されてきた。その最大の理由は，対象村落が開村をすでに過去の歴史としていることによる。現在東南アジアではフロンティアはほとんど消えつつあり，数少ないフロンティアも国家あるいは企業の大規模インフラ投資

を背景にした地域開発を前提としており，19世紀フロンティア社会の開拓移住者像はもはや何処を探してもない。ベトナム南部史では，封建時代から植民地期についてのベトナム史上の公定評価が加わり，地主制と植民地制の圧政から逃れて自由を求める放浪者というロマンティシズムが付加された (Nguyễn Hiến-Lê 1954; Brocheux 1995)。フロンティアを放浪する自由な開拓移住者が作り上げる南部村落は，開放的でゆるやかな社会的特徴をもつと説明されてきた。この南部村落像は，北部紅河デルタ村落の鏡像となり，ベトナム研究の一大テーマである村落共同体論として内外のベトナム研究者にも肯定しやすいものであった。90年代以降ASEAN加盟を果たして急速に東南アジア諸国との関係を広げていったベトナムにおいて，南部村落をタイ等東南アジア諸国の村落像に比定する説明はベトナムの東南アジア性を補強する上で親和性があったとも言えよう。総じて，北部紅河デルタキン族伝統村落が1.明確な範囲，2.強固な結合，3.年齢及びジェンダーによる区別（末成 1998: p.112）をもついわば法人格の存在に対し，南部村落はその諸特徴が曖昧であるといわれる。序章でも述べたように南部村落 vs. 北部村落のダイコトミーでは，南部村落はエンブリー以来の「ゆるやかな構造をもつ社会 loosely structured society」に発祥する「東南アジア的」村落として描き出されている (Embree 1950: 181-193)。

　例えば，タイ村落で挙げられる諸特徴 ── 明確な境界を持たない，共同労働組織の欠如，自治組織の実質が乏しい，家族・親族の「重合的集合体」，流動的で歴史意識が乏しい，防衛機能が弱い（友杉 1975: 96-98）は，ベトナム側の嗜好に沿って修正された南部村落像として提示された。1992年南部社会科学院で行われたアジア・ベトナム村落比較ワークショップは，上述の潮流に乗ったものと言える。

　ワークショップでは，ヴィンが南部村落の特徴について，80年代末南部社会科学院によって行われた社会調査結果を踏まえて，下記のように概括している (Vinh 1995: 84-86)。

> メコンデルタの村落共同体性 (cộng đồng làng xã) は希薄であり，村落共同体内の関係は農民や家族の活動を厳しく制限することが少ない。歴史の中で住民のグループは活動的かつ移動性があり，開拓に赴いて新しい土地と集落を開いてきた。それが，おそらくは前述した希薄性という

特徴に貢献する要素となった。さらに加えて，稲作とその商品化が早期に出現したことはフランス期からその後にかけて交流・交換諸関係を域内において日増しににぎやかにし（とりわけ水路で），都市との交流もまた大いに行われた。村落内部の諸関係のオープンな性質もますます強くなり，村落外部における実態との諸関係においても同様であった。

　ヴィンは以上のように南部村落共同体の特徴をその形成過程を踏まえて概括したのち，カトリック教徒，ホアハオ教徒村落の調査事例をもとに，このような特徴が現在も南部村落に残っていると述べている。加えて，このような村落共同体を維持する結合要素について，次のような具体的指摘をしている。

(1) 村落内部諸関係については，農民たちは集落を共にする関係の親密さを依然として維持し，それは相互相愛の各行動として日々表現されている。その具体例が困難時の最大限の助け合い，交換労働の助け合いである。
(2) 緊密な関係は農民，家族の活動に対する厳しい拘束を志向するものではない。逆に，家族内の生産活動は独立し各家族の自主による。また，各集落共同体諸関係の扶助に喜んで手を貸す。
(3) 集落内の諸関係は，正式ではない伝統部分においてかなり独特な影響を残している。農業政策や生産技術のニュースの多くが集落内の人々に届くのは集落内で聞いたりしゃべったりという口コミの情報チャンネルを通じてである。

　このように，ヴィンは南部村落共同体の結合要素について，組織・範囲といった確立された要素に寄らずに解釈し直し，物質・情報・労働等の互酬・互助という人間関係の累積を社会関係資本として捉え，地域社会へ敷衍する観点を提示した。これは，近年のタイ村落研究が，村落を新たなコミュニティ組成の場として重視し，互酬をコミュニティ形成の社会関係資本と捉える視点と同じ方向を向いており，ベトナム村落研究に「東南アジア的」南部村落の新しい視点を提示した。

　さらに，ヴィンは村落内部および外部に対する開放性について，以下のような重要な指摘を行っている。すなわち，①村落共同体と外部の諸現実との関係については，垣根に囲まれた村の土地はより広範囲の社会・経済目的に

対して閉じているという部分的衝突が見られる，②それは，開放性の程度が無限ではないというしるしであり，村落共同体が自身の利益を揺るがすと認識したときの防衛心におそらくは関連している，という点である。ヴィンは，北部紅河デルタ村落がウチとソトを分かつ明確な範囲をもつのと同じく，南部村落もまたその開放性の程度が無限ではなく，ウチとソトがときに衝突することがあると，その境界について言及している。また，このような村落共同体が成立する場として，村ではなく集落を挙げている。これは，ベトナム村落研究が現行の行政村ではなくその下位にある集落を「伝統村落」に措定してきたことと，ほかの東南アジア諸国に比して人口規模と集落毎の偏差が大きいベトナム村落調査における現実上の困難がその背景にあったと言えよう。

　しかしながら，上述のヴィンの視点では，〈開放性の程度が無限ではない〉と境界について言及しているものの，その境界がどのように設定されるかについて曖昧なままに留まっている。互酬・互助を基盤とする人間関係は無限に連鎖していくものであり，そこにどのような地理的単位を設定するかに応えられていない。

　集落・村落は〈人が集住し，人為的あるいは自然的に形成される小社会的地理単位〉であるが，一方で，国家行政機構の最下位単位であり，国家による国民管理の直接的装置としての側面をもっている。フロンティアだったベトナム南部では成立した開拓居住地が，17世紀以降国家によってその疆域を切り貼りされて徴税単位となる行政村として編成しなおされ，合併・分割を繰り返してきた。これは歴史上，何処においても幾度となく繰り返された国家による地域統合過程でもある。その過程で，当初開拓居住地に成立した人間諸関係が，どのように国家支配の中に組み込まれ，そして新たな共同体性を育んでいくのか，についても考察すべきであろう。

　本章では，開拓居住地から行政集落へ編成する過程，すなわち村落・集落という入れものがつくられていくとき，その中にいる人々はどのようにその内実をつくりあげていくかを考察していく。ドンタップムオイと呼ばれるフロンティアで開拓移住がどのように行われ，自然に形成された開拓居住地がどのように国家に統合されたかは，ベトナム南部が辿ってきた歴史を現代史の中であらためて遡及するものであり，ひいては南部村落の特徴について検討することにつながる。対象として採りあげるのは，カインフン村の「地元

民」集落であるタヌーとバオセン2集落のうち，主としてバオセン集落である。これは，冒頭で紹介したようにタヌー集落が，フンディエンA村とカインフン村2村にまたがっており，外国人である私たちは，国境に接するタヌー集落への立入調査を行うことが難しかったからである。

〈2〉「地元民」も入植者である

2-1 「地元民」集落の概要

「地元民（dân địa phương）」の呼称は，カインフン村を知る人々にも，カインフン村民自身にも，独特の意味をもって認識されている。その最大の理由は，「地元民」が新参の村民とまったく異なる生態環境に暮らしていることによる。バオセン集落・タヌー集落は，広大低地ドンタップムオイが海であったときに形成された砂丘の残りや自然河川カイコー河傍堤防の天然の高みに立地しており，水の季節においても，一面の海に浮かぶ島の如く，沈むことはない。したがって，「地元民」は通年定住を常態としている。「地元民」vs.「新経済民」の別は，隣村から編入された土地と住民であるから，先住者であるから，を越えて眼前の現実で裏打ちされた認識である。当のバオセンとタヌーの集落民自身もこの「地元民」認識を疑っていない。

調査当初2000年カインフン村人民委員会の一室で，各集落長からそれぞれの集落の概要を聴取していたときも，「地元民」集落から来た集落長は，自身と「新経済民」との相違を意識して回答していた。

> 全世帯数96戸，総人口450人。<u>以前にここに来た人々なので計画入植者はいない</u>。北部からが1世帯だけいる。大多数の95戸は南部から（タヌー集落長，2000/3/20聴取）。
> 全世帯数98戸，総人口390人。<u>入植者はいない</u>（バオセン集落長，2000/3/20聴取）。

しかし，「地元民」もまた「新経済民」と同じく入植者である。この地に入植した時期も80年代末の「新経済民」に遡ることせいぜい10年余りであり，さほど古くはない。

2000年数次にわたるカインフン村人民委員会での聴取結果をもとに，私たちは翌年3月南部社会科学院に委託して「新経済民」が住むゴーチャウマ

イ集落と「地元民」が住むタヌー集落に対して世帯調査を行った。その結果が表7-1である。当時のタヌー集落全世帯数96戸のほぼ半数50戸のうち，同村生まれと回答した2世帯主を除いて入植歴ありと回答し，70年代後半に入植した例が半数以上を占めている。前住地として，カンボジアのスヴァイリエン州，ロンアン省内ヴィンフン県・モックホア県など隣接周辺地域が挙げられている。

もう1つの「地元民」集落であるバオセン集落もタヌー集落と同様に，全世帯の82％が世帯主の出生地から推定すると，入植世帯である。表7-2に示されるように，全世帯数185戸のうち，世帯主の出生地はカインフン村・フンディエンA村生まれ32戸，不明1戸を除くと，カンボジア生まれ35戸，ヴィンフン県やドンタップ省といったドンタップムオイ周辺地域生まれ64戸である。

このようにタヌー集落，バオセン集落とも「地元民」の主体は，カンボジア・ベトナム側双方のドンタップムオイ周辺地域からの近距離入植者であるが，前者ではカンボジア生まれの越僑が多く，後者では替ってタンフン県ヴィンタイン村出身者が多い。

そして，この「地元民」集落の中で自他ともに「地元民」と称する「草分

表7-1　タヌー集落居住世帯における入植歴

母集団50戸　うち，入植歴あり	48戸
入植前居住地	
カンボジア	31戸
ロンアン省内	6戸
中・北部各省	1戸
ロンアン省以外の南部各省から	10戸
入植年	
1975年以前	9戸
1975～1980年	28戸
1981～1988年	3戸
1989年～	8戸

出所：2001年3月世帯調査に基づく。

表7-2 バオセン集落居住世帯主の出生地

バオセン集落全世帯数	185戸
カンボジア	35戸
ロンアン省内	80戸
うち, ヴィンフン県, タンフン県, モックホア県	63戸
うち, カインフン・フンディエンA村	32戸
うち, タンフン県ヴィンタイン村	28戸
ロンアン省以外の南部各省から	61戸
うち, ドンタップ省	33戸
中・北部各省から	8戸
不明	1戸

出所：2005年12月保健省世帯調査による。

け」入植者は，表7-1に挙げた1975年以前〜1980年に入植してきた人々である。1980年代以降になると，「草分け」を頼ってその親族・姻族が入植し，さらに1989年カインフン村成立後に新たに流入してきた新参世帯が増えた。

現在バオセン集落の地盤は，90年代半ばに開削されたT8水路によってゴーズオイコアン，ゴーズオイチュオットと呼ばれる2つの高みに分かれている。しかし，もともと1つの高みとして集落の居住地を示す天然の地盤を成していた。隣接するタヌー集落との間には大きな蓮池が広がり，水の季節になると，この高みが1つの島となって浮かびあがった。カインフン村成立後につくられたバオセン集落からタヌー集落へと貫通する道路は，この高みの頂点を縦走している。1996年と2000年の大洪水の後に，道路は冠水を避けて盛り土されていった。「草分け」は道路両脇に接してそれぞれの屋敷地を拡げ，道路が高くなるにつれて，またその屋敷地を盛り土して高くしていった。したがって，バオセン集落では，屋敷地を擁した家屋に住むか，窪地や水路脇の杭上家屋に住んでいるかで，その居住年数が目視できる。

2-2「地元民」集落の急速な変化

カインフン村の中で「地元民」集落と見做されるタヌーとバオセンの両集落であるが，実際にはもはや「地元民」集落とは言い難くなっている。村民

の認識と現実の乖離は，2000年大洪水後のカインフン村の急速な発展と変化に，彼ら自身が追いついていないためである。2000年大洪水を契機としたインフラ開発が呼び水となり，近年のカインフン村には新たな流入者が急増した。バオセン集落は村中心のゴーチャウマイ集落に隣接しているため，その増加が顕著である。新参世帯の多くは公安に居住届をしているものの，正式な住民登録をしていないため，その実態がつかめない。そもそも村当局が把握する人口統計に大きな不備があるうえに，前述した各集落長が把握する人口もまた正確とは言い難いものであった。2005年バオセン集落で世帯調査をしていると，案内役の民兵隊長は水路傍や窪地にぽつぽつと建つ杭上小屋を素通りしていく。「あそこは誰？」「知らん」。集落長も先住集落民もおおむね新参者に対して無関心であり，彼らを集落人口にカウントしていない。

　まったく見知らぬ新参者がいつのまにか集落内に住むようになってきた。水路上の船に，堤防上に，窪地に，どこからか誰かもわからぬ新参者が仮家を構え住み着くようになった。その代表例がベンチェー省人である。収穫期になると舟でやってきたベンチェー人が知らぬ間に堤防脇に住み着き始めた。

> 毎日雨ばかりでこらえきれずに上陸した。ここは高燥だし，仕事にもありつける。ハイ・ライの土地だ。ここに住むことを許してくれた。

　茅屋を自分で建築中のラムさんは長年船上で生活してきた。ドンタップムオイ地域のあちらこちらを持ち船で往来し，日雇い仕事の口があればそこに停泊し，また仕事口を捜して船で去る。2000年の大洪水は船上生活をしてきたラムさん達にとってもきびしい体験となった。洪水を契機に上陸したラムさんはバオセン集落水路脇堤防に持ち船を揚げて陸の家に転用し，その中で居住しながら日雇いをしている。地主である党書記も農地となる見込みのない堤防脇に彼らが定住することを許可した。今ラムさんは息子がカンボジアへ出稼ぎに行って得た資金を元手にあらためて陸の家を建築中である。持ち船は朽ちてきている。ラムさんはもう二度と船上生活に戻る気はなく，村公安に定住手続き中である。堤防脇は水田に転用もならない遊休地である。都市化と無縁の広大低地では，宅地はタダというかつてのメコンデルタの慣行がまだ生きている。誰も遊休地の地代などに目くじらをたてない。まして

村の有力者ならば威信を傷つけるようなケチな真似はしない。

私たちは2004～2005年にかけて，バオセン集落177世帯（2005年）のうち，対面調査が可能であった77世帯を標本として経済状況と入植歴を問う世帯調査を行った。

その結果は，「地元民」集落においてもはや「地元民」が少数であることを示していた。表7-3に示すように，調査対象全世帯数の76％にあたる59戸が入植歴ありと回答した。実際には，無回答・入植経験なしと回答した18世帯も，フンディエンA村生まれの1世帯を除くと，入植者である。

カインフン村成立後にドンタップムオイ地域外から流入してきた新参世帯は新経済民の連鎖移住と季節労働が誘因となっている。

表7-4に示すように，世帯構成は，核家族が全体の90％を占め，3世代家族は6戸しか見られない。また，農地所有の有無と世帯構成・世代には相関性がない。このことは，農地に関して生前譲渡が一般的であり，子世代は結婚とほぼ同時に農地を譲渡され独立世帯を構えていることが窺われ，聴取に

表7-3　バオセン集落調査世帯の入植歴

	（戸）
調査対象世帯	77
うち，入植歴あり	59
カインフン村成立後に入植	28
うち，入植歴なし	2
回答無し	16

前住地	（戸）
カンボジア	5
ヴィンフン・タンフン県	4
北部各省	1
南部各省	18

出所：2004～2005年調査による。

表7-4　バオセン集落調査世帯の家族構成

家族類型		（戸）
核家族	夫婦のみ	3
	夫婦とその未婚の子女	63
	父親または母親とその未婚の子女	3
拡大家族	直系家族	6
その他		2

出所：2004～2005年調査による。

おいても同様の傾向が裏付けられている。

　農地の最大所有規模は25ha、入植歴が古いほど、その子世代は結婚・独立と同時に生前相続に与り、ほぼ農地を所有している。当然ながら、農地を所有しない世帯は、入植歴が新しい世帯に集中している。

　77世帯のうち、農地所有世帯52戸、うち10戸は入植歴が新しい。この新入世帯10戸の農地取得状況が表7-5である。相続1例を除き、購入によって農地を取得し移り住んで来ている。時期は、1990年、1995～96年と、土地価格がまだ安い時代である。いずれも、現地事情に通じた親族の手引きによっている[1]。カインフン村成立後数年を経ずして、バオセン集落の土地は取引の対象として市場価格をもつようになり、その開拓入植の時代が過ぎ去ったことを示している。

　以上を概括すると、バオセン集落は、開墾による土地取得を可能ならしめた開拓村としての時代を過ぎている一方で、新入世帯の流入を受け入れ・遊休地の存在や子世代への土地分割が可能であるという点で、新経済民の出身

表7-5　バオセン集落における新入世帯の農地取得状況

	世帯番号	入植年	出生地	農地		
				所有規模（ha）	取得年	取得方法
1	BS009	1990	カンボジア	4.0	1990	購入
2	BS010	1990	カンボジア	4.0	1990	購入
3	BS146	1998	ドンタップ省	3.0	1998	購入
4	BS153	1996	北部	2.5	1996/2001	購入
5	BS145	1996	ドンタップ省	2.4	1996/2001	購入
6	BS120	-	ヴィンタイン村	1.5	1995	購入
7	BS123	-	ヴィンタイン村	1.5	1997	実父から相続
8	BS126	-	ヴィンタイン村	1.1	1990/1992	購入
9	BS121	2004	モックホア県	1.0	2005	購入
10	BS138	1994	ベンチェー省	0.5	1996	購入

出所：2004～2005年調査による。

---

1)　ヴィンタイン村から入植した3世帯は母方がバオセン集落住民であり、ドンタップ省、ベンチェー省からの世帯は収穫期の雇用労働を契機としていた。

地における土地逼迫状況からは遠い状況にある。

〈3〉 はじめに人ありき —— 開拓居住地の形成

3-1 開拓居住地の形成

　バオセン集落の沿革は，図7-3に示されるように，おおよそ3期に分かれる。第1期は1975年前後の開拓居住地が形成され，1979年ポルポト軍の侵入によって焼き討ちされて解体するまで，第2期は1980年代前半居住地の再形成と定着，そして第3期は80年代後半新造入植地と共にカインフン村に編成されていく時期である。以下，バオセン集落の歴史を，それぞれの時期に沿って素描してみよう。

　「バオセン集落」の草分け先住者たちは，戦前からこの周辺地域で生き抜いてきた人々であり，現在もおおむね同姓親族・姻族で固まって居住している。草分け5姓，すなわちT, L, N, H, V は，図7-4のように，棲み分けている。集落内における各姓の居住地点は，それぞれの入植経緯を物語るものであり，互いに親密な関係性をもつ姓同士が隣接して居住している。

　5姓のうち，バオセン集落境に住むT姓，バオセン集落地盤から外れてタ

図7-3　バオセン集落の沿革

年	カインフン村		バオセン集落		主な出来事
	世帯数(戸)	人口(人)	世帯数(戸)	人口(人)	
1975〜1983			5-10？		フンディエンA村成立 第2集落（現タヌー集落＋現バオセン集落）
			40？		第2集落（第5生産集団＋第6生産集団）
1989〜1991			60-70		カインフン村成立 バオセン集落とタヌー集落が分立
		2,090			バオセン・タヌー集落世帯数346戸？
1997	811	2,849	81		
2000	1,075	4,352	98	390	大洪水
2004	1,208	5,054	174	759	
2005	1,278	5,140	184	767	

出所：
1991年全村人口：Nguyễn Quang Ân 1997: 556
1991年集落全世帯数：Nguyễn Quới và Phan Văn Dốp 1999: 221
その他の数値：ヴィンフン県，カインフン村人民委員会提供

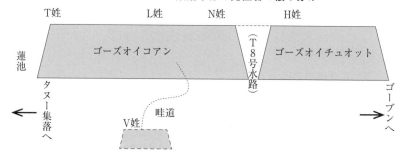

図7-4 バオセン集落草分け先住者の棲み分け

ヌー集落が立地する高みの最遠端に住むV姓、そしてN姓と隣接するL姓はいずれもカンボジア生まれの越僑であり、一方N、H2姓はベトナム側の現タンフン県ヴィンタイン村からこの地に入植した。生憎と、H、V2姓とも、草分け入植の第1世代が亡くなっており、その入植経緯について不詳が多い。草分け5姓はいずれも集落社会の中心をなしているが、とりわけN、H2姓は戦時中からヴィンタイン村の解放戦線に従軍していた戦功により、村行政に現在でも大きく関与している。これらの2姓に注目して、以下にバオセン集落史を素描していきたい。

3-2 草分けの語り

現カインフン村・フンディエンA村の地には、戦前フンディエン村があった。バオセン、タヌー両集落の地にも、クメール由来の土祀（Miếu Ông Tà）痕が残り、この高みにかつて住民が住んでいたことを示している。

バオセン集落の草分けN姓の長老（1930年生）はその当時を記憶する唯一の生き残りである。N翁は、自身が現カーチョット集落の地で生まれたと証言する（2005年8月聴取）。

> （地図を示しながら）この場所だ、上がって、ここが、ここがカーチョット集落だ、ここにはカーチョット集落と見えていないが。自分はここで生まれた。カーチョットで。昔はこの場所に住んでいて、水田をしていた……ベトナム人は多かった、当時ここはフンディエン村だった、今のビントゥーからずっとドンタップ境のトンビン村までフンディエンという1つの村だった。……そして8月革命になった、避難するしかなかっ

たよ。45年は村を捨て，家を捨て，何もかも捨てて逃げた。フンディエン村全部が逃げ出して人がいなくなり，捨て去られた。

かつて無人の野と呼ばれたドンタップムオイ地域であるが，まったく人が住んでいなかったわけではない。カンボジアとの国境を成すカイコー（Cây Cỏ）河自然堤防やゴー（Gò）と呼ばれる砂丘が自然の高みとして散在し，一面の海と化す水の季節には島となり人々に居住地を提供していた。自然河川傍では在来稲作が細々と営まれていたが，主たる生業は河川・沼沢での漁労であり，干し魚・マムの原料としてカンボジアやメコンデルタ各省へ河川を伝って運ばれていった。現フンディエンA村にあったベンフォーは，その名のベン（Bến 船着場）とフォー（Phố 店舗）が示す如く，重要な国境・域内交易地点だった。戦時中ベンフォーでは，カンボジア，メコンデルタ各地の米とドンタップムオイ地域の干魚・マムが交換され，食糧を求めて戦火を避けた避難民や解放軍がここに集った。バオセン集落の草分けたちも，このベンフォーを拠り所として，この地で邂逅した人々である。当時の状況について，N翁は，このように語っている。

> 当時はベンフォーにいた。今国境防衛軍が駐留している場所だ。当時そこは人がいっぱいだった，今のタヌーにある，およそ100世帯ぐらいがベンフォーに住んでいて，そのうち70，80世帯が傀儡政権と共にいるのが我慢できなくてそこに集結していた。……避けなくてはいけないのは爆撃だけだった，女子どもは渡し場にいて爆撃機を避けたし，男はこっそりとこちらに戻ってきて水溜りで魚を採ったり，こちらで水溜りに水を汲みいれたりして，夜になると魚を採って担いできてこの国境で売ったり，また陸稲田をちょこちょことベンフォー側でつくったりした。

草分けたちは，広大な国境地帯を放浪し，爆撃されると沼沢地・河川脇に身を隠し，ときにドンタップ省，ときにカンボジアへと避難し，戦況に応じて集散を繰り返していた。75年になりすでに戦況が定まってくる中で，ベンフォーに拠った人々とともに草分けたちもまた，戦後の暮らしに向けてあれこれ考えをめぐらすようになった。

H，N，L，Vの草分け4姓は，75年4月南北統一の年に[2]，時をほぼ同じくしてばらばらと家族単位で，現在バオセン集落の地であるゴーズオイコ

アンに入植した。最初の入植者が誰かについては諸説あるが，H姓でウット・ゲ（末っ子ゲの意）と呼ばれた故人，N翁とL翁がほぼ連れ立って入植した。V姓もほぼ同時期に入植し，T姓はほかの4姓より遅れて入植した。うち，L翁は，N翁との邂逅が縁となり，誘われて入植した。当時について，N翁，L翁とも交々に語った（2006/8/18聴取）。

　Lさんという人はタペク（Ta Pekプレイヴェン州）の越僑だから。1970年にあの人も戦火に追われてトンビン（Thông Binhドンタップ省）まで逃げてきていた。わしもあの人もこの地域をふらふらと逃げていてそこで出会った。それから一緒に雇われて仕事をしたりして一緒に暮らした，魚網を打ったり，魚釣をしたり一緒にした。その後1974年になってパリ協定ができてもう傀儡政権の奴等が来ないようになった。飛行機がときどき飛んでくるだけになったので，だんだんとあの人もここに来て住む土地を探すようになった。それでわしが彼にここに来るように教えたんだ。国境が解放された年に自分もLさんたちとここに来た。家族が先にここに来ていた。当時自分はすでに拠点を持っていた，わしの息子，長男が国境軍に入って住んでいたから。あの当時ここはゴーズオイチュオットといって，ここに住んでいたのはわしらとウット・ゲだけだった。あいつは（村の）副公安だった。二人とも徐々にここに来て土地を探していた。もともとこの集落はわしらが少しずつ住み着いたものだ。わしらの妻方や，わしらの親族が住みついた。Lさんもタペクにいたこどもらをつれてきた。少しずつ（ひとが）住み着くようになって5，10世帯になった。

　Nさんは息子のハイ・ライが遊撃隊としてここに住んでいて，地境に家をもっていた。またトンビンのわたしの家があった所にもNさんは家をもっていた。Nさんがここに連れてきてくれて私たちのためにこの敷地を選んでくれて，Nさんも自分が住む敷地を選んだ。（トンビンへ）戻るとわたしがNさんより先にここに来て，後からNさんが来て（息子の）ハイ・ライの元に住んだ。わたしはNさんより先に来たけれども，敷地を選ぶときは一緒に選んだ。……私の家からあちら側（＊タヌー集

2）　南部においては「接収」と呼ばれている。

落方面）に何世帯かが先に住んでいた。こちらの方には，家なんかどこにもなかった。茅屋を建てるために土地を選んだ目印となる杭が立っていたが，まだ家は建っていなかった。わたしが先にここに来てから何週間かして家が建った。

　草分け入植者たちはいずれも，本人に土地勘があるか土地に通じている人を介してあらかじめ下見をして居住ポイントを選定した上で入植した。彼らは，当時物資の集散地であるベンフォーに近接するタヌー側ではなく，敢えてやや離れた高みを選んで入植した。草分けたちが揃って挙げた土地の選定理由は，「土地が広かったから」である[3]。彼らは，それぞれ親族・知人とつかず離れず，家族人口に応じて将来的に家屋敷地・農地が十分に確保できるように，先住者と一定程度の距離をもって定住ポイントを選定していった。当時のフンディエン村の中心ベンフォーは，戦時中から人が集まっており，国境軍の駐屯地も置かれ，加えて，ビントゥーからフンディエンB村にかけて76年に第8師団から編成替えしてルアバン（Lúa Vàng）国営農場がつくられるなど，広い屋敷地や農地を新たに入手する見込みが少なかったこと，また，もう1つの重要な選択要因は，地雷・砲弾が少なかったことである。N翁は，カンボジア紛争が勃発する79年まで地雷・砲弾が少なく，開墾し易かったと述べている（2010/2/27聴取）[4]。

　　1975年わしは初めてここに来た，この土地は荒野だが，地雷がなかった，ここにはたいへん少なかった。……国境が解放された後（= 1979年）ここには地雷が多かった，あの戦争の地雷で多くが死んだ。……1979年から1986年までで依然として人が地雷で死んだ，不安だったし恐かった。

　バオセン集落草分けたちの前住地は，いずれもドンタップムオイ域内となるロンアン省側 ── 現ヴィンタイン村ゴーブン（Gò Bun）── からとカン

---

[3]　草分け古老たちが口々に土地が広かったから入植したとの説明に，聴取した私たちは相当面食らった。一面の荒野で「土地が広い」とは何を指すか，何度も種々の質問で聞き返したが，古老たちは土地が広いからを繰り返すばかりで，説明する言葉を持たなかった。
[4]　ポルポト軍侵攻後の80年代前半においては，地雷が多く開墾し難いリスクが，広い開墾地を獲得しようという者にとって移住のプル誘因となった。

図7-5 往時のドンタップムオイ周辺域

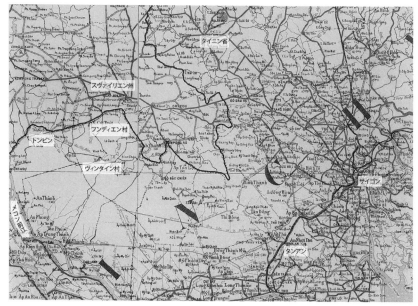

出所:「仏領インドシナ」外邦図50万分の1より修正。

ボジア側 —— スヴァイリエン州・プレイヴェン州 —— に大別される。いずれも親代々の故郷ではなく，1920〜40年代親達がアンザン省，ロンアン省ベンルック県などドンタップムオイ外よりそれぞれの前住地に流れ着いたようであるが，長老たちも幼児期あるいは親から聞き及んだ程度で，本貫地との縁は切れている。

3-3 国家の出現

一面の荒野であっても無主地とは限らない。1975年南北統一は，解放となっていたドンタップムオイ全域に新たな国家が出現した年である。

1975年フンディエンA村が成立し，現タヌー集落とバオセン集落を併せた地盤には，第2集落がおかれた。当時を知るフオンさんは，このように物語る（2007/8/23 聴取）。

当時このタヌー集落，ここはたいへん長かった，ここはこのバオセン集

落までずっとだった，それから分かれて，こちらには蓮池があったのでそれから採ってバオセンと名づけた，サイザン（集落）が成立して，そのときはタヌーとバオセンは第1集落だったかな？

ヴィンフン県都までほぼ一面の荒野，その果てに草分けたちの故地ゴーブンがあった。

昔はこの道路を行くとゴーブンだった。……N翁がいる所の高みはゴーズオイコアン，ゴーズオイチュオットがこちらだ，V翁の所はゴーファオ（Gò Pháo 砲台の意）がこの後ろだ，当時第25師団が砲台拠点をそこにおいてから新しくゴーファオと呼ばれるようになった，それは戦時中のことだ。

現在バオセン集落住民は，すべてベトナムのマジョリティであるキン族である。集落には，唯一ベトナム人夫に嫁して帰化したカンボジア人女性が居住するが，ベトナム名に替えている。国境地帯で軍が常駐するこの地域は，カンボジア人が出入りすることはあっても居住することはない。75年草分けたちがこの地に住み着く際にも，開墾について所有面積制限もなく，屋敷地の選定も自由であった一方で，定住に際して現在と同じく村当局・軍に申請する必要があり，その身元確認も厳重であった。当時国境地帯のベトナム化と開墾による食糧増産はベトナム政府が奨励するところであり，草分けたちのバオセン集落への入植は，後の80年代末開拓民政策による計画入植とは異なり自由入植であったが，一方で戦後の退役兵士による屯田の意味を有していた。現在も矍鑠としてバオセン集落の長老を自他共に任ずるN翁，その縁に連なるL翁，そしてH姓入植の牽引役となった故ウット・ゲなど草分けたちの入植の背景には，軍隊・村当局という国家の存在が窺われる。

その間の事情をウット・ゲの甥にあたるトゥオンさんは下記のように述べている（2006/8/15 聴取）。

74年までには俺にはすでに女房がいた，75年になって，75年4月，75年4月30日，そのときが解放だ，それが済んでからここに住み始めた。……解放の日の後に俺はここに来た。田んぼにする土地，ここは土地がとても広い，ここに来て俺は開墾するつもりになった，そして政府も承認した。俺が申請したら，そうしたら政府は許可した。

現ヴィンタイン村ゴーブンは，戦時中の解放軍の拠点の1つであり，青年達は解放軍遊撃隊に従軍し，60年代半ば戦況の悪化に伴ってほとんどの住民がベンフォーに移動していた。N翁とその長男，故ウット・ゲとその甥たちもいずれもゴーブンの解放軍に拠った人々であり，戦後その功績から村当局公職を歴任していく。

　前出のN翁も生地フンディエン村流散後ゴーブンで解放軍に参加し，結婚し，以後ほぼゴーブンの人々と行動を共にした。フンディエンA村タヌー集落のV姓は妻方親族であり，また実第五姉の婚家にあたる。戦後は近年まで公職を歴任し，その長男・娘婿たちも公職に就いている。

　故ウット・ゲは，戦時中から解放戦線で活発に活動していたようである。その兄カオ翁は，このように語っている（2006/8/24聴取）。

　　わしの実弟はウット・ゲだ，あいつは死んでしまった。あいつは昔この村で仕事をしていた，この村の公安だった。……今あいつの子どもらはみんな公務に就いている。一人は県で，一人はここで，一人はハードン県で仕事に就いている。今あいつの子はみんな政府の仕事に就いているわい。……あいつは以前からずっと仕事をしていた, 以前それは合法じゃなかったが。ずっと仕事をしていて，後になって選ばれて村人民委員会の村公安になった。

　形成されたばかりの開拓居住地は，フンディエンA村第2集落という行政上の枠組みが与えられたが，極端な疎人口と物資不足のため，世帯を超えた労働や物質的互助関係を結ぶゆとりはなく，集落社会を実体化するに至らなかった。周辺はいずこも疎人口のため他から労働力を調達するのも容易ではなく，開墾は自家の労働力がまかなえる範囲の面積を在来稲作し，年長の男子は次々に独立して自分の口を養う。若干余裕ができて耕牛・水牛を親子間で共同利用することはあったが，家族を超えて融通し合うだけのゆとりもなく，集落内における互助の契機はほとんどなかった。

　L翁は当時の苦しさを語って（2006/8/18聴取），

　　あの当時はとても苦しかった，自分等が助け合うといっても思いやりをもつだけ（giúp cái tình thương），誰もが飢えているんだからどうやって助け合うことができると言うんだい，それは物質については……，精

図 7-6 戦中・戦後の移動ルート

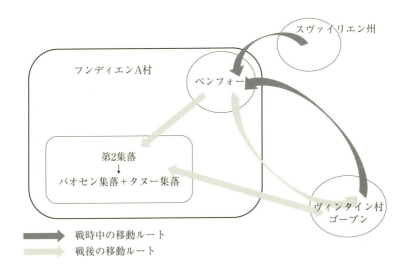

　神については互いに思いやることはあったよ，N翁さんはわたしたちをここに連れてきた，あの人も飢えていた，あの人も親子で芋の根っこしか食べられなかったよ。ウット・ゲさん，デーン（カインフン村人民委員会前主席）の親父さんだよ。あの人はそっちに住んでいて，やはり生きていくのにとにかくたいへんだった。言ってみれば，食べても満腹しないし，粥ばかり食べなけりゃならないのに，誰かをどうやってモノで助けることができると言うんだい，ねえ。でも精神的助け合いはあったよ。

　第2集落は，1979年ポルポト軍の侵攻によって焼き討ちされ，住民は軍に従ってヴィンタイン村ゴーブンまで避難を余儀なくされた。翌年草分けたちが戻ったとき家屋はすべて焼失し，地雷の野と化していた。79年の年末から80年にかけて第2集落の再スタートとなった。

第7章　「地元民」が生まれるとき　257

〈4〉 80年代 ── 再出発と定着の時代へ

4-1 転換期の1980年代

　フンディエンA村の第2集落に村行政の手が入ってくるのは，80年代集団農業期である。解放区であり，またほぼ全域が荒野であったドンタップムオイ地域は，旧南ベトナム政権以来の土地所有関係がほとんど存在していなかったため，ロンアン省内でもっとも早く集団農業制が試みられた。1982～86年の集団農業期は，第2集落にも生産集団が組織され，農業税納税や，限定的ながらも家内労働人口に応じた土地調整が実施された。フンディエンA村行政は初めて村内人口・世帯数・経営農地面積を把握した。

　生産集団は実体をほとんど伴わない名義上のものであったが，第2集落を分割し，現「バオセン集落」の範囲には第5生産集団，タヌー集落に第6生産集団が成立した。生産集団が肥料・種籾を受給する計画は物資不足でほとんど実行されず，83年に土地調整が行われた後活動しないまま86年末のドイモイ後の集団農業制終焉を迎えた。集団農業自体は試みられなかったが，生産集団毎に1集団長2副集団長が選ばれる，一緒に納税する，とこの時期にある程度実体をもった行政集落の原型が形作られていった。この時期について，集落民の記憶から当時の集落世帯数が呼び起こされてくる。1982～84年にかけて第5生産集団の集団長を務めた村びとによると（2005/8/8聴取），当時の第5生産集団は約40世帯（または，当時の徴税係によると60～70世帯）が，ほぼバオセン集落の全世帯数に相当した。フンディエンA行政村の中に第2集落から分立した第5生産集団という枠組みで，後の「バオセン集落」範囲が現れてきた。親族・姻族，隣近所というゆるやかな人間関係の累積と蓮池と高みの自然地形という地理的範囲に新たに生産集団と呼ばれる行政の枠組みが重なったと言えるだろう。

　そしてまた，80年代は連鎖移住の時期でもある。再定住した草分けたちは外に散っていた親族・姻族を呼び寄せた。ポルポト軍による襲撃後の「バオセン集落」の土地は地雷原となり，営農に困難をもたらした。一方1982年以降ロンアン省内で実施された集団農業制でドンタップムオイ地域の外では土地調整と生産集団組織によって農業経営規模の制限が設けられ，ときに農地接収されることになった。しかし，国境地域であったフンディエンA

村は、一面の荒野と地雷原により開墾こそ困難をともなったが、食糧増産と国境防衛を兼ねたベトナム化のために開拓移住が奨励されていた。

ウット・ゲの実兄カオ翁はこのときに入植した（2006/8/24 聴取）。

> （当時兄姉や知人が居ましたか？）姻戚も娘も居た。連中があちら（＝ゴーブン）で土地を取り上げられるのを見て、こっちに来て住むように呼んだ。当時政府は土地を開くことを自由にまかせていて、どこまで開いても自分のものになったし、政府は3年免税にしていた。……1982か83年、もう解放されていた。あちら（＝ゴーブン）にいたら少ししてからレ・ズアン運動で集団化して土地を接収することとなった。当時わしの兄弟はここで仕事をしていて言った。もういいからこっちに来て土地を開いたらいい、この土地は荒野だ、昔はカンボジアの土地だった、いくらでも土地を開墾できるぞ。……長兄がここに居た、末弟もここに居た、姉もここに居た、それでわしもここに来てそのまま住むようになった。あの当時ここは荒野がたくさんあった、政府の方針があって誰でもいくらでも開拓すれば手に入った。多いの少ないの何にも言われなかった。この村は国境村だ、人がいない、そして政府の方針があったから、人はとても奮起した、誰でも開拓すればするほど手に入る、あっちのように土地を分けることなんてない。

呼び寄せにあたって、開墾面積の制限はなかったものの、居住に際しては現在と同じく村に申請する必要があり、戦後まもない時期であっても国境地帯で軍が常駐するこの地域では、とりわけ越僑に対して流入・定住に際して身元保証が求められた。

〈開墾の余地がある〉は各地に散在していた先住越僑たちの親族を呼び寄せるプル要因になった。タイニン省で結婚し独立していたT翁の長男が「生活が苦しい」と80年父を追って入植した。L翁は南部各地に散り散りになっていた兄弟姉妹のうち、実弟が入植した。以下はL翁実弟の語りである（2006/8/22・2007/8/25 聴取）。

> （1985年どうしてここに来ましたか？）第7兄（＝L翁）が、兄がここにいた、兄はわしより前に来ていた、兄が言った、ここにはまだ土地があるぞ、と。わしらは飛んできていくらでも開墾できた。……7兄が来

第7章 「地元民」が生まれるとき

るように呼んでくれた。兄はこう言った，日雇いでどうやって生きていけるものか，と。歳をとっていたし，ここに来てちょっと土地を探した，生きるために。

（村宛書類をもっていましたか？）すぐ上の兄貴が力になってくれた，兄が（村）政権に紹介して末弟が自分の近くに住むことになったからとしてくれた。

　カンボジアから戦時中に帰国した越僑の多くは戸籍等証明書類が整っていない。また，80年代カンボジアとの複雑な政治事情が影響し定住許可の申請は難しかった。T翁の長男，L翁の実弟とも，何よりも直系親族が村内に先住し身元保証をおこなってくれたことが，この国境地帯への入植と定住を容易にした。

4-2　新経済村と「地元民」
4-2-1　新経済区入植地の造成
　カインフン村が現在の発展をみる近年まで，第2集落に居住する人々の視線はフンディエンA村側に向けられ，第2集落の住民はそこで市場・医療所・郵便局などの用を足していた。フンディエンA村は帰属する行政村の中心であり，往時のベンフォーに由来するマーケットと国境防衛軍駐留地があり，親族・姻族が多く居住している。一方の側は，何一つない荒野が広がり細い獣道を辿るとその果てにヴィンフン県都，そしてもう1つの故地ゴーブンへ続いていた。雑貨屋を営むT翁は，長らくベンフォーとヴィンフン県都を往来して商売物を仕入れていた（2006/8/24聴取）。

> 昔はヴィンフン県まで何もなかった。夜明け前に起きて徒歩で県まで行く，昼前につくから一休みして市場で買い物をしたら，また徒歩で帰宅した。家にたどり着くと，日が暮れていた。

　1985年ドンタップ第1経済建設団は荒野の地雷除去と野焼きを行い，28号運河開削工事を開始した。1987年になると，さらに入植地を造成する工事が始まった。住民の中には，入植地計画区域内を開墾している者もいたが，省政府肝いりプロジェクトを前にしては，その権利を言い立てることもできなかった。しばらくして，新村が成立しフンディエンA村から一部が編入

される噂が伝わった。フンディエンA村で公職に就いていたN翁やウット・ゲ，それぞれの長男ハイ・デーン，ハイ・ライは，より詳細な事情に通じていた。彼らは，フンディエンA村から新村へ異動することが決まっており，入植地造成工事や新村設立に関わる会合に参与し，ドンタップ経済建設団や移民局の幹部達，そして新経済民と呼ばれる入植者のリーダー達で組織された調整委員会（Ban điều hành）と何度も顔を合わせていた。

　1987年に省の南方から入植団第一陣が到着した。新造の入植地と新参の入植者たちは，フンディエンA村域にありながらタンアン市轄というといわば二重行政下におかれ，その状態は1989年カインフン村成立までの約2年間続いた。入植地の行政は，調整委員会が受け持っていた。

　第2集落の住民にとって，28号運河沿いに新造された入植地とそこに次々に入植してくる新経済民は，まったく新しい空間と人々であった。入植地は新たに出現した人工空間であり，そこに住む新経済民はドンタップムオイ地域の外から来たヨソモノであった。

4-2-2 「バオセン集落」の誕生

　「バオセン集落」は，1989年カインフン村の成立によって誕生した。このとき初めて，「バオセン集落」は行政村の下部単位となる集落として，その名と境界をもって誕生した。

　1989年7月カインフン村が誕生し，その式典には遠く省都の移民局やヴィンフン県人民委員会から幹部が出席した。カインフン村は，28号運河沿いに新造された入植地とフンディエンA村の第2集落が合併して設立した。新村の村名カインフン（Khánh Hưng）は新経済民を送り出したカインハウ（Khánh Hậu）村とフンディエンA（Hưng Điền A）村から一字を採った。村名の由来について，公式には下記のようにまとめられている（Quới & Dốp 1999: p223）。

> 村が成立するとき，カインフンという名は地名の由来と住民の構成に関連した1つの意義をもって提起された。すでに述べたように，村はフンディエンA村から分割されたので，村の名前の中に地名の由来となる「フン」字を残すことによってそこから新村が形成されたことを提示し，同時に地元住民集団の「主体者」"đồng chủ thể" của cộng đồng dân cư

地ja phương を認めて記憶することにした。カインフン村の名の中の「カイン」からは，カインハウ村——この荒野が残る地を開墾しに来た最初の住民団の源——からの新しい住民団の由来を記憶しておくことを意図している。

これに対してN翁は，当時のやりとりを思い起こして，このように語っている（2006/8/21 聴取）。

> このカインフンという名は，カインはカインハウ，フンはフンディエンだ。だけれどもあのとき，わしだったらば，源の方を先におく，フンカインだ。だがこのひとたち，彼らは会議をして自分たちはカインハウの字から採ったカインを先に置いたカインフンを採ることにした，なぜなら新経済団を利用している自分たちはより配慮されているから自分たちはカインフンの名を採ると。

すなわち，新村設立に当たって，地元民と新経済民の関係は琴瑟相和すとは言い難かった。地元民側にはフンディエンA村からはN翁，ウット・ゲとそれぞれの長男など草分けたちが参加し，「調整委員会」や移民局の幹部たちと，7，8人が村名について議論した。結局のところ，開拓移民政策モデル村としての役割を期待する省と移民局の意向が通り，新経済民代表の母村であるカインハウ村の名が先に置かれた。村は正式な地方行政機構の最末端単位であり，村名には国家の意向が反映される。

村名が決まると，その下部単位となる集落については，フンディエンA村と同様に第1，第2と数詞がつけられ，第4集落まで成立した。

ふたたび，N翁の語りを借りると，以下のようになる（2006/8/21 聴取）。

> 今のカインフンと呼ぶようになって，それからようやく集落名をつけた。当時タヌーは数で1，2，3，とついていたが，はっきりしなかった，だから提起して，タヌーは昔からの骨幹だ，いつの時代からかわからないけれど，タヌーはタヌーのままとした。バオセンの方は，当時名前がなかった，当時ゴーズオイチュオットだったが，この名前は悪すぎる，普通じゃない。ここには何箇所か蓮池があってね，蓮池はたいへん大きかった。そしてあちら側にはカーチョット集落だ，ここの水路が始まったあたりで父が生まれ，母がわしを生んだ，だからわしはそこがカーチョッ

ト集落だと知っていたのさ，カーチョット学校があったときわしはそこで学んだ，昔の起源にちなんだ。そしてこのゴーチャウマイは，当時鬱蒼とした荒野だったが，（名前が）いつどこでついたのか知らん，ゴーチャウマイの名がつけられていた。そしてこのサイザンも新しい名前だ，あそこはチャット Trat（葦草の名？）があったので砲兵がサイザンと呼ぶようになった[5]。

　この地の生まれと自認するN翁は，タヌー，カーチョットという往時の地名にちなんで集落名を提起し，さらに，自身が住む集落についてはゴーズオイチュオット（ねずみ丘の意）という訛言を嫌い，蓮池にちなんだ漢字音の美名バオセン（Bàu 瓢 Sen 蓮）をあてた。ほかの集落についても，それぞれ漢名由来のゴーチャウマイ（Gò Châu 州 Mai 梅）と，呼び名であるサイザンとつけられた。89〜91年のいつの段階で，5集落に分けられ，それぞれ集落名がついたかは，不明である。おそらくは，カインフン村が成立した後で入植者数増加に伴い，集落をめぐる議論があらためて交わされ，後発で入植してきた北部入植者を受け入れたサイザン集落を含む5集落が成立し，集落名も数詞から固有の名称に変更されたと考えられる。集落は村と異なり正式な行政単位ではない。集落名については住民側の任意にまかせられ，地元民も新経済民もそれぞれ自身が住む集落の名付け親として，集落名にはその地に居住する人々のいわば民意が反映された。そして，このときに新村行政のもう1つの主体者である地元民側は自らが住む集落への思いを込めて，「バオセン」を集落名とした。

4-2-3 「地元民」の誕生

　「地元民（dân địa phương）」とは，もともと新入植者を新経済民と呼ぶに対し，フンディエンA村からカインフン村に編入された先住者を呼ぶ呼称に過ぎない。しかし，カインフン村成立後に新たな意味が付与されていった。

　カインフン村成立当初，一部の村行政関係者を除き「新経済民」と「地元民」の交流は少なかった。「新経済民」の多くは収穫を終えると帰村する循環移動を主体としておりカインフン村に定住する者は少なかったことと，2000

---

5) サイザン Sây Giăng は葦が繁る様を表す南部方言。

年以降インフラ投資が本格化するまで「地元民集落」は新造入植地から見ると奥地にあり，ほとんど足を踏み入れることのない空間であったためである。バオセン集落，タヌー集落はカインフン村成立後に入植してきた新参者たちにとって，奥地，なじみ薄い地域，「地元民」世界であり，その必要性がない限り足を踏み入れることはほとんどなかった。新経済民と地元民は，まず市場や人民委員会などカインフン村の公共空間において，互いに知り合う機会をもつようになっていった。

「新経済民」の中で醸成された「地元民」とは，90年代半ばバオセン集落が一挙に二期作化し，商品米生産へ転換した後で，広い土地を所有し，それ故に富んでいる人々である。

カインハウ村では地元民をこのように口々に語る（2001/2/24, 2/26 聴取）。

> 民間で金を借りた。（入植に）行くときある程度金を持っていった人もいるが，借りたのは主に地元民からだ。地元民は水田を改造していて収穫も高い，富んで金をもっている，旧フンディエンB村の人に金を貸し付けている。あちらでは多くの人が金を貸し付けている，たいへん富んでいるから。（農地を）40ha所有しているひともいる。

一方，「地元民」側もまた「新経済民」について物語る（2006/8/25 聴取）。

> 結婚はたいへん多い，5, 6人がいる。……普通の関係だよ，新経済民だからといってまったく何の区別もしていない，何にも関係が悪いことなんかない，たまたま逢って結婚する。サイザン，連中とはまだ結婚していない，サイザン集落はハイフン省人だから，北部人が来た，連中は1992年に来た。……北部人との関係は，南部人はまだ結婚していない。南部人との結婚は普通だ。

新村カインフン村人民委員会はフンディエンA村から異動してきた地元民と入植団を率いてきた新経済民側の双方から構成された。カインフン村初代の人民委員会主席にはバオセン集落から故ウット・ゲの長男ハイ・デーンが就任し，N翁の長男ハイ・ライが近年まで党書記を務めた。フンディエンA村幹部の異動は，往来の便を考慮してよりカインフン村に近距離な者が充てられ，結果としてバオセン集落のH姓，N姓の息子・女婿たちがカインフン村行政を寡占していくことになった。彼らの多くは，戦前解放軍拠点

となったヴィンタイン村ゴーブンで従軍し，戦後その論功恩賞による村行政に採用された。その子弟も革命戦士家族優遇策によって高等教育を受ける機会を得て，相次いで村行政へ登用されていった。公務員となった彼らは，通勤の利便性と投資を兼ねてゴーチャウマイ集住区に居住し，農地は雇い人にまかせたり，賃貸したりして離農し，バオセン集落からも離れていった。

現在バオセン集落には，N翁，L翁，T翁の草分け古老たちが，「地元民」としての自負を抱きながら，いまも集落に残って農業を営む子孫たちと暮らしている。

カインフン村が発展するにつれて，バオセン集落を誕生せしめた「地元民」は住民の少数派となり，住民構成も生業形態も，新経済区に成立したほかの集落との相違が失われていった。「地元民」自身もまた，その自負心の拠り所をバオセン集落からカインフン村へとシフトさせていった。とりわけ公職に就いた地元民にとって，カインフン村の発展は，戦中から戦後の困難な時代にその土台を築くために貢献した彼らの献身が報いられたものと捉えていった。この認識は，地元民が自分の「ムラ」をカインフン村全体に比定したとも言える。しかし，それによって地元民の中で，固有性・具体性を失ったイメージとしての「ムラ」が漠然と共有された。

まとめ：南部村落におけるウチ vs. ソトの境界

本章では，カインフン村バオセン集落を採りあげて，開拓居住地から行政集落へと編成されていく過程において，その中にいる人々が，どのようにして，何をもって，自分の「ムラ」をつくりあげていくかを考察してきた。

あらためてバオセン集落の歴史を紐解きながら，本章をまとめると，下記のようになる。

当初の開拓居住地では，極端な疎人口・物資不足と天水依存の在来稲作故に共同体としての紐帯を結ぶ契機を欠いていた。冒頭でヴィンが称揚した村落内の互助関係が成立するには，ある程度の人口と経済発展が前提と言えよう。バオセン集落自体は自然の高みに立地し，水の季節になると島となり，住民にとって地理的まとまりを感じさせるものであったろうと思われる。国家行政機構の最下部に組み込まれ，第2集落，第6生産集団という枠組みが重ねられていったが，行政上の必要によるものであり，住民自身の必要によ

るものではなく，住民のアイデンティティのもととなる「ムラ」には程遠かった。80年代後半隣接して「新経済区」「新経済民」という他者—ヨソモノ空間が出現したとき，ウチとソトの境界意識が発現し，「バオセン集落」という名称をもった集落範囲が形成された。すなわち，南部村落におけるウチとソトとは，ヴィンが述べる〈垣根に囲まれた村の土地〉とそれを守る防衛心に発した固有かつ具体的な境界を指すというよりも，やや原初的とも言えるソトに対する防衛心である。そのウチとソトを分かつ境界意識は，確固たる内実を伴わないまま発現するため，契機となる他者との対峙がなくなると，その拠るべき根拠を失って，曖昧になっていくと考えられる。

　名付けという行為をもって，ひとは事物を認識する。付与する名には，名付ける者が意味を込めていく。「バオセン集落」は，自然の高みに集まった草分け開拓者たちの居住地に対して，国家行政が第2集落，生産集団と形を与えることで，後の「バオセン集落」の原型がつくられていった。草分けたちがそれを自分の「ムラ」として意識するためには，外からもたらされた契機，すなわち新経済村と新経済民というヨソモノの出現が必要だった。草分けたちは，ヨソモノに対峙したとき敢えて「バオセン」という固有の名と由来を付与して，自分の「ムラ」を誕生させた。「地元民」もまた，もともと先住者を意味する呼称にすぎなかったが，「新経済民」という鏡像を得ることによって，具体化され自立した像をむすび，「地元民」自身の自負心を育んでいった。

終章

結論

南北ハイブリッド婚夫婦とホーチミンの祭壇

本書は，カインフンという，メコンデルタの氾濫原にベトナム戦争後新たに出現した「新経済村」の誕生，すなわち国家と接合する新しい「国づくり」のはじまりと発展・統合過程を描くことを目的としていた。具体的には，移住民間の社会関係がどのように「新経済村」の形成に作用したのかを明らかにしようとしたものである。

〈1〉開拓移民政策と「新経済村」の建設

　1989年にドンタップムオイとよばれる広大な氾濫原に突如建設されたカインフンは，ベトナム戦争後に計画された「新経済村」の1つである。人口再分布による民生の安定化と農業開発による生産増大を目的として，63万haにもおよぶ未耕地を擁するドンタップムオイでは，ロンアン省を中心に開拓移民政策と移住先でのインフラ整備をセットにした大規模な地域開発が推進された。南北分断期から，ベトナム北部では紅河デルタの人口圧の高さを軽減するための山岳丘陵地域への開拓移民政策が行われ，1960年から約40年間に600万人もの人口が計画的に移住した。また，少数民族の居住する中部高原や広大なメコンデルタを擁する南部でも，共和国時代の農業開発は実質的には土地改革よりも農業開拓移住の方が重視されてきた。「新経済村」建設計画の当初は戦争中に生じた人口不均衡の是正を目的とし，インフラも整わない状況での移民政策は失敗に終わっていたが，80年代後半に農業集団化が廃止されると形勢は大きく変化した。カインフン村は，このようなベトナムの長い開拓移民政策の中で「新経済村」の形成・発展が最も成功した例の1つとして位置付けられる。

　カインフン村建設の初期はドイモイ以降の市場経済導入による米価市場の復活，農業集団化の廃止による土地なし・零細農民の政策移住により，本格的な地域開発の幕開けとなった。カインフン村の成立には，南部メコンデルタの比較的人口稠密な地域からの土地なし・零細農家を中心に，遠く北部紅河デルタからの零細農家たちも加わった。広大なフロンティアはコメの輸入地から輸出地へと変貌し，労働力の誘引剤となった。特に，貧困農民の自作農化を「新経済村」建設に結びつけた開発プロジェクトは功を奏し，従来の社会主義政策の失敗として総括されてきたマイナスイメージを大きく覆すものである。むしろ同地域に国家開発が投入されることにより，長らく「無人

の野」，あるいは治外法権の地であった地域が国土として領域化され，移住民による国民統合が進んだのである。

このような国民統合の過程でカインフン村の発展を決定づけたのは，2000年の洪水を契機とした洪水対策用の「マチ空間」(cụm/tuyến dân cư) の造成である。盛り土をし高度の地面を確保することで集住区を造成することができる。このマチ空間はまずは行政村の中心であるゴーチャウマイ集落にでき，その後，カーチョット集落，そしてサイザン集落など他の低湿地にまで拡大された。この大規模な国家開発事業は，行政村庁舎，学校や診療所などの公共施設や道路，電気などのインフラの整備拡充も含め，村の景観を大きく変貌させた。それだけではなく，住民の生活様式にも大きな変化が見られた。

〈2〉 移住民の適応プロセスとコミュニティ形成

「新経済民」の南北政策移住民の移住プロセスと集落形成の特徴をまとめ，先行して自発的に入植した「地元民」の移住プロセスと集落の形成と比較することで，それぞれの位置づけをしておきたい。

【南部新経済民】

まず，南部政策入植の状況をまとめてみる。新経済区への開拓入植の対象となったのは，階層的には土地なし・零細農民という貧困層であった。南部政策移住者のモデルケースとなったカインハウ出身者は，「第2拠点」建設の主要アクターとして任務を全うするよう，国家からも村当局からも期待されていた。しかし，出身村からの短距離移動であったため，政府の思惑とは裏腹に移住民は「定耕すれども定住せず」パターンを選択し，決して開拓地に根付こうとはしなかった。

「両居世帯」スタイルと呼ばれるように，夫と労働年齢に達した息子 (たち) が開拓地に赴き，故郷に残した妻子の住む自宅との間で季節ごとの循環移動を繰り返した。すなわち，形式的に家族は2つの世帯，1つは母村の妻子世帯と，もう1つは開拓地の父子世帯に分かれるのである。しかし，実態としては父子が一年の半分に達する農閑期をカインハウで過ごすため，消費面においては家族の共同関係が維持される。換言すれば，夫と就労年齢の子ども

（たち）が出作り（貼戸）として生産面に責任を負いながらも，「消費面における共同関係」を軸にして母村の屋敷地にいまも居住する正戸世帯（主に，妻と就学年齢の子どもたち）と近距離の親族集団を構成しているのである。冠婚葬祭など，彼らの「生活圏」は完全にカインハウの枠内にとどまったのである。

したがって，彼らにとって，カインハウ村は単なる出身村ではなく，常に帰るべき居場所であり，一方，開拓地での営農は「出稼ぎ」的な現金収入を得るための手段にすぎなかった。カインハウ出身住民の生活拠点は母村にあり，現地で生産したコメの売却益は次の投資拡大には回らず，ほとんどが母村での家族の消費に回る。例えば，家の新改築や子どもの学費などである。現地で土地を買い足し，経営規模を拡大させることはない。たとえ生産資材投資の資金が不足しても，現地で用立てることはせず，母村の親戚や知り合いに援助を頼んで資金を調達するのである。このように家計は全て母村で回っているため，彼らが現地で隣近所に助けを求めることはないし，逆に何らかの援助を求められることもない。ある意味，彼らの家庭経済は完全に自己完結し，現地から遊離しているのである。

彼らは元々カインハウ村でもマージナルな存在であったが，開拓移住後も，その「周縁性」には変わりがなかった。新天地で「地元民」とともに新経済村の中枢を担うことを期待されながらも，結局彼らはひたすら循環移動を繰り返し，急増する後続の自発的移住民の中にマージナルな存在として埋没していく。移住第1世代にとって，土地を息子などに譲り，老後は故郷で過ごすことが一番の望みであった。そのため，彼らは現地で「他者」との接触は極力避け，利益集団を形成することなく，ひたすら個別の利益を最大限にすることに注力した。

【北部新経済民】

次に，北部紅河デルタのハイフン省出身の零細農家の多くは幼子を連れた若い夫婦が中心であった。彼らは故郷の県専従職員の引率の下，南北鉄道とバスを乗り継いで長距離移動してきた。南部からの政策移住者に比べれば，その人数は多くはないものの，合計3回の移住計画が実施され，約100世帯がサイザン集落に集住した。移住民はハイフン省内の異なる県内の村々から集まり，ほとんどが顔見知りでもない状態であったが，隣近所で暮らすよう

になると，社会団体支部の活動を通して次第に交流し，相互補完的な関係を構築していく。

　彼らのコミュニティをより強固な基盤に作り変えていったのは，婚姻を通して結ばれる姻族関係の構築である。子世代は親世代より広い範囲で配偶者を選ぶものの，基本的には文化的背景（北部方言，料理の味付けや習慣など）を共有するハイフン省内出身者同士を選好していた。この結びつきは，サイザン集落を単なる地縁集団から相互的な紐帯をもつ血縁集団へと「進化」させた。それと同時に，子世代に属する娘たちを中心に，同じ集落内に移住した南部出身者とのハイブリッド婚が進行した。このハイブリッド婚は，レヴィ＝ストロースの婚姻連帯論に従えば，婚姻を契機とした北部出身移住民と南部出身移住民との共同的で連帯的な社会関係の構築ということになり，彼らのコミュニティを外延的に拡大発展させる大きな意味をもった。

　また他方で，ハイフン省移住民集団は遠く故郷に住む家族の連鎖移住をも引き起こした。その際，母方，妻方の親族や，姉・妹，娘家族を頼って移住してくるのが特徴的である。例えば，ある家族は，まず姉夫婦が政策入植によって先行し，その後独身の妹が子守で連鎖移住し，その他きょうだいに，次いで最後には両親まで開拓地に移住してしまった。また別の家族の場合，移住先の情報を頼りに連鎖移動したのは，妻方の家族・親族，すなわち姉や弟の家族，そして甥家族まで広範囲に渡る。このようにハイフン省出身移住民の集団は，どちらかといえば開放的な地縁・血縁コミュニティとして形成されていった。

　つまり，父系家族・親族集団が日常生活において優越する北部定住社会に住む彼らが，未知の世界への命がけの飛躍を試みる際，父系親族の紐帯を断ち切って，非父系家族・親族というもう1つの社会関係に大きく依存する。このような社会関係は突然新しく形成されたものではなく，本来母村においても機能していたものであろう。定着社会において父系家族・親族関係の優越性に「隠れて」いたもう1つの社会関係が，移動という新たな契機において可視化されたというべきかもしれない。このような親密な結びつきによる連鎖移住の誘発は，主に子守りなどの家庭内再生産労働の需要が引き金となっている。

　以上のように移動と接触という変数をかけた場合，開拓地で北部出身移住者が形成するコミュニティは，①娘が南部出身男性と通婚することで他集団

とつながる，②妻方・母方など女性が中心となって連鎖移住のつなぎ役となる，など非父系的ネットワークを基盤とした比較的開かれたものとなっている。

　サイザン集落がハイフン省出身移住民の「民意」を代表するようになるメルクマールは2000年の集落長の交代であった。すなわち，現地でハイブリッド婚をした南部出身の集落長たちは北部コミュニティのエージェントとして機能するようになったといえよう。

【南部地元民】

　最後に，「新経済村」が形成される前に自発的に移住してきた「地元民」集落の形成プロセスについて明らかになった点は以下の通りである。

　「地元民」の実態は一様ではなく，主にカンボジアとベトナムの国境ベンフォーに集う2つの集団，すなわちゴーブンという数キロ離れた集落出身者とカンボジア領内から避難してきた「越僑」の寄せ集め的な要素が強かった。彼らは現在に至るまで2つの転機を経ている。1つは，ベトナム戦争からカンボジア紛争にいたる1970年代後半にフンディエンA村に居を構えた時期と，もう1つはその後「新経済村」カインフンが成立して「新経済民」による集団入植を迎え入れた時期である。この2つの転機は，彼らの意識を段階的に変化させてきたといえる。

　まず，彼らが1970年代後半にフンディエンA村に移住した理由は戦乱からの避難で，この積極的な意味は国民国家「ベトナム人（国民）」としての自覚をもつという選択である。ただし，この時期，彼らは既存の行政村の一角に移住したニューカマーであったものの，土地は広大で自由に開墾することができ，近隣の住民と衝突は起きなかった。そのような状況では，先住者との接触による行動の制約をほとんど受ける必要がない。彼らの自発的な入植過程も，個人的ネットワークの連鎖が核となっており，原貫地に限らずディアスポラ状態で拡散する親族よりも近隣の知人との実利的な相互扶助を優先する。

　このようなある意味「開放」で緩やかな社会関係が，カインフン村の成立に際し大きく変化する。すなわち，フンディエンA村からの分立・編成に際し，彼らは「オールドカマー」の代表としてその立場は180度転換したのである。新村の名称に関連して，どちらの1字を先にするかを巡ってカイン

ハウ村代表者と対立したように，ここには明らかに，「ヨソモノ」＝他者との接触を通して「仲間内」で結束しようとする意識が見て取れる。おそらくこの外圧による「ウチ」＝「地元民」意識の表出と共有こそが彼らの間に一種の連帯感を強め，地縁的ネットワークを形成してきたといえるであろう。

しかしながら，「地元民」社会内部は決して一様ではない。新しい行政的空間に編成されながらも，バオセン，タヌー集落は，「新経済民」の居住する造成地とは一定の距離を置き独立性を保ち，昔ながらの南部開拓空間を漂わせている。砂州の水はけのよい微高地に集住し，それぞれの家族が屋敷地共住の形態をとりながら，比較的双系的な親族関係を構築している。土地に余裕があるため，相続は生前分与が基本となる。このように個々が相対的に独立性を保ち，対人関係で連鎖する社会関係は，構造を持たず集落社会へのコミットメントの契機を欠く。「ヨソモノ」に囲まれ，交渉の度合いは異なるものの，「地元民」代表として村行政へ積極的に参画するグループに見られるように，ネットワーク圏の基盤となる複数の親族核が存在しているのである。

〈3〉 南北村落論
—— 南部の「開放性」vs. 北部の「閉鎖性」の二元論を超えて

それでは，従来議論されてきた南部の「開放性」と北部の「閉鎖性」は，「新経済村」の成立によってどのように位置づけられるだろうか。すなわち，移動・移住という変数，そして異文化接触という変数を加えることで，新たな知見が見いだせるであろうか。特に，社会関係および社会関係資本の蓄積に着目して比較検討してみたい。

【南部の「開放性」に対して】

従来の南北村落社会システムの議論に対して本書が貢献し得る点は，もう1つのベトナム村落像を提示することで，二分法論的なステレオタイプの南北村落論のディスコースを少しでも超えられるのではないか，ということであった。ステレオタイプの南北村落比較論の克服方法については，様々なアプローチが可能であると考えられるが，本書においては，移動と文化接触という変数を加えることによって，南部メコンデルタ社会の「開放性」を相対

化し，従来の議論に新たな知見を加えることであった。

　本研究から明らかになったことは，2つのアクター，すなわち「南部政策移住民」と「地元民」ともに程度の差はあれ，「ウチ」と「ソト」を隔てる心理的地理的境界が存在するということである。まず，広大な土地を求めて自発的に入植した人々は，明らかに地理的領域感覚を備え，ベトナムとカンボジア間の国境を「あちら側」と「こちら側」で明確に意識し，同地付近の人口密集地や行政的空間を十分把握しながら移住している。1980年代末に新村カインフンが成立し，「新経済民」集落という他者が出現した際，はじめて彼らは「地元民」となったのである。自身の領域のウチ・ソトを明確に分ける「バオセン」「タヌー」集落という容器を与えられた「地元民」は，内実がほとんど伴わないまま「私」という自我の枠組みを形成していった。

　しかし，「新経済村」の成立は，それまでバラバラであった「地元民」をまとめ利益集団へと統合させる契機となった。例えば，新村の名称問題で，「ヨソ者」の故郷の1字を自分たちが居住する既存村の1字よりも先に置くことを強いられた結果，「領域を侵犯された」という強烈な「地元民」意識が高まった。さらに，彼らにとって決定的な出来事は，「ヨソモノ」が上層部の支援を受けて新政権の第2代目の人民委員会主席を務めたことである。カインハウ出身の主席の誕生は彼らの威信を大きく傷つける出来事であった。彼らの多くはベトナム戦争中ゲリラ民兵としてサイゴン政権と戦い，南北統一に貢献したという強い自負を持っていた。戦後の同地における政治的主導権を自分たちが握ることに全く疑いを持たなかった。このような上層部の「介入」という「外圧」は彼らの利益集団形成への強い契機となり，強烈な序列意識と既得権益意識を醸成していった。このような事態は，従来の南部農民の「開放性」議論では全く理解することができない。

　一方，党中央や国家が期待したカインハウ村出身者たちは第2の故郷に根を張らなかった。その理由は大きく分けて2つに集約できる。1つは，故郷カインハウ村の規範性，中心性による。これまでの議論によれば，メコンデルタはタイの農村社会と同様，人口圧力により土地の零細化が進むと，農民たちは新たな土地を求めて積極的に移住していくという流動性が極めて高い社会とされていた。しかしながら，第5章で明らかになったのは，雨季には母村に戻る出稼ぎ型の限定的移住形態である。彼らのほとんどは，故郷では自身の家屋敷を構えていた。この屋敷地のもつ意味は実は極めて大きい。そ

れは祖先崇拝を重視するベトナム人特有の家族・親族関係のあり方を規定し，加えて冠婚葬祭などに関わる親密な生活圏をも形成していく。「（跡取りの）末男子だから帰郷しなければならない」という村人の言葉の裏には，北中部ほどは緊密ではないものの父系親族に対する帰属意識が相対的に強く反映されていることを物語っている[1]。

　したがって，彼らの意識は，出稼ぎ先カインフン村で彼らが数か月間暮らす極めて粗末な住居にはっきり表れることになる。すなわち，定住することのない土地がいかに開発され，社会インフラがいかに整備されていこうとも，彼らにとっては関心の的にはならなかったのである。また，現地の行政機関でもカインハウ出身者が公職を占めているわけでもなく，公的手続きなどで困ったことがあっても気軽に相談をする間柄の者は1人もいない。彼らは，営農以外の手間や時間をことごとく節約している。

　このように，彼らは明らかに母村＝ウチを優先する一種の規範性をもつ。先祖の土地への回帰，特に屋敷地の末子相続の慣行をある意味規範化して選好する。国家の思惑に反して彼らがとった選択は，営農を引退すれば現地＝ソトから「退場」することだった。彼らは，結局カインフン村の「主役」になることを拒み，家族の待つ故郷に戻って自宅の新改築に勤しむのである。このようなカインハウ出身者の行動は経済合理性だけでは説明できない。

　以上，2つの南部メコンデルタ農民社会を比較した結果見えてくるのは，ヴィンが述べたように，彼らの「開放性」が決して無限ではなく[2]（Nguyễn Quang Vinh 1995: 86），国家の介在を契機に「ウチ」と「ソト」の境界が設定されていく態様である。もし南部農民が総じて「開放的」であるならば，互いに受け入れ合い，このような緊張関係は生じなかったであろう。加えて，指摘しなければならないのは，南部社会の「開放性」は超歴史的に存在するのではないということである。都市近郊カインハウ村出身の移住民たちの循環移動パターンに表れているように，彼らの帰属意識は母村にあり，より明確な境界のウチ側で規範的な中心軸が現れているのである。

---

1)　同村はアメリカの文化人類学者ヒッキーが調査した1960年前後と比べ1990年代半ばには人口が3倍に急増し，南部メコンデルタでも屈指の人口稠密地域となっていた。
2)　このようなメコンデルタの地元住民の反応は，ジエム政権のカイサンプロジェクトにみられる北部出身移住民受け入れ措置に対する彼らの反発と共通している。

【北部の「閉鎖性」に対して】

 これまでみたように，移住第一世代をはじめ，成人して同郷人同士で婚姻する子世代も，同地ではコアなハイフォン出身グループを形成し，北部的な文化様式や家族観など一定の「規範」を再生産する一方で，ハイブリッド婚をした娘夫婦という新しい家族関係も結合させることによって，外に開いたコミュニティ外縁を備えるようになった。そして，非父系親族のネットワークで新たな連鎖移動を誘発し，遠く離れた故郷からの人的資源をも確保することができた。このような点で，北部政策移住民がサイザン集落において形成したコミュニティは，父系親族集団を基盤とした緊密な社会関係が築かれる彼らの故郷とは大きく異なり，より開かれたものになっている。したがって，移動と接触という変数は，北部農民の社会関係に，「閉鎖性」がより薄まった性格を備えさせたといえる。

 この事実は，PVYによる種籾生産協同チームの失敗によっても裏付けられる。第6章で詳述したように，PVYはサイザン集落の自律性や結束力に期待して，同地のハイフォン省出身者を動員してプロジェクトを開始した。しかし，結局2年間の試行期間を経て，同チームは解散しプロジェクトも消滅した。このとき，ハイフォン省出身農民たちにとって，労働，時間，そして経済的リスクをとってまで，プロジェクトに関わるインセンティブは存在しなかったと言ってよい。同調圧力は同地では発揮されなかった。それよりも，個人がそれぞれの利益を追求し，もっぱら生活を破綻させるようなリスクを回避しようとする農家の合理的判断が優越した。

 したがって，明らかになったのは，彼らが入植後に形成した互助的関係が，やはり国家の介在とともに成立している点で，北部的な「閉鎖性」の程度も無限ではなく，環境要因に大きく影響されているということである。

〈4〉国家と社会：不均質な国民統合

 次に，本書のもう1つの目的は，新経済村の成立を通して国家と社会の関係を描くことであった。メコンデルタ最大の氾濫原ドンタップムオイの「新経済村」は本書の主なアクターである「地元民」，南部新経済民および北部新経済民をそれぞれ異なる統合原理によって国家と結びつけることになった。

この3つの集団が新経済村を通じて国家とどのような関係を結んだのかを指摘しておきたい。まず，1975年以降に新しい国家に組み込まれた南部の2つの集団を比較してみよう。

【南部新経済民社会と国家】
　まず，「新経済村」行政の中心的役割を担う責任を負っていたカインハウ出身者たちは，周縁に留まることで，結果的に国家とはつながらなかった。より正確に言えば，つながる必要がなかった。彼らは軸足を常に母村に置くことで，「出稼ぎ」からの利益をより効率的に回収することを望んだからである。彼らにとって，国家は利用価値があれば関わり，なければ巧みにかわすべき存在である。利に敏いカインハウ出身者は，国家に恒常的に期待する必要もない。どのような局面においても極めて合理的な判断をし，自分たちにとって不利な条件は決して選択しない。彼らの行動の原動力は市場原理であって国家ではない。彼らにとっては家族が暮らす故郷が最も重要なのであり，国家は彼らをほとんど包摂することができなかった。
　カインハウに限らず，ベトナム戦争中村落内がゲリラ支配地区と南ベトナム政権支配地区に二分され政情が不安定だったメコンデルタ農村部では，政治的には深くコミットメントしないスタンスをとることは生き抜くための戦略の1つであったにちがいない。最初の「新経済民」の成功モデルを託され，定住定耕調整委員会を組織して総勢300世帯強の大入植団を構成したカインハウ出身の移住民にとって，国家は個別的な利益を最大限にするために利用できるエージェントの1つでしかなかった。そのため，鳴り物入りで「新経済村」に先導的に入植したものの，国家が期待した公的リーダーシップを果たすことなく，瞬間的に「特権」を享受しただけで終わった。
　このようなカインハウ出身者たちの行動や行政村への姿勢は，地元民たちの既得権益の防衛意識とも利害が一致し，リーダーシップを巡る覇権争いには発展しなかった。また，在地化して南部出身農民たちと通婚することでネットワークを広げ，影響力を行使していった後続の北部出身移住民たちとも衝突することなく，ひたすら循環移動を繰り返し「私」的利益の追求に邁進していったといえよう。

【地元民社会と国家】

　一方，先住の「地元民」にとって，このようなカインハウ出身移住者の態度は歓迎すべきことであった。なぜならば，先住者としての「権益」を新参者にかすめ取られる危機がなくなったからである。彼らが利益表出の積極的働きかけを行ったのは，「新経済村」建設に責任をもつロンアン省移民局など，地方政府当局であった。この交渉プロセスを通じて，彼らは国家とより緊密な関係を築くべく「新経済村」発展に一定の貢献を果たしていく。「新経済村」行政のリーダーシップを担うことで，彼らは国家政策にも積極的に関与し，カインフン村の境界を意識する。そして，各集落を代表する「新経済民」という「ヨソモノ」と交流し，日常的にコミュニケーションを図ることで，政治的手腕を磨いていった。

　元々，地元民たちは先の戦争の際に，ゲリラ兵としてアメリカ軍や南ベトナム政府軍と戦っており，戦争を勝利に導く一定の役割を果たしたことに意義を感じている。その見返りとして戦後，同地での自分たちの既得権益を主張し，新村成立後は国家の末端組織として地域社会の中核を担うことに誇りを感じることは自然の成り行きであろう。

【北部新経済民社会と国家】

　一方で，北部出身農民にとって国家は絶対的な存在であり，信頼を寄せる対象であった。見知らぬ土地での生活水準の向上を実現するために頼れる強大なサポーターのような存在であった。挙家移住を選択した彼らのうち，一定の年齢に達した成年男子の大半は従軍経験のある復員兵であり，国家と戦争の勝利を分かち合ってきた。したがって，従軍中に党員となった彼らはカインフン村の党支部組織の土台を形成し，幹部メンバーとして軍人会に君臨した。村の人民委員会副主席や祖国戦線主席を歴任した複数の「幹部」が移住民の中に一定数含まれていたことは，ある意味「国づくり」に不可欠な規範性を辺境の地において示すうえでも，重要な役割を果たした。

　また，前述したように，集落単位で組織される社会団体支部は移住民同士の交流を促進した。社会団体への組織率は他の集落に比べ格段に高く，党・国家は社会団体を通して，政策や指示を効率的に普及し，一方で必要なキャンペーンへの動員をも可能とした。その他，女性連合会の活動に端的に表れているように，社会団体は政治社会組織としての二面性を備えていた。「上

から」のキャンペーン動員に応える受け皿として,「任務を全う」しながら,同時に大抵,男性（夫）は農民会,また従軍経験がある場合は退役軍人会に加入し,女性（妻）は女性連合会に加入する。彼らは各社会団体支部の定例会合や懇親会を通して互助的な関係を築く。このように,彼らの存在は,あるべき住民組織の規範を示しており,カインフン行政村全体に普遍化する模範を示したと考えられる。

　このような社会団体の二面性が女性連合会において発揮された点は,入植以来,日常的に接し,生活を補完し合ってきた女性たちを中心とするコミュニティ内の社会関係資本の蓄積とは無縁ではない。単なる「上からの指示」を受け取るだけでは組織は継続せず発展は望めない。政治的動員と社会的結束を兼ね備えた住民組織の形成は,地域社会において国家が最も安定的に根付く条件を提供している。

〈5〉 新経済村とは何か

　以上のように,カインフン村の特徴を挙げてみると,集落ごとにその住民集団の個性が色濃く反映されている。その個性とは,入植から今日までの適応プロセスによって形成されてきた。特に,村のリーダーシップを構成する人民委員会,人民評議会,そして各種社会団体は,各集落間の利害調整を図り,党・国家の作り出す求心力の原動力ともなってきた。国家権力が社会団体を通じて浸透するベトナムにおいては,政府政策が社会関係資本の形成において,そしてそのパフォーマンス向上において一定の役割を果たしてきたといえる。その作用は,定期的に顔を合わせメンバー間の交流や情報交換を通じて,隣り合った見知らぬ住民間で生じがちな「敵意」や「不信感」を払拭する機会を提供することに役立ったことであろう。同地で住み続ける意思を持った者だけが「敵意」がないことを共に伝え合い,「ヨソモノ」との不断のコミュニケーションを図る努力をしている。

　このように地域レベルで生成される社会関係は,移住と文化接触という変数によって大きく規定されながらも,村づくり・地域づくりの過程で社会関係資本の形成を可能にしている。住民たちの意思は集落レベルでより象徴的に表出される。行政組織や社会団体などフォーマルなレベルで地元民（先住者）と北部入植者が協力し,南と北がつながり,また,近隣の政策入植者世

帯間のハイブリッド婚によって，南と北がつながる。ここには，バラバラで分立していた小さな利益集団が「外圧」により，「地元民」として共通の利益集団へとまとまる過程と，共同体規制の強固な環境に馴染んできた北部出身「新経済民」たちが新たな土地で緩やかに再編される過程が同時に進行した。このような移住と接触の相互作用が，国家を仲介として一種の利益集団システムを形成するのに大きく影響を及ぼしたといえるのではないだろうか。

したがって，ドンタップムオイという最果ての地における「新経済村」の成立は，「地元民」という利益集団を組成し，「国民」意識の基盤を提供したといえる。このような「地元民」の覚醒は，地域社会をまとめ，政治的秩序を貫徹したい党・中央政府にとっても有益であり，行政村が不均質ではあるが南北を超えて国家とつながり相互作用を育む制御装置として機能していると考えられる。国家の最末端組織である行政村の成立と発展の過程は，地域づくりのための社会関係資本の形成をめぐる国家と社会のコーポラティズムのあり様を理解する上で極めて有益である。すなわち，行政村とは，ウチ（閉鎖性）とソト（開放性）の相互作用を繰り返す複合的な地域社会の個別の利害，対立や矛盾を調整しながら，末端の「生活圏」を党・中央政府の全体性へと統合していく新しい社会的枠組みなのである。

参考文献

〈日本語文献〉

出井富美 1989「ベトナム南部における農業の集団化と農業生産」トラン・ヴァン・トゥ編『ベトナムの経済改革と対外経済関係』日本経済研究センター.
岩井美佐紀 2001「集団化解体以降のカインハウ社における農業賃労働の実態に関する一考察」『東南アジア研究』39巻1号:120-136.
―――― 2006「組織的移住政策にみるベトナムの国家と社会の関係―紅河デルタから「新経済区」への開拓移住」寺本実編『ドイモイ下ベトナムの「国家と社会」をめぐって』(調査研究報告書) アジア経済研究所.
―――― 2007a「ドイモイ初期の開拓移民事業にみる『国家と社会』」寺本実編『ドイモイ下ベトナムの「国家と社会」』(調査研究報告書) アジア経済研究所.
―――― 2007b『ベトナムにおける南北デルタ農村の人口移動に関する社会学的考察(課題番号:15401040)』科学研究費補助金:基盤研究(B)(1) 神田外語大学(平成15年度~平成18年度).
―――― 2007c「原野が『新しい故郷』に変わるとき―メコンデルタ開拓村への北部農民の集団移住・定着プロセス」岩井美佐紀編著『ベトナムにおける南北デルタ農村の人口移動に関する社会学的考察』(平成15~18年度科学研究費補助金研究成果報告書) 神田外語大学.
―――― 2011「ベトナムにおける農村間人口移動にみる国家と社会の関係―1980年代の新経済区への開拓移民政策を中心に」寺本実編著『ベトナムにおける「国家と社会」』明石書店.
―――― 2012「ベトナム農村における住民組織―メコンデルタ『新経済村』の集落に焦点を当てて」重冨真一・岡本郁子編『アジア農村における地域社会の組織メカニズム』調査研究報告書 アジア経済研究所.
大田省一 2007「ロンアン省の農村家屋」岩井美佐紀編『ベトナムにおける南北デルタ農村の人口移動に関する社会学的考察』(平成15年度~平成18年度科学研究費補助金 [基盤研究B] 研究成果報告).
大野美紀子 1998「メコンデルタにおけるドイモイ後の集団入植について―ロンアン省カィンハウ行政村の事例より」『南方文化』第25輯(11月):17-40.
―――― 2001「カィンハウ行政村における集団化の事例報告―集団化期における家庭経済の変化について」『東南アジア研究』39巻1号:100-119.
―――― 2007「ベトナム南部デルタにおけるフロンティア開発と国内移住政策の展開」 岩井美佐紀編『ベトナムにおける南北デルタ農村の人口移動に関する社会学的考察』(平成15年度~平成18年度科学研究費補助金 [基盤研究B] 研究成果報告).
加藤敦典 2011「近代のプロジェクトとしての村落調停―社会主義建設期ベトナム

の和解組制度にみる共同体の物語」小長谷有紀・後藤正憲共編『社会主義的近代化の経験―幸せの実現と阻害』明石書店.
木村哲三郎 1996『ベトナム―党官僚国家の新たな挑戦』アジア現代史シリーズ5, アジア経済研究所.
金基成 2005「社会関係資本と地方政府の役割」日本公共政策学会『公共政策研究』第5：130-140.
口羽益生，坪内良博，前田成文編 1976『マレー農村の研究』創文社.
久保田進彦 2009「埋め込まれた交換関係の分析フレームワーク」『経営論集』74号：1-21.
グルー，ピエール（村野勉訳）2014『トンキンデルタの農民―人文地理学的研究』，丸善プラネット.
グラノヴェター，マーク（大岡栄美訳）2006「弱い紐帯の強さ」野沢慎司編・監訳『リーディングス　ネットワーク論：家族・コミュニティ・社会関係資本』勁草書房.
コールマン，ジェームス（金光淳訳）2006「人的資本の形成における社会関係資本」野沢慎司編・監訳『リーディングス　ネットワーク論：家族・コミュニティ・社会関係資本』勁草書房.
桜井由躬雄 1987『ベトナム村落の形成―村落共有田＝コンディエン制の史的展開』創文社.
―――1999「合作社を基礎とする新しい農民生産組織の建設」石川滋・原洋之介編『ヴィエトナムの市場経済化』東洋経済新報社，111-132.
―――2001「メコンデルタ地方都市近郊村落の農業変容―ロンアン省タンアン市カインハウ社ジン集落の事例」『東南アジア研究』39巻1号：86-99.
―――2006『歴史地域学の試み　バックコック』東京大学大学院人文社会系研究科　南・東南アジア歴史社会専門分野研究室.
佐藤郁哉 2015『社会調査の考え方（上）（下）』東京大学出版会.
佐藤寛編著 2003『援助と社会関係資本―ソーシャルキャピタル論の可能性』アジア経済研究所.
―――2004『援助と住民組織化』アジア経済研究所.
重冨真一 1996『タイ農村の開発と住民組織』アジア経済研究所。
渋谷節子 2000「メコンデルタ・カントー省の家族と社会―農村の家族生活の概観を中心に」ベトナム社会文化研究会編『ベトナムの文化と社会　第2号』：26-45.
白石昌也 1996『ベトナム　革命と建設のはざま』東京大学出版会.
―――2000『ベトナムの国家機構』明石書店.
末成道男 1998a「ベトナムの父系集団―ハノイ近郊村落の事例より」『東洋文化』78：39-72.
―――1998b『ベトナムの祖先祭祀―潮曲の社会生活』東京大学東洋文化研究所.
関孝敏 2009『家族と都市移住』古今書院.
髙田洋子 2014『メコンデルタの大土地所有―無主の土地から多民族社会へフランス植民地主義の80年』京都大学学術出版会.
竹内郁雄 1999「ドイモイ下のベトナムの農業協同経営・協同組合運動試論」白石昌也・竹内郁雄編『ベトナムのドイモイの新展開』（研究双書No.494）アジア経済研究所　249-296.

───── 2004「ベトナムにおける市場経済化を伴う経済開発の考察―北部のムラ・村にみられる'均等主義'の検討・評価を通じて」石井暁恵・五島文雄編『国際経済参入期のベトナム』（研究双書 No.540）アジア経済研究所．
立本成文 2000『家族圏と地域研究』京都大学出版会．
寺本実 2007「序章　ドイモイ下ベトナムの『国家と社会』」寺本実編『ドイモイ下ベトナムの「国家と社会」』（調査研究報告書）アジア経済研究所．
───── 2008「書評　The Power of Everyday Politics: How Vietnamese Peasants Transformed National Policy」『アジア経済』LXIX-11．
デルヴェール，J．（石澤良昭監修・及川浩吉訳）2002『カンボジアの農民　自然・社会・文化』風響社（原著　Jean Delvert, 1961 Le paysan cambodgien, Mouton & Co., Paris & La Haye）．
トッド，エマニュエル（荻野文隆訳）2008『世界の多様性　家族構造と近代性』藤原書店．
中西裕二 1998「世帯を通してみたベトナム南部村落における親族の位置づけ」『東洋文化』78：13-39．
古田元夫 1996『ベトナムの現在』講談社．
───── 2000「行政改革」白石昌也編著『ベトナムの国家機構』明石書店．
───── 2009『ドイモイの誕生―ベトナムにおける改革路線の形成過程』青木書店．
───── 2013「ベトナムにおける社会主義とムラ」南塚信吾・古田元夫・加納格・奥村哲著『人びとの社会主義』有志舎．
水野浩一 1981『タイ農村の社会組織』創文社．
宮沢千尋 1999「ベトナム北部の父系親族集団の一事例―儒教的規範と実態」ベトナム社会文化研究会編『ベトナムの社会と文化』第1号：7-33．
村野勉 1979「北ベトナムにおける国内移住計画―第1次5ヵ年計画期（1961～65年）」『アジア経済』XX-3．
───── 1989「深刻化するナムボの土地紛争」『アジア動向年報』アジア経済研究所．
───── 1996「ベトナム農業の刷新―成果と課題―」竹内郁雄・村野勉編『ベトナム市経済化と経済開発』（研究双書 No.462）アジア経済研究所．
門口充徳 2014『婚姻連帯論と社会学―レヴィ＝ストロース，デュルケムをめぐって』春風社．
山崎亮一 1996『労働市場の地域特性と農業構造』農林統計協会．
吉沢南 1987『個と共同性』東京大学出版会．
余語トシヒロ・佐々木隆共編 2008『地域社会と開発―東アジアの経験』古今書院．
レヴィ＝ストロース，クロード（馬渕東一・田島節夫監訳）1977，1978『親族の基本構造』（上巻・下巻）番町書房．

〈外国語文献〉

Bhabha, Homi K. 2008. *The Location of Culture*. Routledge, (reprinted, first published 1994).
Ban chấp hành phụ nữ xã Khánh Hưng. 2003. *Báo cáo tổng kết hoạt động của hội*

LHPN 2003.
Ban kinh tế mới tỉnh Hà Nam Ninh. 1982. *Quê Hương Mới* số 2.
Ban kinh tế mới tỉnh Hải Hưng. 1981. *Số 62/KTM Báo cáo kiểm điểm tình hình việc thực hiện kế hoạch 5 năm (1976-1980) về công tác vận động, tổ chức nhân dân đi xây dựng phát triển vùng kinh tế mới và phương hướng nhiệm vụ kế hoạch 5 năm (1981-1985) của tỉnh Hải Hưng*, UBND tỉnh Hải Hưng.
Ban quản lý dự án cụm dân cư KTM Khánh Hưng. 1999. *Số 10 về việc huy động vốn nhân dân xây dựng hạ tầng*. UBND tỉnh Long An.
Ban mặt trận ấp Sậy Giang. 2005. *Báo cáo về việc hoạt động của ban chỉ đạo đời sống văn hóa ấp Sậy Giang năm 2005 và phương hướng năm 2006*.
Ban tuyên giáo trung ương-trung ương Đoàn thanh niên cộng sản Hồ Chí Minh. 2011. *Tài Liệu Chuyên Đề: Bồi Dưỡng Lý Luận Chính Trị Dành Cho Cán Bộ Đoàn Ở Cơ Sở*, Hà Nội: Nhà xuất bản chính trị quốc gia-sự thật.
Ban tuyên giáo trung ương-trung ương hội liên hiệp phụ nữ Việt Nam, 2011. *Tài Liệu Chuyên Đề: Bồi Dưỡng Lý Luận Chính Trị Nghiệp Vụ Dành Cho Cán Bộ Hội Liên Hiệp Phụ Nữ ở Cơ Sở*, Hà Nội: Nhà xuất bản chính trị quốc gia-sự thật.
Ban tuyên giáo trung ương-trung ương Hội nông dân Việt Nam, 2011. *Tài Liệu Chuyên Đề: Bồi Dưỡng Lý Luận Chính Trị và Nghiệp Vụ Dành Cho Cán Bộ Đoàn Ở Co Sở*. Nhà xuất bản chính trị quốc gia-sự thật.
Ban Tuyên giáo trung ương-trung ương Hội Cựu Chiến Binh Việt Nam. 2011. *Tài Liệu Chuyên Đề: Bồi Dưỡng Lý Luận Chính Trị và Nghiệp Vụ Dành Cho Cán Bộ Đoàn Ở Co Sở*. Nhà xuất bản chính trị quốc gia-sự thật.
Báo Long An (BLAと略)
Bộ nông nghiệp và phát triển nông thôn. 1999. *Nghiên Cứu Di Dân ở Việt Nam* (Dự án VIE/95/004), Nhà xuất bản nông nghiệp.
BCN ấp Bào Sen. 2011. *Quy Ước ấp Bào Sen*, UBND Xã Khánh Hưng.
BCN VH ấp Sậy Giăng. 2011. *Quy Ước ấp Sậy Giăng*, UBND Xã Khánh Hưng.
BCN ấp Gò Châu Mai. 2011. *Quy Ước ấp Gò Châu Mai*, UBND Xã Khánh Hưng.
Bộ Xây Dựng Cục Quản Lý Nhà. 2002. *Tài Liệu liên quan đến xây dựng cụm tuyến dân cư và nhà ở vùng thường xuyên bị ngập lũ các tỉnh đồng bằng sông Cửu Long*.
Centre for population and human resources studies. 1993. *State of the Art Report on Spontaneous Migration in Vietnam*. Ministry of Labor, Injury and Social Assistance.
Chi Bộ ấp Sậy Giăng. 2012. *Báo Cáo Tình Hình Thực Hiện Nhiệm Vụ Chính Trị Năm 2011 & phương Hướng Nhiệm Vụ Năm 2012*, Đảng Bộ Xã Khánh Hưng.
Chi Bộ ấp Bào Sen. 2012. *Báo Cáo Tình Hình Thực Hiện Nhiệm Vụ Chính Trị Năm 2011 phương Hướng Nhiệm Vụ Năm 2012*, Đảng Ủy Xã Khánh Hưng.
Chi Bộ ấp Gò Châu Mai. 2012. *Báo Cáo Tình Hình Thực Hiện Nhiệm Vụ Chính Trị Năm 2011 phương Hướng Nhiệm Vụ Năm 2012*, Đảng Bộ Xã Khánh Hưng.
Chi cục di dân phát triển vùng KTM tỉnh Long An. 1996. *Dự án đầu tư xây dựng*

cụm dân cư kinh tế mới vùng Tân Hưng-Vĩnh Hưng. UBND tỉnh Long An.

———2011. *Báo cáo tình hình di dân định cư trên vùng Đồng Tháp Mười (từ năm 1991 đến 2000)*. UBND tỉnh Long An.

Chi cục phát triển nông thôn, sở nông nghiệp và phát triển nông thôn. 2005. *Báo cáo sơ kết 30 năm công tác di dân phát triển vùng kinh tế mới tỉnh Long An (1975-2005)*. UBND tỉnh Long An.

Cục Định Canh Định Cư và Vùng Kinh Tế Mới. 1999. *Những tư liệu cơ bản về di dân phát triển vùng kinh tế mới, định canh định cư: lưu hành nội bộ*, Bộ nông nghiệp và phát triển nông thôn.

———2000. *Di dân, kinh tế mới, định canh định cư-lịch sử và truyền thống*, Nhà xuất bản nông nghiệp.

Đảng cộng sản Việt Nam 1979. "Đề cương kết luận hội nghị lần thứ sáu ban chấp hành trưng ương (Khoa IV)". *Văn Kiện Đảng Toàn Tập 40*. Nhà xuất bản chính trị quốc gia.

———1981. "Chỉ thị của ban bí thư số 100-CT/TW, 13/1/1981: Cải tiến công tác khoán, mở rộng 'khoán sản phẩm đến nhóm lao động và người lao động' trong hợp tác xã nông nghiệp". *Văn Kiện Đảng Toàn Tập 42*. Nhà xuất bản chính trị quốc gia.

Đặng Nguyên Anh. 2002. "Internal migration policy: Comparative perspective in the ESCAP Region". *Vietnam's Socio-Economic Development* No.29, Spring: 69-80.

———2006. *Chính Sách Di Dân Trong Quá Trình Phát Triển Kinh Tế-Xã Hội ở Các Tỉnh Miền Núi*. Nhà Xuất Bản Thế Giới.

———2010. "Chính sách di dân xây dựng các vùng kinh tế mới ở Việt Nam", IWAI Misaki-Bùi Thế Cường chủ biên *Kỷ Yếu Tọa Đàm: Population Movements in the Period of Modernization and Industrialization in Vietnam)*, Viện Phát Triển Bền Vững Vùng Nam Bộ-Đại Học Nghiên Cứu Quốc Tế Kanda, Nhà Xuất Bản Khoa Học Xã Hội.

Đặng Thái Hoàng. 2002. *Kiến Trúc Nhà Ở*. Nhà xuất bản xây dựng.

Desbarats, Jacqueline. 1987. "Population Redistribution in the Socialist Republic of Vietnam", *Population and Development Review* Vol.13 No.1:43-76.

Embree, John, F. 1969. "Thailand: A Loosely Structured Social System." *American Anthropologist* 52 (1950). In Evers, Hans-Dieter (ed.) *Loosely Structured Social Systems: Thailand in Comparative Perspective*. Yale University Southeast Asia Studies Cultural Report Series, no. 17.

Hardy, Andrew. 2003. "State Visions, Migrant Decisions: Population Movements since the End of the Vietnam War". In Hy Van Luong (ed.) *Postwar Vietnam-Dynamics of a Transforming Society*. Institute of Southeast Asian Studies.

———2006. *Red Hills—Migrants and the State in the Highlands of Vietnam*. University of Hawaii Press.

Hendry, James B. 1959. *The study of a Vietnamese rural community economic activity*. Michigan State University Viet-Nam advisory group.

Hickey, Gerald C. 1964. *Village in Vietnam*. Yale University Press.

Hội đồng Bộ trưởng 1982. "Quyết định số 14HDBT 8/2/1982 về việc lập quỹ xây dựng vùng kinh tế mới". *Công Báo số 3*.

Hội đồng chính phủ 1980. "Nghị quyết số 82-CP ngày 12/3/1980 về điều động và tuyển dụng lao động vào làm việc tại nông trường, lâm trường quốc doanh ở các vùng kinh tế mới", *Công Báo số 5*, 15/3.

―――1980. "Quyết định số 95-CP ngày 27/3/1980 về chính sách xây dựng các vùng kinh tế mới", *Công Báo số 6*.

―――1981. "Quyết định số 254-CP ngày 16/6/1981 về bổ sung chính sách khuyến khích khai hoang, phục hóa", *Công Báo số 11*, 30/6.

Hội kiến trúc sư Long An. 1997.

Hội LHPN xã Khánh Hưng. 2002. *Báo cáo công tác hội và phong trào phụ nữ năm 2002*.

―――2011. *Báo cáo kết quả hoạt động công tác hội và phong trào phụ nữ năm 2011 và phương hướng nhiệm vụ năm 2012 của chị hội phụ nữ ấp Bào Sen*.

Hy Van Luong. 1992. *Revolution in the Village: Tradition and Transformation in North Vietnam, 1925-1988*. Hawaii University Press.

―――ed. 2003. *Postwar Vietnam Dynamics of a Transforming Society*, Institute of Southeast Asian Studies. Rowman & Littlefield Publishers.

Iwai, Misaki. 2005. "Quản lý hệ thống lao động nông nghiệp bằng các trung gian môi giới lao động và mối quan hệ lao động ở xã Khánh Hậu, thị xã Tân An tỉnh Long An", *Tạp chí Khoa Học Xã Hội* số 7 (83): 41-47.

―――2009. "Hybridity between Two Homelands in Contemporary Vietnam-Organized Migration of Peasant Families From the Northern and Southern Deltas of the New Economic Zone" *The Making of East Asia: from both macro and micro perspectives (Project 8: Changing Families)*, Center for Southeast Asian Studies, Kyoto University.

―――2010. "Di dân có tổ chức Bắc-Nam sau năm 1975: Sự thành lập cộng đồng dân cư pha trộn Bắc-Nam ở một xã vùng kinh tế mới". Trong IWAI Misaki-Bùi Thế Cường chủ biên *Kỷ Yếu Tọa Đàm: Population Movements in the Period of Modernization and Industrialization in Vietnam*). Viện Phát Triển Bền Vững Vùng Nam Bộ-Đại Học Nghiên Cứu Quốc Tế Kanda. Nhà Xuất Bản Khoa Học Xã Hội.

―――2012. "Vietnamese Families beyond Culture: The Process for Establishing a New Homeland in the Mekong Delta". In Yoko Hayami, Junko Koizumi, Chalidaporn Songsamphan, and Ratana Tosakul (eds.) *The Families in Flex in Southeast Asia Institution, Ideology, Practice*. Kyoto University Press: Silkworm.

―――2014a. "Rural Development in Multi-layered Local System: A Case of Poverty Reduction Program in Central Vietnam", In Shigetomi and Okamoto (eds.) *Local Societies And Rural Development Self-organization and Participatory Development in Asia*, Edward Elgar Publishing.

―――2014b. "Cộng đồng lai ở xã kinh tế mới, Đồng bằng sông Cửu Long" bài trình bày tại cuộc tọa đàm "*Làng Xã Việt Nam và Đông Nam Á trong Thời Kỳ Hội Nhập*" ngày 25 tháng 8 ở Viện khoa học xã hội vùng Nam Bộ.

Kerkvliet, Benedict Tria. 2003. "Authorities and the People: An Analysis of State-Society Relation in Vietnam", In Hy Van Luong (ed.) *Postwar Vietnam-Dynamics of a Transforming Society*. Institute of Southeast Asian Studies.
—————2005. *The Power of Everyday Politics—How Vietnamese Peasants Transformed National Policy*. Cornell University Press.
—————2006. "Agricultural Land in Vietnam: Markets Tempered by Family, Community and Socialist Practices", *Journal of Agrarian Change* 6/3: 285-305.
Kleinen, John. 1999. *Facing the Future, Reviving the Past-A Study of Social Change in a Northern Vietnamese Village*. Institute of Southeast Asian Studies.
Kuchiba, Tsubouchi, and Maeda. 1979. *Three Malay Villages: A Sociology of Paddy Growers in West Malaysia*. The University Press of Hawaii.
Lê Hương 1970. *Chợ trời biên giới Việt Nam-Cao mien*. Xuất bản Quỳnh Lâm.
—————1971. *Việt Kiều ở Campuchea*. Nhà xuất bản Trị Đăng.
Le Trong Cuc and A. Terry Rambo eds. 1993. *Too Many People, Too Little Land: The Human Ecology of a Wet Rice-Growing Village in the Red River Delta of Vietnam*. East-West Center.
Lévi-Strauss, C. 1969. *The Elementary Structures of Kinship*. Eyre and Spottiswoode.
Li, Tana. 1996. *Peasants on the Move: Rural-Urban Migration in the Hanoi Region*. Institute of Southeast Asian Studies (Occasional paper no. 91).
Liên bộ Tài chính-Nông trường-Ý tế 1962. "Thông tư số 2 TTLB 16/1/1962 Quy định một số điểm cụ thể về công tác y tế phục vụ nhân dân đi khai hoang", Công Báo số 5, 15/2.
Malarney, Shaun K. 1998. "The Consequences of the Revolutionary Reform of Marriage and the Wedding Ceremony in Northern Vietnamese Village Life", *Asian Cultural Studies*, 24 :127-142.
Miller, Edward. 2013. *Misalliance Ngo Dinh Diem, the United Sates, and the fate of South Vietnam*. Harvard University Press.
Ngân hàng nhà nước 1961. "Chỉ thị số 247-TD/NT ngày 23/9/1961 về việc cho vay lương ăn sản xuất và khai hoang", Công Báo số 40, 18/10.
Ngân hàng-nông trường 1982. "Thông tư liên bộ LB-NH-NT ngày 13/10/1962 hướng dẫn thi hành quyết định số 59 TTg ngày 24/9/1962 của thủ tướng chính phủ về cho vay khai hoang định cư", Công Báo số 42, 7/11.
Nguyễn Đức Vinh 2013. "Thực trạng các tổ chức xã hội Việt Nam trong giai đoạn phát triển hiện nay", *Xã hội học* số 4 (124): 73-88.
Nguyễn Hiến Lê 1954. 7 *ngày trong Đồng Tháp Mười*, Nhà xuất bản Nguyễn Hiến Lê.
Nguyễn Quang Ân. 1997. *Những thay đổi địa danh và địa giới các đơn vị hành chính 1945-1997*. Nhà xuất bản văn hóa-thông tin.
Nguyễn Quang Vinh. 1995. "Về xu thế biến đổi của các quan hệ cộng đồng trong thôn ấp ở đồng bằng sông cửu long: quan sát xã hội học" Trong Viện khoa học xã hội tại TP. Hồ Chí Minh chủ biên *Làng xã ở Châu Á và ở Việt Nam*.

Nhà xuất bản TP. Hồ Chí Minh.
Nguyễn Quới. 1997. "Di dân theo chương trình kinh tế mới ở vùng Đồng Tháp Mười (phần thuộc Tỉnh Long An) từ sau năm 1975". 『メコン通信』(メコンデルタ農業開拓の史的研究：文部省科学研究費補助金：高田洋子　研究代表) No.4: 113-126.
Nguyễn Quới và Phan Văn Dốp. 1999. *Đồng Tháp Mười: Nghiên Cứu Phát Triển*. Nhà Xuất Bản Khoa Học Xã Hội.
Nguyễn Thế Huệ 1995. *Biến động dân số trong qua trình phát triển nông thôn châu thổ sông Hồng từ năm 1976 đến nay*. Nhà xuất bản chính trị quốc gia.
Nguyễn Văn Chính. "Di dân tự do, đô thị hóa và đói nghèo: Nghiên cứu trường hợp một xóm liều Hà Nội", IWAI Misaki-Bùi Thế Cường chủ biên *Kỷ Yếu Tọa Đàm: Population Movements in the Period of Modernization and Industrialization in Vietnam*), Viện Phát Triển Bền Vững Vùng Nam Bộ-Đại Học Nghiên Cứu Quốc Tế Kanda, Nhà Xuất Bản Khoa Học Xã Hội, 82-112.
Nguyễn Việt Tạ. 1995. "Đồng Tháp Mười 9 năm kháng chiến chống Pháp". Trong Trần Bạch Đăng chủ biên *Địa chí Đồng Tháp Mười*. Nhà xuất bản Chính trị quốc gia.
Ono, Mikiko. 2005. "Những quá trình di dân của nông dân đến các vùng kinh tế mới ở đồng bằng sông Cửu Long", *Tạp chí Khoa Học Xã Hội* số 7 (83): 48-55.
――――2010. "Chiến lược và hỗ trợ của cộng đồng nông dân miền Nam trong quá trình di dân ở vùng Đồng Tháp Mười". Trong IWAI Misaki-Bùi Thế Cường chủ biên Kỷ Yếu Tọa Đàm: *Population Movements in the Period of Modernization and Industrialization in Vietnam*). Viện Phát Triển Bền Vững Vùng Nam Bộ-Đại Học Nghiên Cứu Quốc Tế Kanda. Nhà Xuất Bản Khoa Học Xã Hội.
――――2014. "Xã kinh tế mới và cộng động nông dân miền Nam ở vùng Đồng Tháp Mười" bài trình bày tại cuộc tọa đàm "Làng Xã Việt Nam và Đông Nam Á trong Thời Kỳ Hội Nhập" ngày 25 tháng 8 ở Viện khoa học xã hội vùng Nam Bộ.
Ota, Shoichi. 2005. "Nhà ở nông thôn tại xã Khánh Hậu va Khánh Hưng", *Khoa học xã hội* số 7 (83): 66-71.
――――2010. "Xây dựng cụm dân cư ở xã kinh tế mới-Khoảng trống giữa chính sách Nhà nước và nguyện vọng của người dân". Trong IWAI Misaki-Bùi Thế Cường chủ biên *Kỷ Yếu Tọa Đàm: Population Movements in the Period of Modernization and Industrialization in Vietnam*), Viện Phát Triển Bền Vững Vùng Nam Bộ-Đại Học Nghiên Cứu Quốc Tế Kanda, Nhà Xuất Bản Khoa Học Xã Hội.
Owada-Shibuya, Setsuko. 2002. *Living with Uncertainty: the Vietnamese Family in the Rural Mekong Delta*. Doctoral thesis. Harvard University.
Putnam, Robert D (ed) 2002. *Democracies in Flux: The Evolution of Social Capital in Contemporary Society*, Oxford: Oxford Univ. Press.
Pham Van Bich. 1999. *The Vietnamese Family in Change: The Case of the Red River Delta*. Nordic Institute of Asian Studies.

Phạm Đỗ Nhật Tân. 1988. "Di dân và đầu tư trong di dân xây dựng các vùng kinh tế mới". Trong Trung tâm nghiên cứu dân số và nguồn lao động chủ biên *Hội nghị khoa học về di dân*. Bộ lao động thương binh và xã hội.

Phan Nhựt Linh. 2005. "Quy hoạch và Phát triển Dân sinh Cụm tuyến dân cư vùng ngập lũ đồng bằng sông Cửu Long". *Kiến trúc Việt Nam*, Số 5: 45-49.

Phủ thủ tướng 1963. "Thông thư số 31-TTg quy định bổ xung về chính sách nhân dân khai hoang", *Công Báo số 13*, 8/5.

Rambo, Terry. 1976. *A Comparison of Peasant Social Systems of Northern and Southern Viet-Nam: A Study of Ecological Adaptation, Social Succession, and Cultural Evolution.* Center for Vietnamese Studies, Southern Illinois University (Monograph Series III).

―――― 2005. *Searching for Vietnam—Selected Writings on Vietnamese Culture and Society.* Center for Southeast Asian Studies, Kyoto University Press.

Sakata, Shozo . 2006. "Changing Roles of Mass Organizations in Poverty Reduction in Vietnam", In Vu Tuan Anh and Shozo Sakata (eds.) *Actors for Poverty Reduction in Vietnam.* IDE ASEDP Series N. 13.

Sakurai, Yumio. 2005. "Nghiên cứu so sánh giữa làng miền Bắc và ấp miền Nam trên con đường phát triển nông thôn Việt Nam", *Tạp chí Khoa Học Xã Hội* số 7 (83), 38-40.

―――― 2010. "Kiểu lao động sáng đi tối về-Ly nông nhưng không ly hương khu công nghiệp và nông thôn", IWAI Misaki-Bùi Thế Cường chủ biên *Kỷ Yếu Tọa Đàm: Population Movements in the Period of Modernization and Industrialization in Vietnam*), Viện Phát Triển Bền Vững Vùng Nam Bộ-Đại Học Nghiên Cứu Quốc Tế Kanda, Nhà Xuất Bản Khoa Học Xã Hội, 156-160.

Shiraishi, Masaya. 1984. "State, Village, and Vagabonds: Vietnamese Rural Society and the Phan Ba Vanh Rebellion." In Turton and Tanabe (eds.) *History and Peasant Consciousness in Southeast Asia.* National Museum of Ethnology Senri Ethnological Studies, no.13.

Thạch Phương và Lưu Quang Tuyến chủ biên. 1989. *Địa chí Long An*. Nhà xuất bản Long An.

Trager, Lillian. 1988. *The city connection : migration and family interdependence in the Philippines.* The University of Michigan Press.

Trung tâm nghiên cứu dân số và người lao động. 1988. *Hội nghị khoa học về di dân*. Bộ Lao động, Thương binh và xã hội.

Trung ương hội liên hiệp phụ nữ Việt Nam. 2011. *Cẩm nang cán bộ Hội phụ nữ cơ sở*. Nhà xuất bản chính trị quốc gia và Nhà xuất bản phụ nữ (http://www.ngocentre.org.vn/jobs/advisor-impact-orientation)

Trường tiểu học Kim Đồng. 2005. *Báo cáo tổng kết năm học 2004-2005*. Phòng giao dục Vĩnh Hưng.

Uỷ ban nhân dân tỉnh Hải Hưng. 1986. *Quyết định số 140 (19-4-1986) về việc lập lại quỹ xây dựng vùng kinh tế mới.*

―――― 1988. *Quyết định số 371 (25-6-1988) về việc bổ xung chế độ thu nộp và quản lý quyex xây dựng vùng kinh tế mới.*

Ủy ban nhân dân tỉnh Long An. 1997a. *Báo cáo sơ kết 20 năm về sự nghiệp phân* bố lại lao động dân cư và di dân phát triển vùng kinh tế mới (1976-1996).

———1997b. *Báo cáo công tác điều động dân cư xây dựng vùng kinh tế mới tỉnh Long An từ 1976 đến 1996.*

———1999. *Quyết định của Ủy ban nhân dân tỉnh Long An về việc huy động vốn nhân dân xây dựng hạ tầng cụm dân cư Khánh Hưng-đợt III.*

Ủy ban nhân dân xã Khánh Hưng. 2003. *Báo cáo thực hiện kế hoạch nhà nước năm 2003 và phương hướng nhiệm vụ năm 2004.*

———2004. *Báo cáo tình hình thực hiện kế hoạch nhà nước năm 2004 và phương hướng nhiệm vụ năm 2005.*

———2005. *Báo cáo tình hình thực hiện KHNN năm 2005 và phương hướng nhiệm vụ năm 2006.*

———2006a. *Báo cáo tình hình thực hiện KHNN 06 tháng đầu năm 2006 và phương hướng nhiệm vụ 06 tháng cuối năm 2006.*

———2006b. *Quyết định của Ủy ban nhân dân xã Khánh Hưng về việc thành lập câu lạc bộ hát với nhau ấp Sậy Giang.*

———2010. *Bảng thanh toán tiền lương, sinh hoạt phí, trợ cấp.* Huyện Vĩnh Hưng.

———2011. *Báo Cáo Tình Hình Thực Hiện Nhiệm Vụ Chính Trị Năm 2011 phương Hướng Nhiệm Vụ Năm 2012*, UBND Xã Khánh Hưng.

索引

あ行

IR系短期品種　165
曖昧な共同体　15, 166
域外移住　26
域内移住　25
移住理由　195
稲作　118-119
稲作支出　137
稲作収支　135
稲作収入　135
イノベーター　156, 227
移民局　27, 36, 44, 46, 52, 61, 192, 261-262
インフラ建設　47, 53, 56
ヴィンチ村　206
ヴィンフン県　34, 44, 60, 212
ヴィンフンIプロジェクト　56
ヴォー・ヴァン・キエット　33, 34
ウチとソト　7, 242, 266, 274-275
営田　12, 14
営農　16, 169-170, 178, 185
越僑　44, 50, 64, 106, 123, 239, 252, 260, 272
夫方居住　98
思いやり　256, 257
親子関係　190
親世代　204-205, 210, 271

か行

カーチョット集落　69, 73, 78, 157
開墾　146-147, 175, 259
開拓移民政策　9, 11-12, 24-25, 28, 31, 33, 35, 37, 44, 156, 195, 255, 268
開拓移民団　33-34
開拓農民　4
解放区　258
解放軍　256, 265
開放性　7-9, 15, 242, 273, 275
開放的　5, 7, 9, 240, 271-275
カインハウ村　33-35, 37, 56, 61, 67, 156-157, 160, 163-167, 261-262
カインフン村　57, 60, 62, 67, 118-119, 262
核家族　98-99, 190
拡大家族　98, 100, 103
家族計画　74, 111, 205, 226
家族構成　158
家族サイクル　98, 100
家畜飼育　121
学校教育　107
合作社　12, 24, 32, 35, 37, 177, 193, 195-196
釜屋　86
冠婚葬祭　105, 116
慣習法　225
幹部　62-63, 124
カンボジア紛争　44, 48, 51, 253
ギアアン村　195
議会　63
帰郷越僑委員会　43
基金チーム　222
規範　17, 189, 190, 274, 276
キムドン小学校　108
規約　225-227
境界　6, 242, 275
境界意識　266
共産党　62-63
共助グループ　223
行政　64, 265
強制移住　28
行政組織　62
行政村　4, 11, 280
協同生産組織　227
共同墓地　83
強硫酸塩土壌　42, 118, 198
挙家移住　38-39, 170, 278
草分け　244-245, 249, 250-251, 253, 255

索引　291

国づくり	12, 14, 268, 278	社会政策銀行	74, 222
経済改革	45	社会団体	62, 73-74, 221, 227, 234, 279-280
携帯電話	151	就学歴	94
兼業農家	138-140	集結	38, 41, 45, 219
公安・軍事	65	10号決議	29, 32, 52, 56
耕運機操作	134	住戸区画	80
高学歴化	93-94, 96-97	集住型居住地	78
紅河デルタ	4-8, 12, 25, 27, 29	集住区	13-14, 78, 80-81
香火田	177	集団移住	193, 197
恒久家屋	78, 81-86, 145, 149	集団入植	35, 39, 167, 226, 233
洪水	210	住民組織	73-77
交通手段	115	集落	67, 70-73, 226, 242
公民館	70, 72, 112-113	収量	127, 135
公職	64, 67, 96, 139, 140, 142	受動的保護機能	168
公務員	64, 124, 142	循環移動	99, 105, 131, 143, 163, 166, 170, 177, 205, 213-214, 216
ゴー	238, 251		
ゴーチャウマイ集落	78, 90, 94, 101, 104, 157	商工業	122
ゴーブン	253, 255-257, 259, 265, 272	少子化	97
コーポラティズム	10-11, 280	少子高齢化	89, 102
互酬・互助	242	省内移住	25, 31
戸籍	39, 64, 65, 165, 195, 203, 213, 260	商品米生産	119, 264
子世代	204-205, 210, 214-215, 248, 271, 276	女性連合会	62, 74-76, 221, 223-224, 279
国境貿易	123	地雷	253, 257, 260
ゴ・ディン・ジエム政権	12, 14	新経済委員会	39
5年分生産物前払い	195	新経済区	24-27, 49, 60, 196, 206
婚姻相関	201	新経済区建設開拓委員会	44
		新経済区建設基金	40
さ行		新経済村	4, 16, 24, 42, 51, 57, 60, 196, 268, 279-280
サイザン集落	84, 90-91, 94, 101-102, 105-106, 197	新経済民	4, 44, 49, 53, 243, 261, 269, 277
財政	66	人口構成	88
CP95号決定	29-30	人工造成集住区	78
自営業	141	新農村	46, 186
自然集落	78, 83	新文化集落	225
自然村	4-6, 11, 224	新文化村	225
自治組	70	新聞雑誌	113
疾病対策	110	親密	220, 241, 249, 271
司法	65	人民委員会	62-64, 124
姉妹省	38, 40, 192	人民評議会	63
姉妹提携	41	診療行為	112
地元民	4, 83, 238, 243, 262-265, 272	診療所	74, 79, 109-112
自由入植	36, 104, 253	スイカ栽培	120
社会関係資本	11, 73, 166, 221, 234, 241, 279	生産集団	32-35, 37, 258
		生前譲渡	247

世帯類型　98
世帯分け　160, 170, 175, 214
線形居住地　78, 80
線形集落　84
戦略村　13
草屋　79, 81-84
双系的親族集団　7, 220
相互相愛　241
相互扶助　221
相続　146-147, 190
鼠害　198, 208
祖先祭祀　98, 150-151, 183, 188, 190
ゾンホ　6
村落行政　62

た行

退役軍人会　62, 74, 221, 278
耐久消費財　149-152
貸借契約　132
体操クラブ　223
第2拠点建設運動　35, 189
第2拠点調整委員会　→調整委員会
代理店　122, 128, 171, 176-177
タインホア県（ロンアン省）　172
タインホア省　201-202
宅地計画　80-81
タヌー集落　90, 92, 95, 102-103, 106, 243-245
種籾生産協力チーム　137, 211, 227-228, 231, 233, 235
頼母子講　221
タンアン市　33-34, 43
短距離移動　25, 28-29, 158, 269
単身世帯　100
タンチュ県　43, 213, 219
地域外移住　28-29
地域内移住　27
父方親族　6
中距離移動　25, 28-29
長距離移動　25, 29, 37, 192, 195
調整委員会　37, 67, 178, 213, 261-262, 277
直播　218
通婚　104
通婚圏　103-106, 160

定耕定住政策　163
出稼ぎ型営農　131, 214
出稼ぎ型入植　157, 166
出作り　99, 166, 187, 270
テレビチャンネル　114
テレビ番組　113
電化　110, 151
ドイモイ　10, 32
同郷会　38, 41, 223
同郷結婚　160
動産　149
東洋医学　112
篤農　209, 211, 228
土地紛争　32
トランスミグラシ　11
ドンスエン村　195
ドンタップ経済建設団　34-35, 37, 46-48, 51, 61, 211
ドンタップムオイ　14-15, 31-34, 42-51, 57, 167
ドンタップムオイ地域開発　42-43, 48, 52, 60
ドンタム村　213, 219
屯田　255

な行

夏秋（米）作　118-119, 129, 135, 231
南部政策移住民　156, 274
南北村落社会論　5
2期作化　118, 122
二重行政　67
28号運河　34, 46, 60, 260-261
ニッパヤシ葉パネル　82
ニンタイン県　39, 192, 195
ネットワーク　220
農外就業　138, 142
農外就労　138
農家請負制　32
農家経営規模　125
農業銀行　48, 128, 185, 198, 211
農業経営費　126-128
農業雇用　121, 127-128, 133, 137-138, 142
農業集団化　10, 12, 52

農業生産合作社　→合作社
農作業受託　133-134, 138, 142
農事暦　122
農村ホワイトカラー　139, 142
農地委託　169
農地集積　147
農地分配　197

は行

バーコン　7
ハイブリッド婚　205, 215, 221, 234, 271, 276, 280
ハイブリッド種　127, 227
ハイフン省　38-42, 50, 192-193
バオセン集落　83, 243-251, 254-255, 258, 261
バックコック村　6, 89
末子　184, 190
末子相続　98, 275
母方親族　6
氾濫原　15, 42-43
標準労働力　197
貧困の共有　7
貧困撲滅運動　74
ビンタム村　213, 216
ビンヒエップ　44, 124
賦課金　53, 56
父系親族集団　6, 276
2つの故郷　163, 165
冬春（米）作　118-119, 129, 135, 231
プレイヴェン　123
プレファブリケーション　85-86
フロンティア　9, 42-43, 239, 268
文化通信　112
文化的家族　226
文化的生活指導委員会　225
フンディエンA村　34, 61, 67, 238-239, 250, 254, 261-262, 272

閉鎖性　6, 8-9, 233, 273, 276
閉鎖的　5, 7
ベトナム共産党　→共産党
ベトナム民主共和国　24
ベンチェー省人　122, 186, 246
ベンフォー　251, 256, 260, 272
傍系親族　100
北部政策移住民　192, 246
母子保健　74, 110
ポルポト軍　249, 257-258
ホン運河　48

ま行

マチ　90, 104, 141, 152, 267
末男子　183, 188, 275
水の季節　118-119, 121, 165, 198, 210
民意　70, 263, 272
無担保低利貸し付けプログラム　74
村の垣根　7-8
メコンデルタ　4-9, 13-15, 25, 27, 29
モラル・エコノミー　7, 13

や行・ら行・わ行

屋敷地　145, 149, 245
ヨソモノ　261, 266, 273-274
離村　147-149
離農　168, 170
流通改革　45, 46
両居形態　144, 214
両居世帯　15, 88, 131, 149, 269
ルアヴァン国営農場　47, 50, 253
連鎖移住　121, 201, 211, 218-220, 247, 258, 271
連続家屋　78, 81
ロンアン省　31-35, 42-48
和解組　66, 76

【著者略歴】

岩井美佐紀（いわい・みさき）
1963年生まれ。1997年、一橋大学大学院社会学研究科地域社会学専攻単位取得退学（社会学博士）。現在、神田外語大学外国語学部アジア言語学科教授。ベトナム農村社会研究専攻。

大野美紀子（おおの・みきこ）
1959年生まれ。1999年、立命館大学大学院文学研究科博士後期課程史学専攻東洋史専修修了（文学博士）。現在、京都大学東南アジア研究所助教。ベトナム南部地域史研究専攻。

大田省一（おおた・しょういち）
1966年生まれ。1998年、東京大学大学院建築学専攻博士課程単位取得退学（工学博士）。現在、京都工芸繊維大学大学院デザイン・建築学系准教授。建築史・アジア都市研究専攻。

ベトナム「新経済村」の誕生　　NDC363/xiv, 294p/22cm

2016年5月1日　初版第1刷発行

［著　者］	岩井美佐紀・大野美紀子・大田省一
［発行者］	佐野 元泰
［発行所］	神田外語大学出版局
	〒261-0014 千葉県千葉市美浜区若葉1-4-1
	TEL 043-273-1481
	http://www.kandagaigo.ac.jp/kuis/press/
［発売元］	株式会社ぺりかん社
	〒113-0033 東京都文京区本郷1-28-36
	TEL 03-3814-8515
	http://www.perikansha.co.jp
［印刷・製本］	藤原印刷株式会社

Ⓒ M. Iwai, M. Ono, S. Ota, 2016
ISBN978-4-8315-3009-7　Printed in Japan